# 当代中国文化新观察

杨明辉 等著

江苏大学出版社
JIANGSU UNIVERSITY PRESS

**图书在版编目(CIP)数据**

当代中国文化新观察/杨明辉等著.—镇江：江
苏大学出版社,2011.6
ISBN 978-7-81130-232-5

Ⅰ.①当… Ⅱ.①杨… Ⅲ.①社会科学－文集 Ⅳ.
①C53

中国版本图书馆 CIP 数据核字(2011)第 098207 号

**当代中国文化新观察**

著　　者/杨明辉　等
责任编辑/易丽芳
出版发行/江苏大学出版社
地　　址/江苏省镇江市梦溪园巷 30 号(邮编：212003)
电　　话/0511-84440890
传　　真/0511-84446464
排　　版/镇江文苑制版印刷有限责任公司
印　　刷/丹阳市兴华印刷厂
经　　销/江苏省新华书店
开　　本/890 mm×1 240mm　1/32
印　　张/8.375
字　　数/250 千字
版　　次/2011 年 8 月第 1 版　2011 年 8 月第 1 次印刷
书　　号/ISBN 978-7-81130-232-5
定　　价/35.00 元

如有印装质量问题请与本社发行部联系(电话:0511-84440882)

# 目 录

# 推进发展需要文化思维

## (代序)

宋林飞*

　　我想讲三个看法。第一是长三角需要文化,需要优秀文化,需要个性文化。

　　小时候我听到一个故事:有人到一位老先生家去做客,老先生出于礼貌吩咐家人:"上茶!"那人第二次去的时候,老先生发现这个年轻人谈吐不俗,他很高兴,就吩咐家人:"上好茶!"那人第三次去的时候,老先生已经开始喜欢他了,觉得这个人很有才识,所以就吩咐家人:"上我的茶!""上茶"、"上好茶"、"上我的茶",这是三种礼遇。我想,我们是不是也可以类比一下:长三角的发展需要文化,需要优秀文化,需要个性文化。个性文化是不能模仿的,所以就是一种创新文化。这样来看问题,我觉得应该说是一种文化思维。

　　文化是一个民族的灵魂。一个国家在崛起之前,都有一段时间的文化繁衍。在中国历史上是这样,在当代,我们的改革开放也是这样。在改革开放初期,也有一个很重要的文化推动,那就是真理标准大讨论。从思想深度和冲击力来看,应该说那是一次真正的"文化大革命"。在这次大讨论的初期,我带南京大学哲学系的学生到安徽农村调查,当地领导表示支持我们的调查,但他提了两个要求:"第一,你们

---

　　* 宋林飞,著名社会学家,南京大学教授、博导。曾任江苏省社会科学院院长,现任江苏省政府参事室主任。

师生来调查,不要反对我们搞包产到户。第二,你们系主任胡福明写了一篇《实践是检验真理的唯一标准》,请他来给我们讲一课。"他们不是向我们要经济、要物质,要的是理论知识,也就是要文化。

改革开放发展到今天,文化的重要性进一步提高了。当今世界,文化与政治、经济相互交融,在综合国力竞争中的地位和作用正越来越突出。我们对文化的认识也要有进一步的提升,必须充分考虑在经济、政治、文化、社会四位一体的发展过程中文化的战略地位,考虑在知识经济和信息时代,文化竞争力的核心作用。

我们面临的第二次现代化,是文化知识与社会发展的现代化。

国外有许多学者认为,我们正在面临第二次现代化。开全国"两会"的时候,我们收到了中国科学院发给我们的关于第二次现代化的评估。这种理论认为,重视经济发展和物质进步是第一次现代化,重视文化知识与社会发展的现代化是第二次现代化。也就是说,第二次现代化是指工业社会向知识社会、工业经济向知识经济的转变。

第二个看法是,长三角可持续发展的关键在于增强文化动力。

有人说,长三角经济即将出现拐点。我不赞成这个看法。我认为,长三角经济快速发展还要持续相当长的一段时期,但是这里也有风险。其中的关键是发展模式的创新。

20世纪七八十年代,在长三角地区首先出现了"苏南模式",乡镇企业在江苏率先异军突起,这其中上海人作出了贡献,上海的一些退休工人和星期日工程师支持了苏南的乡镇企业;到了20世纪80年代,出现了"温州模式",个体私营经济在浙江遍地开花;20世纪90年代,在市场经济过程中出现了"浦东模式",外向型经济、总部经济在上海浦东闪亮登场,成为长三角经济发展新的动力源。

那么,现在长三角地区如何实现持续的率先发展?可持续率先发展,就是长三角已经率先发展了,怎么把这个率先长期化?现在看来,一个重要途径就是文化推动,尤其是其中的文化自觉问题。当前文化自觉的重点是克服长三角地区的文化弱点或者叫"弱文化"。费孝通先生在晚年强调文化自觉,主张看看自己说过的话、做过的事,是否要修正、改动。长三角地区也有文化自觉的问题。

现在上海正在建设国际大都市,我觉得它文化上的问题是需要克服所谓的"大上海文化"。上海文化被称为海派文化,这是一个褒义词,肯定了它对外开放的意义。我家是从上海迁移到江苏南通去的,我小时候经常到上海。一到舅妈家,舅妈就会说:"乡下外甥来哉。"在当时的上海人看来,不要说是农村来的,就是周边城镇来的人都是"乡下人"。

长三角地区的经济发展和文化建设,上海都是龙头,这一点是毋庸置疑的。客观上,上海经济已经对江苏经济和浙江经济形成了很大的辐射拉动作用。主观上,上海人今后应该为江苏人、浙江人进一步作出榜样,胸襟更宽,思路更新,也就是说,要更有文化。

江苏文化中的求实与创新精神十分可贵,中国民族工业在江苏这块热土上率先发育成长。但是,江苏文化也有弱点,近年来这个问题已经暴露出来。2007 年,太湖蓝藻水污染事件成为苏南经济快速发展进程中的一个负面现象。太湖蓝藻水污染,不是某一届、某一地政府之过,也不是某一家企业造成的,大家都是有一定责任的。江苏人具有率先意识,但是在一定程度上受到了先发展、后治理等观念的影响。

敢闯、敢冒险的精神是浙江文化的优点。我在我国新疆伊犁、美国纽约、俄罗斯圣彼得堡等很多城市都见到过温州人开的餐馆和商铺,温州人遍布世界,真是"无温不市"。

浙江文化中也有"弱文化",例如经济伦理问题。在当前的世界市场上,不少国家对中国的低价产品的质量与品牌颇有微词,这已经成为我国进入 WTO 后国际贸易的新壁垒,这个问题应该引起商界的高度关注。几年前,浙江、上海、江苏三家社科院在义乌联合召开了"市场经济与诚信"的理论研讨会。这说明,诚信文化建设已经引起了长三角地区理论界的高度重视。我国搞市场经济搞了 10 多年,时间不长,还不成熟,我认为最不成熟的地方就是诚信不足。

当年中央决定上海浦东开发开放的时候,江苏省提出要"支持和主动呼应浦东开发开放"。此后,江苏和浙江都提出了"接轨上海"的口号。要怎么接轨呢？我认为，现在最重要的就是文化怎么接轨的问题。要加快发展长三角一体的文化观念，打破行政区划的概念，克服各种以行政区为区隔的地方主义文化。长三角一体化不只是经济要素的自由流动，更重要的是深层次的文化要素的交流与融合，要以文化一体化推进经济一体化。"强政府、强市场"的基础在于"强文化"。

第三个看法是，要寻找、培育新的发展模式。

文化对经济发展具有重要的作用。有些文化因素可能促进经济发展，有些文化因素可能阻碍经济发展。单位文化、地区文化，其中都存在一定的文化壁垒阻碍文化要素的流动。突破单位与条条块块的局限，共同培育区域创新文化，是建立长三角区域创新体系的关键所在。

当今世界提倡合作创新、技术创新、科技创新、制度创新，其实目前合作创新已经越来越成为主流。我们已经进入了大科技时代，科技前沿的重大进展绝非一个单位、一个地区的力量和资源所能实现。研究开放的社会化、国际化，是一个大趋势，大家都希望共同寻找好的区域经济发展途径。现在世界上有那么多的人向往"地球村"，我们能不能提出一个"长三角村"的理念，同时把这种理念转化为核心技术、关键技术的联合攻关，研发成果的共享，提高长三角地区的竞争力？

发展市场经济有人主张"强政府"，有人主张"弱政府"。如果是"强政府、弱市场"，当然要不得。有没有"强政府、强市场"？如果有的话，应该是肯定的。但依我看，首先需要的是"强文化"。陈云同志倡导领导干部要"踱方步"，多思考战略性问题。但是，现在有一些领导干部忙于迎来送往，缺少读书和思考问题的时间，怎么增强文化？

创新发展模式的关键在于，变"长三角制造"为"长三角创造"。

现在发达国家的学者也越来越多地应用文化因素来解释经济增长。目前，我国经济仍然处在投资推动为主的发展阶段。长三角的经济增长方式正在发生转变。国际上判断经济增长阶段的一个流行标准是：科技进步贡献率30%以下的是粗放型，30%到50%的是准集约型，也就是半粗放半集约型，50%到70%的是集约型，70%以上的是高度集约型。也就是说，经济增长方式的优劣、经济发达的程度，其判断标准主要是看经济中科技等文化的含量。我最近测定了一下,到 2010 年年底,江苏经济中的科技进步贡献率已经达到 50% 以上,开始进入集约型经济增长阶段。

"苏南模式"、"温州模式""浦东模式",都创造过辉煌,引领过长三角以至中国经济的发展,开一时风气之先。但是由于这些模式的内外部环境和条件在不断变化,因此它们必须不断地创新,不断地趋同。所以我不太赞成当时说"苏南模式"好,"温州模式"有问题。到了 20 世纪 90 年代,江苏的乡镇企业改革了,这个时候又有人提出"温州模式"成功了,"苏南模式"失败了。没有这回事,我觉得不要以一种模式来否定另外一种模式。

创新发展模式的关键,是进一步增加知识、科技、人才和文化含量,确立文化优势,提高文化竞争力。这三种模式发展目标都是:"长三角制造"要变成"长三角创造",卖体力要变成卖智力,贴牌生产要更多地转变为专利生产。长三角要成为具有竞争力的世界大都市群,关键在于推进科技、观念等文化要素的原始创新。现在我们讲的"原创"都是讲技术,其实有利于制度创新的理论等都需要原创,走前人没有走过的道路。其中政府的责任是扩大公共文化的供应,引导与丰富民间文化。

古人说,上有天堂,下有苏杭。苏杭是长三角的代名词,这里不仅是享乐的"天堂",更是创业的"天堂"。长三角不仅要有城市景观的文化积淀,而且要培育更多的文化资本,形成更多的文化纽带。我们要积极参与文化建设,造就一流的区域文化,推动长三角成为中国、亚洲乃至世界的经济增长极、社会发展的实验室,以及最适宜人居的地方。

(本文原为在上海解放论坛上的演讲,这里作了篇幅上的微调。)

# 1

## 人生价值视域中的「消费主义」

杨明辉 *

* 杨明辉,江苏省社会科学院哲学与文化研究所助理研究员。

随着中国逐渐进入消费社会,消费主义在中国城市社会迅速兴起。有关消费社会和消费主义的研究成为当前学术界的一个热门议题。消费社会的来临和消费主义的兴起意味着社会发展的巨大转型,成为我们当下必须面对的基本时代状况和社会现实,对于哲学社会科学各个学科来说,要想对我们所处的新时代有所回应,就不能完全回避或绕开有关消费社会和消费主义的话题。① 对于消费主义的本质、成因及影响,国内学者多持批判的立场,认为消费主义是一种来源于西方、服务于资本的文化意识形态,它的扩散会带来严重的精神危机和生态危机,视之如洪水猛兽,主张坚决予以抵制。本文无意为消费主义再添一条罪状,而是试图从价值中立的立场论证消费主义在中国城市社会兴起的必然性,分析它对当代人生价值观的影响及其困境,提出完善社会转型期人生价值观的一些思考。

## 消费主义在中国城市社会的兴起

作为一种新的社会形态,消费社会最早出现于美国。早在 20 世纪 30 年代经济大萧条之前,美国的经济学家就注意到,当人们对食品、衣服和住所的自然需要感到满足的时候,大规模生产的产品就会卖不出去。这时若想保持经济继续增长,就必须刺激起大量消费。于是,"消费的民主化"(鼓励大众大量消费)就成了美国经济政策的目标。虽然经济大萧条和二战拖延了美国"消费民主化"的进程,但在二战结束后不久,大众消费就走向了成熟期。艾森豪威尔时期,所谓的"新经济福音"宣告美国经济的"首要目标是生产更多的消费品"。从此,在这种新经济理论、政策以及制度的导向之下,美国消费社会日益向纵深发展。作为与消费社会相适应的一种基本的生活方式和价值观念,消费主义开始快速蔓延。大量消费不仅进一步促进了生产的发展,而且在

---

① 刘方喜,郤智毅:《论消费主义范式的理论转型意义》,《河北大学学报(哲学社会科学版)》,2009 年第 5 期。

社会的各个方面都产生了举足轻重的作用,包括人们的行为、对事物的看法,甚至人们身份的建构。英国、法国、日本等国家纷纷效仿美国,把刺激消费增长作为国家经济政策的首要目标,从而使消费主义迅速产生世界性影响。

对于中国当前是否已经进入消费社会,学术界有两种不同的观点。一种认为中国已经进入消费社会,理由是社会上的奢侈消费、炫耀性消费、超前消费比比皆是;另一种观点认为中国还没有完全进入消费社会,因为中国还有大批中低收入阶层,他们依然过着节衣缩食的生活。实际上,判断一个社会是不是消费社会,主要看消费是否成为这个社会的主导性逻辑。① 就中国当前经济社会而言,从 1997 年起经济就开始出现总体性过剩,需要刺激消费拉动生产,为了促进消费,政府确定了拉动内需、刺激消费的政策,再加上传媒的大肆渲染和业界的积极参与,消费无疑已经成为社会的主导性逻辑。因此,中国当前总体上已经进入消费社会。然而,中国的消费社会具有非典型性,它主要出现在城市,它的结构不同于西方发达国家"橄榄形"的消费社会结构,在城市中还存在着一个规模相当庞大的低收入阶层,而在农村,特别是在西部贫困地区,广大居民才刚刚解决温饱问题,距离"小康"还有漫长的道路。基本的生存消费与炫耀性消费、奢侈性消费"共时",是当代中国消费社会的一大"特色"。② 与此相适应,虽然传统的节俭主义由于经济或其他原因还留有一席之地,但消费主义已经成为城市社会的一种主流价值观念。

那么究竟什么是消费主义呢? 国内一些学者在给消费主义下定义的时候,常常存在这样一种倾向:为了达到"批判"的效果,尽量把消费主义往"坏"的方面去说。在这一类的定义中,消费主义被看成是一种

---

① 张舜清:《"物象化论"视域下的消费主义与消费正义问题》,《自然辩证法研究》,2007 年第 9 期。

② 莫少群:《20 世纪西方消费社会理论研究》,社会科学文献出版社,2006年,第 236 页。

"病态"或"离轨"现象。几乎所有的人都明确表示,他们反对"病态"消费。这样一来,问题反而被简单化了。① 本文在引用国内学者相关定义的同时,引用几条国外学者对消费主义的定义,综合分析消费主义的性质和特征。国内学者黄平认为:"消费主义是指这样一种生活方式:消费的目的不是为了实际需要的满足,而是不断追求被制造出来、被刺激起来的欲望的满足。"②美国学者丹尼尔·贝尔认为:"消费主义是西方国家曾经流行过的一种消费思潮,极力追求炫耀性消费、奢侈性消费,追求无节制的物质享受,并以此作为生活的目的和人生的价值所在。片面重视物质消费,物欲至上,享乐第一,忽视精神价值,忽视人的发展,崇尚物欲,崇尚感官刺激的价值观念与生活方式。"③斯蒂恩斯认为:"消费主义描述了这样一种社会:其中许多人在一定的程度上把获取物品当作生活的目标,而这些物品的获取不是出于人们生活的必需,也不是为了传统的展示的需要,而是为了获取他们的某种身份认同。"④贝尔克认为:"消费文化(或消费主义)指的是这样一种文化,其中大部分消费者强烈地渴望(相当一部分人则追求、获取和展示)物品和服务,这些物品和服务则是因其非功用性理由而被看重的,如地位获取、挑起妒忌和寻求新奇。"⑤

从上述定义可以看出,消费主义有以下几个特征:第一,消费的无限性。消费主义的一个根本特点是消费欲望的不断更新和无节制膨胀。生命不息,消费不止。第二,消费的工具性。消费主义将物质消费、物质享受作为幸福生活的样本,作为获取社会认同的手段,作为实

---

① 王宁:《"国家让渡论":有关中国消费主义成因的新命题》,《中山大学学报(社会科学版)》,2007 年第 4 期。

② 黄平:《生活方式与消费文化·代序》,《救赎与消费:当代中国日常生活中的消费主义》,江苏人民出版社,2003 年,第 7 页。

③ [美]丹尼尔·贝尔:《资本主义文化矛盾》,赵一凡,等译,生活·读书·新知三联书店,1989 年,第 209 页。

④ 同①。

⑤ 同①。

现人生价值的根本途径。也就是说,消费的目的不只是为了满足生存发展的需要,还成为人们实现人的价值的需要。或者说,消费的目的主要不是获取商品的使用价值,而是获得商品的符号象征价值。在传统社会,消费更多的是起着满足人的自然需要,即生理需要的功能,消费是维持人生存的手段,它本身不是目的。而在消费社会中,消费获得了独特的工具价值,成为人们获取幸福、身份认同、成就感等终极价值的重要的手段。第三,消费的大众性。工业化带来的消费品批量生产和中产阶层的兴起为大众消费制造了可能性,使得奢侈消费从以前的贵族阶层走向社会大众,贵族消费平民化。正是因为具备了广泛的群众基础和"文化合法性",消费主义才构成一种不可忽视的社会力量。大众性是现代消费主义的必不可少的特性。①

一种消费思想成为一个社会普遍认同并信奉的价值观念,其中必有十分深刻的经济、政治和文化等方面的根源。中华民族向来以勤劳节俭著称于世,几千年来,人们对节俭消费观一直信奉不疑,崇俭抑奢在传统消费思想史上牢牢占据着统治地位。可是,仅仅几十年时间,许多人就将传统的节俭消费观弃若敝屣,而将消费主义奉为圭臬,这实在是一个快速而发人深省的思想转变。对于消费主义迅速在国内兴起的原因,许多学者持"资本操纵论"或"资本阴谋论",认为这是全球化过程中西方资产阶级为了推销商品实现资本增值而大力宣传鼓吹的结果。唯物辩证法告诉我们:"外因是变化的条件,内因是变化的根据,外因通过内因而起作用。"内因是第一位的原因,外因是第二位的原因。西方资产阶级的鼓吹只能说是外因,或者说是起因,除此之外,有没有更重要的国内自身的原因呢?我认为主要有以下几个原因。

(1)经济的迅猛发展是根本原因。

改革开放以来,我国的经济建设取得了举世瞩目的成就,社会生产

---

① 陈昕:《救赎与消费:当代中国日常生活中的消费主义》,江苏人民出版社,2003年,第9页。

力得到空前解放和发展,人们的收入水平得到大幅度提高。1979 年—2007 年,我国经济以年均 9.8% 的速度快速发展,城乡居民的收入也在迅速增加。1978 年,我国农村居民人均纯收入只有 133.6 元,到 2007 年达 4 140.4 元,比 1978 年增长近 30 倍,年均增长 12.6%,扣除价格因素,实际年均增长 7.1%;1978 年,我国城镇居民人均可支配收入为 343.4 元,到 2007 年达 13 785.8 元,比 1978 年增长 39 倍多,年均增长 13.6%,扣除价格因素,实际年均增长 7.2%。与此同时,我国快速迈入大规模消费(或"大众消费")时代,人们的日常生活方式和消费观念发生了巨大的变化。在打开国门之前,中国的经济基本上还处于短缺状态,绝大多数中国城乡的家庭仍处于温饱的边缘,几亿人还在贫困中挣扎,而那时即使是较为富裕的小部分人也还在节衣缩食地追求"老三件"(自行车、手表、缝纫机)。而就在这短短的 30 多年时间里,电视、洗衣机、电冰箱这"新三件",已经在我国城市家庭中基本普及。尤其是进入 20 世纪 90 年代以后,城市家庭对耐用消费品的追求已经变成了高档音响、大屏幕彩电、分体空调等,"新富"家庭开始以名牌服装和私人洋房、私家汽车来显示自己与众不同的"档次"和"品位"。越来越多的人(当然,首先是所谓的"成功人士",从沿海地区的"大款"、大城市的"新贵",到演艺界的"名流"、高等院校的"专家";其次是城市中年轻的"追星族"、"时髦族")开始学会"与国际潮流接轨",学会欣赏消费时尚,引领消费潮流。进入 20 世纪 90 年代中期以来,这种对"新潮"、"洋货"的追求更呈现出全新的面貌。在各个大中城市,越来越多的年轻人开始着手刻意改变自己的外部形象:从装束、打扮、化妆上模仿欧美的歌舞明星,到把自己的头发染黄、皮肤染白、鼻子做高。①

这些消费领域的变化,正如美国学者戴慧思所言,是中国社会发生的"第二次革命",即消费革命。在这场消费革命中,我们完成了从生活必需品时代到耐用消费品时代(即现在的小康时代)的转变。在耐

---

① 陈昕,黄平:《消费主义文化与中国社会》,《上海文学》,2000 年 12 月号。

用品消费品时代,生存型消费让位于发展型乃至享受型消费。同时,计划经济体制下以集体为导向的消费也让位于以个人为导向的消费。人们在消费行为上有更多的选择,消费自由也得到了前所未有的张扬。这种大众消费促进了消费主义这种大众享乐观念的形成。物质享乐就这样以一种前所未有的程度得到普遍的承认与鼓励。

（2）政策的重大转变是重要原因。

除了经济原因,国家政策的重大转变也是促使消费主义兴起的重要动因。在改革开放之前,消费主义兴起的主要阻碍,包括"一穷二白"的经济水平的约束,包括鼓励艰苦奋斗、鞭挞贪图享乐的意识形态的约束,包括国家20世纪50年代制定和实行的重工业优先发展、抑制消费、加大积累的政策。当时,国家实行了以"大锅饭"为特点的平均主义收入分配制度。尽管工人存在"八级"工资制、工龄差异、地区差异和其他各种等级差异,但是总体上人们之间的收入差异并不大。这种讲究平均化的收入分配政策客观上阻止了人们在消费水平上的相互攀比。不仅如此,反过来,任何个人的超越平均水平的消费水平和消费风格,往往会招致他人妒忌,并招致单位领导和同事的批评。在这样的社会背景下,人们倾向于保持与大众一致的消费生活方式。很显然,在一个以"大锅饭"为特征的平均主义社会,欲望水平的上涨缺乏必要的社会动力和机制。

改革开放以后,为了迅速摆脱国民经济停滞不前、人民生活困苦不堪的状况,国家采取了一系列措施来调动人们的生产劳动积极性,从而为消费主义的产生提供了条件。第一,提高人们的收入和生活水平,促进消费品产业的发展。国家调整了消费与积累的关系,提高了消费品产业的比重,增加了职工的工资,同时恢复了奖金制度。第二,国家采取了"对外开放"的政策,跨国公司以及发达国家的消费品得以登陆中国,在消费品标准上对中国消费者产生了巨大的"国际示范效应"。第三,国家逐步退出对私人生活方式的干预,并逐渐放松对消费生活的话语控制和制裁。不仅如此,20世纪90年代后期,国家改变了过去对贪图享乐进行道德鞭挞的做法,开始鼓励居民进行消费。消费欲望和消费主义的道德禁忌被打破。第四,为了调动职工的积极性,国家在收入分配方面采取打破"大锅饭"(平均主义)的政策,强调"按劳分配,多劳多得"。人们之间的收入水平开始拉开差距。与此同时,传统的对个人进行社会评价的主要标准也发生了转变,即从过去的政治评价(如"表现"是否积极、是否争取进步等)转向经济评价(如是否"发财",是否"成功"等),而消费则成为新的获取"正面"社会评价的方式之一。第五,自 20 世纪 90 年代后期政府制定刺激消费、启动内需的政策以来,如何更快地刺激人们的消费以推动经济的增长便成为国家主导的意识形态。① 显然,国家在改革开放进程中所制定的一系列宏观政策和制度,不但在客观上为消费主义在中国的兴起逐渐扫清了障碍,而且从 20 世纪 90 年代后期起通过经济政策为消费主义的兴起与蔓延提供了直接的动力。②

　　(3) 获得社会认同是深层次原因。

　　人不仅有自然需要,更有社会性需要。马斯诺在分析人的需要时就指出人有安全、归属的需要。弗诺姆更是坚持了人需要社会这种观点,他认为人是一种社会的存在,人有着一种要分享、要帮助、要感到是群体中的一员的深刻需要。阿伦特指出,人需要出场,需要在公共领域表现自己。在传统社会,人们生活和居住在一个相对固定的空间内,人与人之间的了解是全面的、立体的、活生生的,人与人之间的关系主要是由血缘关系和姻亲关系来维持,具有很大的稳定性。然而,进入现代消费社会,人与人之间的关系发生了很大的变化。首先,随着中国城市化进程的加速,人们的居住生活空间和工作空间发生了分离。人与人之间的了解分割为居住生活空间的了解和工作空间的了解,而且这两者很难合为一体。即使在同一公司共事,由于公司规模的扩大、机构的复杂,人们之间的了解也仅仅局限于狭小的范围之内,而对他人几乎一

---

① 郑红娥:《中国的消费主义及其超越》,《学术论坛》,2005 年第 11 期。
② 王宁:《"国家让渡论":有关中国消费主义成因的新命题》,《中山大学学报(社会科学版)》,2007 年第 4 期。

无所知。人与人之间的交流越来越片面化。其次,人们在职业中的流动性大大增强。随着工作的频繁调动以及服务性工作的增多,人们所接触的陌生人越来越多,人们的交往在很大程度上是出于工作的需要和职业的需要,在交流中人们只是把对方当做是工作的对象和客体,而不是复杂的、立体的、活生生的人。人们不得不通过对商品的购买和消费来展示自己的身份、标榜自己的趣味,人与人之间的关系需要用物来加以表现。因此,"在后工业社会中,随着休闲时间和娱乐活动的大量增加,经济与政治机构的价值与文化的价值有了脱节。结果,身份越来越建立在生活方式和消费模式的基础上"。①

从具体的国情来说,在"允许一部分先富起来"的思想指导下,一部分人凭借突出的个人素质,通过自己的诚实劳动和合法经营,或是有效地利用了社会环境因素,积累了大量的个人财富,成为先富群体中的一员。这部分"先富起来的人",多数曾经处于社会的底层,经济地位的提升使得他们有了追求社会地位的需求。为了凸显他们的经济实力,进而获得与经济实力相当的社会地位,比较实际的方法就是消费,而且是高消费,从而使他们获得社会的认同。这部分人的成功也往往被扩大化,成为人们向往、追求的目标。其消费选择和消费品味,无形之中也成为人们羡慕、模仿的对象,似乎成功人士(尤其是经济取得显著成就的成功人士)今天所消费的,就是普通大众明天消费的。加上传统中国人爱面子的心理,演变成当下盲目的从众、攀比消费的心理,形成消费主义可以在中国兴起的独特社会心理。

(4)传媒的大肆鼓吹是直接原因。

消费社会又称信息社会、媒介社会,这是因为现代社会的信息传媒非常发达:报纸、杂志种类繁多,数不胜数;电视广播无处不在,无时不有;网络通讯铺天盖地,无孔不入。人们从传媒中获得的资讯远远超过从人际交往中所得到的。信息传媒成了现代生活重要的舆论源,发达

———————
① [英]弗兰克·莫特:《消费文化》,余宁平译,南京大学出版社,2001年,第38页。

的传媒技术使广告文化深深地渗透到人们的生活之中,有力地引导着人们的消费行为。人们从穿着打扮、娱乐消遣到家居装修、审美情趣,无不受到广告的影响。为了形成持续不断的购买意愿与消费行为,广告在传媒上还常常将现实以审美的形式呈现出来,经常倡导新的价值观念和生活方式。表面上它们是以形象化的、感性的方式宣扬着物的实用性,可实际上却是以更隐蔽、更深刻的方式影响着人们的思想、言行,进而影响生活的方方面面。媒体广告能够使快感与欲望以及纵欲、消费、失序等多种消费影像流通,并将其推行开来。各种信息传媒都在不断地告诉人们什么样的生活方式才是人们要过的美好生活,以及实现这种生活的现实途径:美好生活要从消费开始,消费能够使梦想成为现实。

在媒体广告的强力刺激下,人们往往容易接受其所设计的美好生活。虽然有研究者认为,广告所发挥的作用其实并没有想象的那么巨大,广告很难改变人们的消费态度和消费习惯,但是,传播学中的涵养理论表明,媒介固然不能有效地劝说人们购买某一特定的商品,然而它可以让人们接受消费主义价值观念。消费主义作为一种意识形态,既可以被人们清醒地认识到,又可能不知不觉地渗入人们的无意识中,潜移默化地影响着人们的思想言行。正如托夫勒所指出的:"消费者甚至无暇考虑自己究竟需要什么样的东西,便被变幻万千的广告所淹没。他们在各类宣传广告的不断刺激和操纵下,产生购买或其他各种感觉及行动。"①比如,电视剧和广告中开宝马车的都是成功人士,他们在经济上富有,并且具有一定的社会地位。当这一信息通过大众文化产品反复传递给大众,那么宝马车就不仅仅是交通工具了,而成了"成功"的一种符号或标志。又如,广告中典型的三口之家是:爸爸事业有成、妈妈年轻美丽、宝宝聪明乖巧,他们乘的是自己买的汽车,住的是高档公寓,吃的是超市出售的有机果蔬,家中还要养条价格不菲的名犬当宠

---

① [美]阿尔文·托夫勒:《未来的冲击》,孟广均,等译,新华出版社,1996年,第58页。

物,周末可以外出郊游……总之相当完美。于是,消费购买成为实现美好生活最重要的一环,对广告形象的期许使消费者陷入虚幻与梦想之中。消费由手段变成了人生目的,由需要变成迫切的日常行为,由理性控制变为非理性纵欲。

除此之外,消费带来的新奇体验,集团性消费或公款性消费的兴盛,等等,也是消费主义兴起的重要原因。正是在这些因素的共同作用下,消费主义犹如脱缰的野马大行其道,越来越多的人加入消费主义者的行列,奢侈消费、过度消费和炫耀性消费成为消费时代盛行的社会景观。正如马克斯·韦伯所说:"物质产品对人的生活的影响力日益增大,终于成为一种不可阻挡的力量,这是历史上任何时期所不能比拟的。"①

## 人生价值观的嬗变及其困境

消费主义不仅是一种时尚的生活方式,而且是一种渗透到社会文化深处的价值观念。这种文化态度或价值观念把消费大量的、种类繁多的物品和服务看做是至高无上的,并把其作为最普遍的文化倾向,作为较高生活质量的标志,甚至是公民对经济繁荣的贡献和对国家或社会的道德责任,从而使高消费在普通大众眼中成为正当的、道德的和合法的,或者说是普遍的、自然的,而不对它产生异议。它有力地消解着主张勤俭节约的传统人生价值观,深刻地影响着当代大众人生价值观的重构。在消费主义的影响与支配下,很多人开始信奉物质利益的实现与满足,确立了"物质享受"在他们人生价值观中的主导性地位,从而使理想主义让位于物质主义,节俭主义让位于享受主义。那么消费主义建构的人生价值观究竟有何魅力,能使越来越多的人深陷其中而无法自拔呢?

---

① [美]米切尔·舒德森:《广告,艰难的说服》,陈安全译,华夏出版社,2003年,第142页。

首先,消费成为幸福快乐的同义语。消费主义的逻辑是:人生的目的是为了获得幸福,物质享乐的满足可以带来幸福和快乐,而不断地消费可以带来物质享乐,从而可以实现人生的幸福。消费主义的这种幸福逻辑和西方近代以来以物质享乐来规定幸福的观念有很大关系。近代以来,西方人文主义者主张把人从上帝和自然的束缚中解放出来,使人成为自己甚至成为自然的主宰。这种思想体现在自然科学的迅猛发展和对自然的控制与改造中,体现在工业化的快速发展中。人成为自己的主人,开始倡导人的价值、尊严、自我实现和创造,这些思想成为西方民主政治的基础。它提倡个人的权利和福利的实现,而个人最大幸福的实现就是个人各种物质欲望的满足,所以,尽可能地占有消费品就具有了道德性和正当性。这样,个人幸福成了整个社会的基本价值导向,是衡量一个社会文明程度的基本标准。在人本主义价值观的推动下,个人幸福被界定为作为生物性的人的各种欲望的满足。这种对个人幸福的界定成为推动资本主义经济、社会发展的强大动力。消费主义就成为这种个人幸福观念在消费社会的体现。信奉消费主义的人认为,钱可以买到幸福,有了财富就有了快乐,人生的许多烦恼是因为没有钱而造成的。因此,只有多赚钱、多消费,人生才能获得幸福。

在这种幸福观的指导下,消费主义借助现代广告和大众传媒不断煽动人们在物质方面的匮乏感和窘迫感,同时暗示人们物质消费才是幸福和快乐的保障。通过一个个描述优雅生活的镜头,一个个化解难堪的情节,一幕幕皆大欢喜的结局,广告向受众展示了实现"梦境"的途径。一个个广告就是快乐生活的小单元,消费是通向该单元的钥匙。它引诱消费者尝试味道更加鲜美的食品,追求更加华丽的服饰,拥有更加高档的汽车,获得更加豪华的住宅。它还暗示人们,消费者在得到美妙的物质享受的同时,还能够获得不消费的人所无法拥有的快乐。广告让人看到了美好生活的前景,让人产生一种美丽的憧憬。于是,人生奋斗的目标就变成了获得这些如梦境般美好的商品,它们成为幸福、快乐和成功的同义语,人们认为只要拥有它们就拥有了某种幸福和圆满。消费成为幸福生活的当代兑现。人们对幸福的想象就是对物质的想象,物质的占有丰富了,感官的满足实现了,幸福也就获得了。

其次,消费成为建构个人身份、获得社会认同的主要途径。法国社会学家布尔迪厄说过:"选择物品和消费可以为我们提供微妙的线索,确定社会等级的性质和一个文化内部的权力。"①消费主义为现代社会的人们制造了一种假象,即一个人的身份、地位和品味的直接标识就是他所拥有或消费的商品,他能够从拥有或消费的商品中获得身份感、价值感和成就感。例如,当手机还只为少数人所拥有的时候,在公共场所当着很多人的面掏出手机接听电话,就能在众人的嫉妒和艳羡中获得难以言喻的优越感。以往通过门第、权力、声望、职业、受教育程度等内容确定社会地位的方式已经不能再为人们提供一种认同感、确定感和归属感,人们只能通过消费来证明自己存在的价值,表明自己的身份与地位。简而言之,身价=物价。

以一则麦当劳广告为例:在嘈杂拥挤的街道上,一个男人正在捆扎报纸,一个工人正推着一车矿泉水,一些人匆匆经过,一些人搭上破旧的小巴士。喧嚣声中,我们可以清楚地听到一位女士在吟诗。当镜头回拉时,声音越来越清晰,一位着装整洁素雅的女士坐在落地窗后,窗上有金色的麦当劳标志。她突然收起了笑脸,随后出现在面前的是一碟食物。此时,银幕上出现一串字幕"美妙早晨从麦当劳开始",《欢聚欢笑每一刻》的歌声也随即响了起来。在广告中,聚集在喧嚣街市上忙碌的普通人,与坐在安静洁净的麦当劳餐厅中享受闲适的高雅人士形成了鲜明的对比。这则广告宣扬麦当劳是中产阶级的生活方式,特别是白领的生活方式。它暗示:享用麦当劳就是过着体面而现代的生活,而且比那些没有消费麦当劳的群体生活得更加轻松和愉快。现代广告具有批量复制、广泛传播的技术优势,这就意味着凡是广告推行的生活方式,就是"博得赞许的",反之则是"不合时宜的",需加以摒弃。

消费之所以能够成为建构自我认同和社会认同的手段,主要在于

---

① Pendergast,Tom. Consuming questions:scholarship on consumerism in america to 1940, American Studies International,June 98,Vol. 36 Issue 2.

商品不仅具有使用价值,而且具有符号价值。符号价值代表了商品之间的差异。这种符号上的差异构成某种商品的独特性和示差性,使得同类商品之间得以相互区分开来。这就是符号价值的第一层次的含义。符号价值的第二层次的含义是附着在商品上的符号,即品牌商标和品牌形象。这种品牌不但使某种商品具有独特性和示差性,而且使商品获得了更多的内容和价值。因为品牌代表了与之相对应的社会阶层、社会地位、生活品位和生活方式,也代表了某些个人和群体的主观意义。比如各种名牌服饰总是与成功、潇洒、超凡脱俗等文化意义联系在一起,成功、潇洒、超凡脱俗等象征意义就是该品牌服饰的符号价值。消费社会的一个重要特点,是商品符号价值不断强化和显现。这是因为随着先进生产工艺技术的普及,商品和服务的质量、功效都日趋同质化,商品生产者和经营者为了实现利润就不得不千方百计地操纵商品的符号价值,从而赢得消费者的认可。消费活动由此演化为一种符号能指的游戏活动,人们在购物过程中重新确认自己的身份、地位和灵魂。在这一过程中,消费的内容(即被消费物的功能性)越来越不被重视甚至被忽略了,取而代之的是对欲望本身的消费。也就是说,商品本身已经不再是消费的主要目标,它往往被高估为可用来获取身份、地位、友谊、爱情等目标的手段。这正如马尔库塞在《单向度的人》一书中所提到的那样:"人们在自己的商品中认出了自己;他们在自己的汽车、高度保真的音响设备、错层式的住宅和厨房设备中发现了自己的灵魂。"

再次,消费是获得其他终极价值的根本途径。米尔顿·罗克奇在1973年设计了罗克奇价值观调查问卷。它包括两种价值观类型,每一种类型有18项具体内容。第一种类型,称为终级价值观,指的是一种期望存在的终极状态。它是一个人希望通过一生而实现的目标。第二种类型,称为工具价值观,指的是偏爱的行为方式或实现终极价值观的手段。下面列出每一种价值观的范例:

| 终极价值观 | 工具价值观 |
|---|---|
| 舒适的生活(富足的生活) | 雄心勃勃(辛勤工作、奋发向上) |
| 振奋的生活(刺激的、积极的生活) | 心胸开阔(开放) |
| 成就感(持续的贡献) | 能干(有能力、有效率) |
| 和平的世界(没有冲突和战争) | 欢乐(轻松愉快) |
| 美丽的世界(艺术与自然的美) | 清洁(卫生、整洁) |
| 平等(兄弟情谊、机会均等) | 勇敢(坚持自己的信仰) |
| 家庭安全(照顾自己所爱的人) | 宽容(谅解他人) |
| 自由(独立、自主选择) | 助人为乐(为他人的福利工作) |
| 幸福(满足) | 正直(真挚、诚实) |
| 内在和谐(没有内心冲突) | 富于想象(大胆、有创造性) |
| 成熟的爱(性和精神上的亲密) | 独立(自力更生、自给自足) |
| 国家的安全(免遭攻击) | 智慧(有知识的、善思考的) |
| 快乐(快乐的、闲暇的生活) | 符合逻辑(理性的) |
| 救世(救世的、永恒的生活) | 博爱(温情的、温柔的) |
| 自尊(自重) | 顺从(有责任感、尊重的) |
| 社会承认(尊重、赞赏) | 礼貌(有礼的、性情好) |
| 真挚的友谊(亲密关系) | 负责(可靠的) |
| 睿智(对生活有成熟的理解) | 自我控制(自律的、约束的) |

从上可以看出,在消费主义者看来,无止境的消费可以实现舒适的生活(富足的生活)、振奋的生活(刺激的、积极的生活)、成就感(持续的贡献)、自由(独立、自主选择)、自尊(自重)、社会承认(尊重、赞赏)等多项终极价值。以平等为例,消费主义宣扬消费面前人人平等,人人都可以获得消费品的象征符号意义,而且商品是个天生的平等派,只要有足够的钱,你就可以买到你想要的任何东西,所以打字员的女儿可以和雇主穿得一样的漂亮。

事实上,消费社会中人们表面上过着一种舒适安逸的生活,拥有了自己的住宅、轿车、各种现代化的生活设施和日用消费品,但幸福感、满足感却没有得到相应的提升,也没有得到期望中的尊重。相反,常常会感到莫名其妙的空虚和焦虑。也就是说,消费主义建构的人生价值观并不能给消费者带来它所许诺的幸福生活和社会认同。

首先,消费主义许诺的幸福只能是一种虚假而短暂的幸福。休谟说过:"一切人类努力的伟大目标在于获得幸福。"然而,在消费社会,当人们用锲而不舍的努力创造了一个物质繁荣的家园,开始享受着更高质量生活时,却发现幸福如"镜中花、水中月",可望而不可即。从某种意义上说,幸福是对匮乏的满足。消费主义就是利用这一点制造人们的匮乏感,鼓励人们通过消费消除匮乏感,从而获得幸福。"当广告对一种过剩产品大肆宣扬时,一个本来过得不错的人也会觉得自己过于寒酸。"①实际上,现代主体作为一个消费者,无论是他的需要还是满足这些需要的手段,都是由商品生产体系结构性地规定了的。消费社会的"生产已经不仅仅是产品的生产,同时也是消费欲望和消费激情的生产,是消费者的生产"。按照马尔库塞的说法,通过广告反复不断地轰炸激发、制造出来的匮乏感并不是人的真实需要,而是一种"虚假需要",从中获得的幸福也只能是虚假的幸福。

同时,由于消费主义的不断鼓吹,人们的眼光总是投向比自己的现实消费更高的消费,总是指向比自身消费更多的他人消费,或指向比今天的消费更高的明天的消费。因此,无论今天消费多少,相对于明天的更高的消费来说都是一种匮乏状态;无论自己消费多少,相对于比自己消费得更多的他人消费来说也都是一种匮乏状态。② 这些匮乏对于消费者来说,都是有待满足的匮乏,因而会感到不幸福。人们总是幻想着达到他人或明天的消费水平时就会幸福,但是一旦达到了他人或明天的消费水平之后,人们也只能获得短暂的幸福,因为在自己的身旁又会出现比自己消费得更高的"邻居",人们又会处于一种"不如邻居"的匮乏状态,又会感到新的"匮乏",因而再次失落幸福感。因此,消费并不能给人带来真正的幸福。正如弗罗姆所说:"在异化的享乐形式中,我

---

① [美]弗洛姆:《生命之爱》,罗原译,中国工人出版社,1988 年,第 31 页。

② 刘福森,张兴桥:《消费主义的神话:生活质量、健康与幸福》,《长白学刊》,2005 年第 1 期。

心中什么也没有发生。"①

其次,将消费作为身份和地位的建构手段必将陷入身份焦虑。消费主义将拥有某种商品与拥有某种身份、地位对应起来,认为消费的商品可以折射出相应的社会身份。它通过广告和大众传媒对拥有高档商品的人进行赞美,认为他们身份尊贵,品味高雅,是人生价值的一种象征。相比而言,不拥有它的人则无从证明其人生的价值——在拥有这种商品的人面前,他将感到羞愧。因此,为了证明自身的价值,提高自己的社会地位,人们就必须不断地消费更加高档的商品。这就给无论是穷人还是富人都制造了一种焦虑:身份的焦虑。

德国社会学家齐美尔在《时尚的哲学》中论述了这种身份竞争游戏的社会运行机制。他认为,时尚是阶级分化的产物,较低的社会阶层总是向着较高的社会阶层看齐,他们通过模仿追逐着较高阶层的行为模式,而较高的社会阶层则通过不断发明创新而采用一种新的时尚,来与广大的社会大众区别开来。这种"模仿与创新"的动态社会游戏,快乐地周而复始。② 美国学者朱丽特·斯戈在《过度花费的美国人》一书中,描述了现代美国人的身份竞争游戏。在过去,美国人是以相似的邻居的消费标准作为攀比的对象,今天的美国消费者却不再如此,而是把那些收入远在自身之上的人作为参照群体。广告和媒体在消费者的参照群体的"拔高"方面发挥了重要作用,因为电视上所渲染的生活方式往往是中上阶层,甚至是富裕阶层的,但是电视观众却把它看做是普通美国人的生活方式,也就是说,通过看电视,观众把"什么是正常的生活水平"无形中提高了。美国人花的钱多了,却感觉穷了,原因在于所攀比的对象的消费水准是在不断上升的,而攀比者总也赶不上被攀比者财富和消费的上升速度。一旦人们被卷入这场身份竞争游戏,就

---

① [美]埃里希·弗洛姆:《健全的社会》,孙恺详译,贵州人民出版社,1994年,第108页。

② [德]齐美尔:《时尚的哲学》,罗钢、王中忱编《消费文化读本》,中国社会科学出版社,2003年,第245–246页。

再也无法从中摆脱出来。商品的更新换代速度极快,相应地,消费者通过占有商品所获得的身份感、价值感也极易丧失,他们的心理快感极为短暂。为了跟上商品更新的步伐,消费者始终处于焦虑之中。"消费者"上路了,但这是一条不归路,而且在越来越快的速度中他已经无法停下。

再次,消费主义并不能带来平等、自由、自尊等终极价值。以自由为例,人在消费领域如同在劳动领域一样是不自由的。消费者面对着空前的市场诱惑总是显得矛盾重重,自由选择越来越成为一种心理负担,而非一种经济权利。存在主义哲学家萨特认为这是"选择的无限可能性与选择的无可能性"的人生悖论,其结果是,现代人的消费行为不是越来越个性化,反而是越来越共性化、雷同化、简单化了。马尔库塞指出:"在极其多样的产品和后勤服务中进行自由的选择,并不意味着自由。"①他将这种消费称为强迫性消费或受操纵的消费。弗洛姆认为,人不仅在购买消费品时是不自由的,而且在闲暇时间里也是不自由的。人的情趣是被安排好的,需求是被煽动起来的,消费的行为缺乏主动性,人并不是主动地参与这些活动而是被动"吸收"这一切。消费活动往往背离消费者个体的真正需要,而按照生产经营者设计的消费方式和消费对象进行。人们的消费活动实质上是强迫性的、不自主的。因此,消费主义传递的只是虚假的自由,或者说只是一种自由的影像。再以平等为例,在消费时代,人作为"公民"的身份事实上已经被其作为"消费者"的身份所取代,"公民平等"的政治和社会原则已经变异为"在货币和商品面前人人平等"的信条。消费社会的"合法性"和"正当性"基础正是以消费者身份出现的公民在货币和商品消费面前的"普遍平等"。然而,这不过是一种虚伪的平等,事实上形成政治和社会不平等之外的又一种不平等,成为前者在经济层面上的扩展和延伸。出身、家庭状况、受教育程度、职业、生活环境及地域方面的差异,甚至智

---

① [美]赫伯特·马尔库塞:《单向度的人》,刘继译,重庆出版社,1988年,第6页。

力、生理、性格的差异,都造成了人在机遇分配面前的不平等,而这种不平等又决定了人在货币和消费面前实际上的不平等,并演化为身份、地位、人格、人的尊严和价值方面的等级化。①

最后,也是更重要的是,消费主义剥夺了人们思考人生价值的能力,使人们无法反思人生真正的价值和意义。"人正在面临着一股自己根本无法控制的力量,与这股力量相比,人只是一粒尘埃罢了。"②在受到消费主义控制之前,人们能对事物进行独立自主的感知和思考,能够根据自己的需要选择消费品,能够根据自己的境遇思考人生的价值及其实现途径。但在消费主义的统治下,人生的价值及其实现手段均已被预先设计好了。消费者所要做的仅仅是按照消费主义设计好的程式进行消费,追求已经构想好的幸福,而不再对自己的生存方式进行反思。消费主义使人尽情陶醉于消费带给他们的虚荣心、攀比心的满足,让他们过分地注重物质消费,严重忽视了精神需求,使人精神空虚,精神生活贫乏,在成为物质富翁的同时变成精神上的乞丐。在没有精神作为支柱的状态下,人们的生活陷入了一个怪圈:拼命赚钱——拼命花钱——再拼命赚钱。在这个单调的周而复始的生活怪圈中,人变成了一部机器。在被消费主义包围的社会当中,人们已经感受不到生活的乐趣和生活意义。

康德曾经指出:"人,总之一切理性动物,是作为目的本身而存在的,并不是仅仅作为手段给某个意志任意使用的。我们必须在一切行动中,不管这种行动是对他自己的,还是对其他理性动物的,永远把他当作目的看待。"③然而,在消费主义语境下,人自身的全面发展不再是人生命活动的目的,甚至物质财富都已不再是人们行动的唯一目的,人

---

① 章国锋:《"文化工业"与"消费主义"》,《黑龙江社会科学》,2006年第1期。

② [美]马尔库塞、[美]弗洛姆著,陈学明编:《痛苦中的安乐:马尔库塞、弗洛姆论消费主义》,云南人民出版社,1998年,第162页。

③ 杨适,易志刚,等:《中西人论及其比较》,东方出版社,1992年,第175页。

们行动的唯一目的是物的符号所承载的全部意义和价值,人只不过是实现这种追求的手段或工具。人们对物的符号价值的追求变得狂热,以至作为目的本身的人则被逐出人的活动之外。

总之,消费主义最终将造就出一种以商品作为宗教信仰的人。"他对于天堂的解释大概就是一个硕大的、应有尽有的百货商店,并且他有足够的钱去买下不仅是他想要的,还要比他的邻人稍多一些的东西。这是一种综合征的一部分:他对自己价值的理解就在于占有的多少,而他如果想成为最好的,就不得不成为占有最多的。这种恶性循环产生消极、嫉妒、贪心,最终导致人内心的虚弱和自卑。他对于自己的估价基于他有什么,而不是他是什么。"人生的价值和意义在无止境地消费中彻底迷失了。

## 完善人生价值观的可能路向

综上所述,可见消费主义作为特定生产关系在特定历史阶段的表现,具有某种意义上的合目的性与合理性,它在促进经济社会发展,肯定人的物质需要和物质享受,建构新的社会认同方式等方面具有一定的积极作用。然而,作为一种人生价值观,它消解了人生价值应有的多重维度,将人生价值降低为物质的占有和消耗,使人变成追求物欲的单向度的人。这种片面的人生价值观不仅不能给人带来真正的幸福快乐和社会认同,反而会使人陷入无尽的空虚和焦虑。为了摆脱消费主义人生价值观的负面影响,我们必须在社会主义核心价值理念的指导下,建构人生价值的多重维度,重构科学合理的人生价值观。当然,我们并不提倡建立整齐划一的人生价值观,而是尊重差异、包容多样,在尊重差异中扩大价值认同、在兼容多样中形成价值共识。具体说来,新的人生价值观应处理好以下几种价值关系。

(1)将工具型价值和终极型价值统一起来,构建理性的消费观。

根据前面所提到的罗克奇对价值观的分类,人生价值可以分为工具型价值和终极型价值两种。所谓工具型价值是指对"事物"的追求,而终极型价值则是指对"感觉"的追求。举例来说,很多人认为工作最重要的是获得收入,而收入本身并不是一种感觉而是一件事物,因此收入属于工具型价值。还有人认为人的一生中最重要的是家庭、朋友或金钱,而这三项都不是一种感觉,它们也都属于工具型价值。任何人一生中所追求或逃避的都是一种感觉。我们所要的不是家庭、朋友、金钱等这些外在的表象事物,而是这些事物所能给我们带来的感觉。我们所要的可能是家庭带来的爱、幸福、快乐;朋友带来的关心、肯定、协助;金钱带来的安全、自由,等等。这些感觉主导了我们的思想行为和判断模式,这些背后的感觉,我们可以称之为终极型价值。为了获得这些感觉所依赖的事物,我们可以称之为工具型价值。消费主义的最大问题是没有分清这两种不同类型的价值。在消费主义的影响下,大多数人穷其一生追求金钱、洋房、汽车这些大大小小的工具型价值,以为拥有了它们就拥有了幸福、快乐、成功这些终极型价值,但结果往往不是这样。

再从消费的本质来说,消费是一种"事物",它"是人的实现或现实",亦即消费与人的生存、发展以及人的本质的实现相联系,幸福感和满足感等终极型价值就是源自于人的本质的不断实现。人的消费需求是人自身的规定性,渗透着人的目的、意图与选择,是人全部活动的内在动力。消费不仅使劳动产品成为现实的产品,而且创造出新的生产的需要,创造出生产观念上的内在动机。于是,"消费需要—生产劳动—新的消费需要"构成了一个不断反复、永无止境的发展过程。在这个永无止境的发展过程中,"消费使得在最初生产行为中发展起来的素质通过反复的需要达到完美的程度"。① 也就是说,在劳动与消费中,不仅人的自然感觉展示出越来越丰富的属人的特征,人的"精神感觉"、"实践感觉"也发展出来,成为人的本质力量的确证。"以满足人的需要为目的的消费就不仅表现为人的肉体的生产过程,也表现为人

---

① 马克思,恩格斯:《马克思恩格斯选集》第 2 卷,人民出版社,1972 年,第96 页。

的精神、灵魂的生产过程。精神是人的感性肉体生命的升华,它能使人不断自我立法、自我否定、自我扬弃、自我解放。正是因为精神的存在,人才不只创造出外在的物质文明,也创造出内在的精神文明。在这个过程中,提升自我、超越自我的精神需要引导人们选择、接收和自我发展需要相关的消费品,以净化心灵、陶冶情操,锻炼人的思维、识别和鉴赏能力。这样,人的消费活动就不再是简单地对物质及人的创造物的感性占有和片面享受,而是通过消费展示出人的存在意义与价值。"①正是在不断地与消费品的沟通互动中,人的价值观、世界观、道德观、心理素质和审美情趣等精神品质不断完善。因此,消费的价值并不仅仅在于满足自然的、生理的需要,而在于通过消费确立"人"的存在方式,使人获得更多的终极型价值,人的生命更加富有意义和光彩。

因此,消费不过是人存在的手段,是一种"事物",而不是人存在的目的或人追求的"感觉"。认清了消费作为工具型价值的意义,有利于在实践中建立理性的消费观。理性的消费应是合乎人们或社会真实需要的、合乎当前社会伦理的消费。从消费的现代定义来说,它是人们利用物品和服务来满足各种生理和精神需要的行为总和,理性的消费应源于人们的生理和精神的真实需要,而不是被广告和传媒制造出来的虚假需要。同时,从消费的主体——人的角度来讲,正常消费还应该符合当前社会伦理的要求,不损害人类整体和他人的利益。消费的主体是人,而人是生活在特定社会文化环境中的,具有一定的社会性,受社会伦理的制约。因此,消费不是个人掏钱包的简单购物行为,关系到他人和人类的整体利益和长远利益。消费的前提是生产,生产必然要消耗地球的资源,地球的资源属于全人类,而非少数富人。所以,人的消费行为应该尊重符合人类整体和长远利益的伦理规范,不应该为了满足一己私利而无所顾忌。由此可见,理性的消费只能在特定的文化环境中实现,只能在当前文化社会环境所认可的范围内进行。此外,理性

---

① 赵玲:《消费的人本意蕴及其价值回归》,《哲学研究》,2006 年第 9 期。

消费还意味着消费要等于或接近于社会平均消费水平,个人的消费要与个人收入、财力相适应。

(2) 将创造价值与享受价值统一起来,建立合理的享乐观。

现代社会,工作节奏快、生活压力大,人们在"生产—流通—消费—再生产"的循环中,缺乏主体性,成为附庸。这突出体现在消费主义造成了个人作为"生产者"角色和作为"消费者"角色互相分化的人格矛盾上。一方面,消费主义怂恿个人作为消费者不断创造时尚、追赶潮流、"自由自在"地参与各种各样的高消费,"潇潇洒洒"地大把花钱。另一方面,为了维持高消费水平,个人又不得不想方设法拼命挣钱,因此在"生产者"角色中,个人被迫要求对自己的本能冲动和情感进行严格的自我约束,小心谨慎地对待形形色色的"衣食父母",有时甚至低声下气、曲意奉承,完全没有了消费时的潇洒。无论是消费还是生产,情感都不是真实自我的自然流露。也就是说,同一个人的情感何时表达和发泄,何时节制和压抑并不是真实自我的表现,而完全取决于自己不同的身份地位。

实际上,作为生产者的人和作为消费者的人是辩证统一的,他既是价值物的创造者,又是价值物的享受者,既是目的,又是手段。从生产者来说,人要实现自己的人生价值,不能消极被动的等待,只能通过劳动创造来实现。如果没有辛勤的劳动创造,人就无法做到基本的自食其力,只能依赖别人劳动创造的成果才能生存下去。而且从社会发展的角度看,人只有在自己创造的价值大于消费享受的价值时,才能为社会作出贡献,推动社会的发展进步。因此,创造价值是第一位的,是实现人生价值的根本途径。然而,从消费者的角度说,人创造价值的动力在于享受价值,只有通过消费享受才能为再次创造价值提供动力,才能使创造更有意义。马克思曾经指出:"我们的需要和享受是由社会产生的,因此,我们对于需要和享受是以社会的尺度,而不是以满足它们的物品去衡量的。因为我们的需要和享受具有社会性质。"①随着社会生产力水平的提高,人们不再满足基本的温饱状态而追求更高的消费满足,这是符合社会历史发展的规律的。适度的享乐消费从宏观层面看可以促进社会经济的发展,推动生产和消费的良性循环。从微观层面看,它可以促进个人的身心发展,为个人的发展提供更好的物质条件。因此,新的人生价值观应该摒弃消费主义片面强调消费享乐、不思劳动创造的错误倾向,将创造价值与享受价值统一起来。

罗素认为,人的天性即具有创造的冲动,其利益非但自己可以享受,人人皆得而享受,凡善皆出于创造的冲动。人生就是一个不断为国家、社会、团队和家庭创造价值的过程,也是个人享受生命精彩的过程。创造价值和享受价值是现代社会中平衡工作和生活的一种态度,是一个勤于创造社会财富、善于享受创造的过程,是一种懂得品尝创造过程、乐于分享创造成果的价值理念。在创造价值的过程中,我们应该目标明确,积极进取;在享受价值的过程中,我们应该放松精神,享受生活。我们努力工作是为了什么?是为了给自己、他人和社会创造优质的生活,是为了在物质和精神层面都能够得到更多的享受和满足,是为了实现"付出"与"收获"的双赢。不懂得努力创造价值的人是可悲的,因为他没有条件,没有资格来享受价值,享受美好的生活;同样,懂得创造价值,而不懂得享受价值的人也是遗憾的,因为他不明白生命的意义和价值。

(3)将物质追求与精神超越统一起来,构建和谐的生活观。

理想的生活应该是物质生活与精神生活的和谐统一。人类的物质生活是精神生活的基础,但精神生活又表现出摆脱和超越物质生活需求的特征,也只有摆脱了物质需求的羁绊而获得精神性需求满足的生活,才是一种创造性的生活。恩格斯将人的物质需求和精神需求划分为生存需要、享受需要、发展需要 3 个层次。首先,生存需要是作为生

---

① 马克思,恩格斯:《马克思恩格斯选集》第 1 卷,人民出版社,1972 年,第368 页。

物的人存在的必要前提,它反映了生命系统的客观规律。他把生存需要称为"一切历史的第一个前提"。中国人讲"食、色,性也",也强调了生存需要是人的固有的需要。其次,享受的需要。享受需要是生存需要得到满足的基础上产生的一种需要。墨子说:"食必常饱,然后求美;衣必常暖,然后求丽;居必常安,然后求乐。""求美"、"求丽"、"求乐"是享受的需要,这种享受的需要也有高低之分,在吃饱的基础上求精、求美食,在穿暖的基础上求舒适,等等,都属于物质享受。这种享受与人的自然本能紧密联系,没有完全脱离动物性。高级的享受是对文化、精神的享乐,它更多的表现了人类文明的程度。第三,享受的最高层次表现为一种精神的追求,即表现自己的生命力,发展自己,实现自我的需要。这是发展的需要,是人对一种永恒的追求,是人类社会发展的内在动力。马斯洛在对人的需要的划分中,认为人的最高级需要是"超越性需要",也就是自我实现的需要。这是一种想要变得越来越像人的本来样子,实现人的全部潜能的愿望,包括个人的责任、意志自由、探索真理等。

从对消费主义概念的界定中,我们可以看到,消费主义用较低级的物质享乐代替了高级的精神享受的需要;以物质享乐来满足发展自我、实现自我价值的需要,显示了追求自我需要满足中的片面化和畸形化。它把个人的满足感建立在自己是否比身边的人或过去消费得更多的基础上。人们不断地追求物质享受,变得肤浅、浮躁,成为了欲望的奴隶,失去了人所拥有的深刻而高尚的东西。人们再也不思考生活与生命的意义,思考"世界的最高价值:真理、善良、美和知识",再也无法拥有那份平静与安宁,"休闲的意义已经被日益膨胀的商业化和消费化所扭曲。历史上对于休闲的自由感已经让位于消费化;休闲不再用来供个人成长和灵修。"消费主义强调尽情享受,人们变得失去自我控制力和服务意识。人们及时行乐,忽视了对精神的追求,没有了任何信仰,对未来和明天都失去了兴趣和希望。"消费主义导致了精神贫乏空虚、享乐型的利己主义。"事实证明,单纯追求物质欲望的满足,以及用占有消费品的方式来确证自我价值和身份的生活方式并没有带来相应的快乐感和幸福感。"随着一国富裕指标的升高,则其国民的不满也会比别国上升,这种现象表现出今天消费社会的一个特征。""经常刺激欲望的商品及其偶像的生产,由于支付能力的不平衡,带来了精神上的贫困化。"人的欲望是无限的,这与个人支付能力和社会、自然的承受能力的有限性构成了矛盾。这种有限的承受能力使人的欲望总是处于无法满足中,但是这种欲望源源不断地被激发出来,使人永远处于匮乏感中。单方面追求丰裕的物质生活,放弃了内在的精神修养,这使人的身心失衡,长期感到沮丧和焦虑,造成了许多心理疾病。

为了摆脱消费主义的困扰,实现物质追求和精神超越的统一,必须提高人生境界,不断超越自我。冯友兰先生提出:境界是人觉解的程度,觉解的程度不同,境界也不同,从自然境界、功利境界到道德境界、天地境界,表现了因觉解程度不同而层层递进的关系。由于人们所处环境、受教育程度、人生经历以及社会地位的不同,对宇宙人生的觉解肯定不同,所达到的精神境界必然有异,行为也就必然不同,体现的人生意义和价值当然也会不同。因此,我们应当正确对待物质追求,在获得物质幸福的基础上,把更多的精力用在建立良好的家庭和社会关系上,用在有意义的工作和闲暇的享受上,善于发现生活中更多的真善美,自觉地提高人生境界。冯先生还指出,人所享受的一部分世界有大有小,境界高者,享受的一部分世界大,境界低者,享受的一部分世界小。为了获得人生最丰富的意义和价值,为了让我们的人生更加精彩和充实,我们应该追求对宇宙人生的全面觉解、追求更高层面的人生境界,以获得更多的社会幸福和精神幸福。

2

全球化语境下的非物质文化遗产保护

李昕*

* 李昕,江苏省社会科学院哲学与文化研究所副研究员。

蓝印花布,俗称"药斑布",是传统的镂空版白浆纺染印花,源于秦汉,兴盛于唐宋,距今已有1 000多年历史,2006年,南通蓝印花布印染技艺被列为我国第一批国家级非物质文化遗产。海内曾有多个蓝印花布产区,而今只剩下江苏南通和浙江桐乡两地在传承、延续。

然而,耐人寻味的是,山花奖金奖、国家非物质文化遗产、首位蓝印花布"国家级大师"、中国蓝印花布传承基地、中国蓝印花布之乡等代表民间艺术的最高荣誉,全部被南通收入囊中;桐乡蓝印花布最具生命力,却已经是业内不争的事实。

南通蓝印花布传承的灵魂人物、中国工艺美术大师吴元新在南通开办南通蓝印花布博物馆,把精力和重心从经营逐渐转到了蓝印花布的收藏、研究和产品设计上。目前馆藏民间印染图案6 000多件10万余个,出版了《中国蓝印花布纹样大全·藏品卷》、《中国蓝印花布纹样大全·纹样卷》和《中国民族文化系列丛书·蓝印花布》等作品,发表了10多篇论文,每年推出的设计新品有150多种。尽管如此,南通蓝印花布面临的最大难题依然是资金短缺、后继乏人。

与吴元新孤军一人高擎传承大旗形成强烈反差的是,桐乡蓝印花布满园春色,涌现了"丰同裕"、"蓝蓝"、"泰丰斋"等知名品牌,桐乡成为全国最大的蓝印花布产销基地。目前,桐乡蓝印花布已开发出服装、装饰、工艺品、壁画等10大类1 000多个品种。桐乡蓝印花布利用乌镇丰富的旅游资源,广开门店,布局全国,扩大桐乡蓝印花布在国内外的知名度和影响力,显现了浙商精明的经营头脑。仅"丰同裕"品牌,在全国各地的专卖店就有70多家,2008年实现销售额1 000多万元。相比之下,南通蓝印花布"势单力薄",一年销售额仅100来万元,差距悬殊。桐乡蓝印花布领军人物、桐乡市丰同裕蓝印布艺有限公司总经理、浙江省工艺美术大师哀警卫坦言:"蓝印花布最难做的是产品开发。"

在两种截然不同的保护模式下,蓝印花布在南通和桐乡两地的保护现状大相径庭,这就出现了一个问题:在现阶段,尤其是在文化全球化的背景下,应该以何种方式保护承载着整个民族的文化记忆与文化精神的非物质文化遗产?

## 文化全球化进程中非物质文化遗产保护迫在眉睫

全球化首先是对经济活动的描述,高科技装备的通讯交往、低廉的运输成本、没有国界的自由贸易正在把整个世界融合为一个统一市场,而这又不仅仅局限于经济领域。以市场资本主义、民族国家、民主政治为主导的现代制度,以自由、人权和公正为主导的现代价值观,已为大多数国家所接受。人类生活的各个领域正日益成为一个联系更加紧密的整体。历史形成的各种特殊文化(民族的、国家的、地域的和社群的)以当代传媒技术为支持,借助不断扩张的资本运作,在全球范围内持续、深入地交流与互动,越来越呈现出整体性发展的趋势,相似性在增加,色彩鲜明的差异性在消失,文化认同与价值认同越来越有超越本土化的趋势。

在多种因素和力量相互博弈所产生的合力的作用下,文化全球化正在以一种看似无意但却惊人的速度迅速蔓延。美国学者彼得·伯杰概括了文化全球化的 4 种载体:一是被称为"达沃斯文化"的国际商业精英群体,二是被称为"学院俱乐部文化"的国际知识精英群众,三是"麦当劳世界文化",四是"福音派新教"或任何大规模的群众运动,通常指宗教性群众活动。所谓文化全球化就是文化性的物质及观念借助这 4 种载体从西方向世界其他地区的运动传播。①

在抽象的意义上,文化全球化意味着一种超越国界、超越制度、超越意识形态的全球价值和全球伦理开始具有现实存在的品格,最终趋向全球文化共同体。尽管这种全球文化共同体在实践层面上并不具备最终实现的品格,但是,这在一定程度上说明,全球化进程中,体现文化

---

① [美]彼得·伯杰:《全球化面面观》,[美]塞缪尔·亨廷顿、彼得·伯杰主编《全球化的文化动力——当今世界的文化多样性》,康敬贻、林振熙、柯雄译,新华出版社,2004 年。

的差异性、以非物质文化遗产为主要载体的世界各民族的民族文化的命运与地位已经岌岌可危。

经济、文化的全球化所带来的现代化进程在促进工业化和城市化的同时,也导致了传统意义上的非物质文化遗产所赖以生存的农耕时代走向衰亡。诚如艾森斯塔德所指出的,现代化必然导致社会所有主要领域产生秩序变迁,而且,它必然会因接踵而至的各种社会问题——如群体间的冲突,抗拒、抵制变迁的运动——而包含诸种解体和脱节的过程。正因如此,解体和脱节构成了现代化的一个基本部分,每一个现代和现代化社会都必须经历这个过程。"这时过程包含有两个紧密相关的层面:一为各群体现存生活方式的解体;一为处于此种过程中的不同群体间的相互联系和相互影响不断加强,即它们日益被纳入一个共同的框架之中。都市化的持续进行,即人们从乡间移居城市的过程,不仅经常瓦解了农村社区,而且破坏了旧的都市环境,尤其是在初期阶段造成了大量的社会解体和全然悲惨的现象。"①现代化意味着传统社会的解体,也意味着人们对于传统态度的改变。在现代化过程中,传统的东西往往会被人们看成是"落后"的代名词、社会进步的绊脚石。很多非物质文化遗产(特别是民俗文化),都是农业文明的产物。非物质文化遗产所包含的物质内容、文化习俗、精神方式和哲学信仰,无不透析出农业文明的生存方式、生存想象和审美追求。在城市化的进程中,原生的农耕文明架构下的许多文化形态和方式都在迅速瓦解与消亡。不仅如此,现代化也导致人们生活趣味和生活方式的改变,从而改变人们对传统的非物质文化遗产的态度。由于生活节奏的加快以及各种生存竞争的加剧,人们"衡量舒适和方便的标准"与以往有很大的不同,传统的费时费力的手工技艺已经不能满足人们的物质需求,人们需要的是适应现代化进程的方便、快捷的生活方式。就此而言,传统的非物质文化遗产的消亡也就不足为奇了。

---

① [以]S·N·艾森斯塔德:《现代化:抗拒与变迁》,张旅平译,中国人民大学出版社,1988年,第23页。

随着社会的发展、科学技术的进步，一部分非物质文化遗产，特别是非物质文化遗产所赖以生长的土壤环境已不复存在。民间文化在变异，民俗风情在变迁……很多传统民间文化已成为明日黄花。许多具有民间特色的非物质文化遗产仅存于城郊和偏远山乡，民间艺人逐年减少，后继乏人。原有的形式迅速嬗变，初始的题材大为萎缩，濒于消亡的境地。

联合国前秘书长加利在 2002 年 5 月接受南京大学名誉博士学位的仪式上发表的题为"多语化与文化的多样性"的重要演讲中说："必须清醒地认识到，世界化并不仅仅局限于商贸往来或信息交流的全球化。从'世界化'这个词最广泛的含义来看，它首先对文化产生影响。"他特别提醒人们："也许大家并不都知道，每两个星期就会有一种语言从世界上消失。随着这一语言的消失，与之相关的传统、创造、思想、历史和文化也都不复存在。"加利对于这种文化境遇的危机进行了深刻的剖析："我们处于一种相悖的境遇中：国家在赢得主权的同时也在失去主权。当一个国家的政治在越来越多的方面更多地依赖于其他国家，尤其依赖凌驾于国家结构之上的新兴权力时，它便失去了主权。因此，从全球的角度来思考民主，在世界化破坏民主之前让世界化得以民主化，这是至关重要的。因此，只有国际社会各个权力层次都行动起来，只有保护语言和文化的多样化，国际关系的民主化才能得以实现。"①中国民间文艺家协会主席冯骥才也认为："风靡全球的商业性强势流行文化，正在猛烈地冲击世界各民族，也包括我们民族的文化。在这种全球化的飓风中，首当其冲处于消解过程的是传统的民间文化。""它们曲终人散，人亡艺绝。每一分钟，在深邃的民间，在我们的田野里、山坳里，都有一些非物质文化遗产死去。它们失却得无声无

---

① 2002 年 5 月加利访问南京大学，在接受南京大学名誉博士学位的仪式上，发表了题为"多语化与文化的多样性"的重要演讲。见 http://www.woft.net/vd871648/bbsanc? path=/groups/GROUP_4/Forum/10/352.txt。

息,好似烟消云散。"①

## 文化全球化语境下非物质文化遗产保护与发展民族文化产业

文化全球化语境下,维护民族的文化主权、维护世界文化多样性,保护非物质文化遗产是当务之急。在文化全球化的洪流中,仅仅以搜集、整理非物质文化遗产名录、保护非物质文化遗产传承人等简单方法保护非物质文化遗产是远远不够的,非物质文化遗产保护必须与发展民族文化产业相结合,只有承载着本民族文化经验与文化记忆的文化产品才能与西方强势文化抗衡,在所谓文化全球化的洪流中占据不败之地。

非物质文化遗产与文化产业,看似风马牛不相及,但事实上,二者相辅相成,尤其是在文化全球化语境下。众所周知,文化全球化在很大程度上通过文化产业化获得动力。文化产业在文化消费全球化背景下的勃兴,正在有意无意地以文化产品或文化服务的形式赋予文化以一种物质存在。文化产业化意味着文化的商品化,商品化导致交换价值的统治,并使理性计算在文化领域成为可能,所有的本质差异、文化传统与质的问题,都转化为量的问题,文化从精神价值、意识形态等抽象的、信仰的层面向世俗的、物质的领域扩张,越来越多地具有物质商品的形态,文化不再是独立于社会经济权力之外的圣土,也不再仅仅是地方风习、民族惯例、意识形态,它在很大程度上已经成为某种技术、物品、娱乐与服务,成为一种具有文化内涵的商品,可供交换。

文化产业具有穿越制度框架和文化界限的"无国界"的形式和能力。文化产业的生产和消费主要遵循市场规律,可以通过不断扩大的市场体系和商品逻辑而压倒其他一切社会关系和价值体系。在传统时代,各地域都有自己独特的文化生活和非物质文化遗产,如地方戏曲、

---

① 罗杨:《民族民间文化的处境与抉择》,《民间文化论坛》,2004 年第 4 期。

民间音乐,它们的地方性限制了其传播范围。但是,现代传媒的涵盖面远远超出人们的直接见闻和欣赏经验,并诱使公众相信,只有那些覆盖面极广的传媒提供的产品才拥有超越任何其他文化作品的特殊价值,甚至只有这些文化产品才是值得欣赏和喜爱的。现代传媒使其所覆盖区域的受众尽可能最大限度地接受同样的信息,使一个文化空间只有一个或极少几个文化产业的受益者,对以文化的多样性为基础、以地方性经验为主的非物质文化遗产的存在空间造成了极大的威胁。

从理论上讲,不同区域的文化产品都有其不可取代的文化价值,都有面向全球市场的权利和条件,全球文化互动的内在动力源于不同文化在形式与意义上的互补,换句话说,文化产业的发展在很大程度上依赖于文化的差异性,而各民族独特的非物质文化遗产恰恰是文化差异性的集中体现。在此意义上,文化产业的发展与非物质文化遗产保护并不相悖,甚至可以说,非物质文化遗产的保护为文化产业的发展提供了某种内驱力。

但就目前文化产业的发展形势来看,全球文化产业发展的极不平衡导致文化商品流通与交换中的严重失衡,从而使这种“全球意义”的以差异性为基础的文化产业丧失了各民族文化平等对话的能力,“文化产业”在很大程度上已经成为经济技术发达的西方国家通过一些支配程序而展开的全球作业的代名词。

在西方强势文化全球化的压力下,一些发展中国家或文化弱势国家的文化市场被并不能反映自己生活的符号和形象所占领,自己难以讲述自己的故事和经验,从而导致自己民族文化的非物质文化遗产消亡,进而破坏世界文化的多样性。这一点在联合国教科文组织通过的《文化多样性宣言》中也有所体现。该宣言明确指出,世界上文化物品的流通和交换存在着失衡现象,这是对文化多样性的一种威胁。由此可见,非物质文化遗产消亡的根本原因并不在于文化产业的标准化生产,而在于文化产业全球发展的极不平衡性。所以,保护非物质文化遗产就必须发展体现本民族文化的民族文化产业。

文化的差异性是文化存在的基础,也是文化资源成为文化资本的前提。俗话说"物以稀为贵",非物质文化遗产具有原创性,这就决定了其独特性和唯一性及其不可再生性、不可替代性、稀缺性。随着科技的发展与全球化进程的加快,许多非物质文化遗产都面临消亡的命运,有的已经消失。这是我们不愿看到的景象,但是,非物质文化遗产的消亡又是不可避免的,非物质文化遗产日渐消亡的现实更加凸显了非物质文化遗产的稀缺性。而恰恰是非物质文化遗产的这种稀缺性和不可再生性使其具有了经济价值的增值性,成为最能体现文化差异性的文化资源,并具备了进入文化产业、成为文化资本的潜质。

文化产业作为现代工业的一部分,其本身所蕴涵的抑制差异性的标准化特征在一定程度上确实对以独特性为特征的非物质文化遗产产生了冲击,但这绝非导致非物质文化遗产日渐消亡的根本原因。应当说,文化全球化背景下,文化产业全球发展极不平衡,民族文化产业失去了保护与承载非物质文化遗产的主体自觉,并由此导致民族文化产业缺乏国际竞争力、非物质文化遗产缺乏传承载体的尴尬局面。非物质文化遗产不能得到有效保护与传承在很大程度上又进一步影响民族文化产业竞争力的提升,从而形成恶性循环。所以,利用非物质文化遗产的独特性,充分发挥非物质文化遗产的文化示差作用而发展民族文化产业,是我们长期面临的课题。

文化差异性既是着手点,也是突破点。要在彰显中国元素的基础上,努力吸收世界优秀文化,把握世界文化的发展趋势,使我们的文化产品既具有鲜明的中国特色,又具有强烈的现代意识和价值取向上的普遍适应性,使之更加有利于中国文化的传播。如《云南印象》自2003年问世以来,已经在几十个国家和地区进行了几百场演出。它的成功正是由于整台舞蹈源于云南多个少数民族舞蹈的基本元素,充满中国风格,但又绝非原生态民族舞蹈的再现,而是通过改编、创作,将云南少数民族舞蹈特有的粗犷、质朴的特点与现代舞热情、奔放、向上的艺术张力相结合,并用这种独特的肢体语言来诠释人类与大自然相互依存的关系,来颂扬生命与信仰之美。这是中国的民族舞蹈(也是中国的非物质文化遗产)走向世界的一个成功案例。

利用文化差异开发文化产品的成功经验告诉我们，文化产品以"内容"取胜，文化产品如果失去了"内容"的独特性，失去了对本土文化的自觉意识和特有的文化精神，最终必将导致该文化产品如同一般工业品一样失去差异性，成为简单的复制品，其吸引力也就无从谈起。在全球化和世界文化多元一体的格局下，民族文化产业只有在坚持文化的本土意识的基础上，在保持中国文化基本精神的前提下，注重世界文化潮流，兼容并蓄，创造性地将丰富的民族文化资源转化为现实的文化资本，才能生产出既具有中国特色又符合现代人审美情趣、行为方式和消费习惯的产品，才能使民族文化产品获得广阔的市场。通过大量具有"中国概念"的文化产品的输出，改变中国在对外文化贸易中的不利地位，壮大民族文化产业，是民族文化永葆生命力的主要途径。

众所周知，文化产业的发展在很大程度上得益于科学技术与传媒的飞速发展，但是，当科学技术发展到一定程度，不能使文化产品在其生产技术上达到明显的差别时，文化产品的符号价值就开始在文化产业的生产中占据核心地位，成为影响文化产业发展的最重要的因素之一。这也是近年来内容产业、创意产业崛起的最主要原因之一。利用非物质文化遗产发展民族文化产业在很大程度上就是利用非物质文化遗产蕴含的丰富的文化符号去充实文化产品的内容。非物质文化遗产，由于年代的久远、时势的变迁以及其自身生存发展的需要，与其最初的形态已经相去甚远，我们今天所见的非物质文化遗产在很大程度上已经趋于符号化了。换言之，非物质文化遗产，作为人类文化"活的记忆"，所呈现出的是各种文化符号的活态聚合。保护非物质文化遗产在很大程度上是对这些文化符号的保护与发展，如民间节日、民间饮食、民族服饰、手工艺、戏曲、绘画等这些文化符号都可以成为发展民族文化产业的文化资源：利用各类传统节日可以发展旅游业；各种民间戏曲可以进入演出市场，实行产业化运作；各种民间服饰中的民族元素可以进入纺织业，提升我国纺织产品的竞争力……将非物质文化遗产所蕴含的丰富的文化符号引入文化产业，在为文化产品增加附加的符号价值的同时，也能更好地宣传、发展和保护这些文化符号。文化产业的生产模式,如果运用得当,会在很大程度上增强非物质文化遗产自身的生命力,从而达到保护非物质文化遗产的最终目标。

但是,将非物质文化遗产所蕴含的文化资源转化为文化资本并不是一件容易的事。在利用非物质文化遗产的某项资源发展文化产业前,首先要做的是对该资源进行立项研究,对开发的可行性、投入产品等都要有实质性的分析数据,要找到一个适当的"度",过与不及都应尽量避免。而且,既然是一个产业化的过程,那么必然受到投资环境、人力资源、投资渠道等多方面因素的影响,所以建立一个相对科学的准入制度、相对有效的监督机制就显得极其重要。如何对非物质文化遗产进行合理的开发与利用不仅关系到文化产业的健康、有序发展,还与非物质文化遗产自身的生存与发展息息相关。利用非物质文化遗产所蕴含的文化资源发展文化产业应当遵循一定的"度",达到某种"特",这种"度"与"特"都必须在充分认识非物质文化遗产的基本特征、严格遵守非物质文化遗产保护的基本原则的基础上进行。保护非物质文化遗产与利用非物质文化遗产所蕴含的文化资源发展文化产业是相辅相成的,如果在非物质文化遗产的开发利用中破坏了非物质文化遗产的活态性、生态性、传承性、变异性等特征,偏离了非物质文化遗产保护所应遵循的真实原则、生态原则、人本原则、发展原则,就会在不同程度上造成对非物质文化遗产的损害,从而危害到文化产业健康、有序的发展,而这是我们万万不愿看到的。

## 文化全球化语境下日益凸显的符号价值消费是非物质文化遗产与文化产业对接的理论支点

非物质文化遗产保护究竟能否进入文化产业,能否以产业化形式保护非物质文化遗产,是当前非物质文化遗产研究的焦点。非物质文化遗产进入文化产业对非物质文化遗产的保护和发展是弊大于利还是利大于弊,怎样利用非物质文化遗产发展文化产业,非物质文化遗产保护的产业化究竟应该如何运作,这些都是长期以来困扰着我们的问题。

解决这个问题,对能否对非物质文化遗产进行切实有效的保护至关重要。

非物质文化遗产进入文化产业,归根结底,是利用非物质文化遗产的象征性,即其符号性增加与之相关的文化产品的附加价值。文化产品的附加价值的大小决定该产品的市场价值及其整个行业的整体竞争力。非物质文化遗产所具备的独特的符号价值为其进行产业化运作提供了可能。

(1)符号价值与符号消费。

20世纪六七十年代以来,随着现代化高新技术以及现代传媒的飞速发展,传统的以匮乏为特征的社会逐渐向商品过剩的社会转变,人们的生活充满了形形色色的商品,消费已经成为现代生活的一项重要内容,我们已经进入了一个新的消费社会。消费社会的新特征正在深刻地改变着我们的生活,改变着消费的内容与性质。许多研究者都认为,在消费社会中,商品已经不再承载着使用价值,或者说使用价值已经退居次要地位,让位于商品的交换价值和符号价值。人们对商品的消费越来越多地表现在对其形象的消费上,更多地重视商品形象所带来的情感体验、文化联想与幻觉。在人们的消费行为中,消费的性质日益与人的本性、文化和社会建构产生密切的关系。对于消费社会的商品符号研究比较有影响的有亨利·勒费弗尔、罗兰·巴特、居伊·德波和让·鲍德里亚,其中以鲍德里亚的理论最为著名。

1968年出版的《物体系》是鲍德里亚学术生涯的第一部著作,从此他"对消费社会中客体、符号以及符码提出了一系列激动人心的分析"①。鲍德里亚深受当时的后结构主义和结构主义理论的影响。鲍德里亚认为,当代生活就是一个符号化的过程,物品只要被消费首先就要成为符号,只有符号化的产品(如为广告所描绘,为媒体所推崇,为人们所理解,成为一种时尚),才能成为消费品。鲍德里亚提出4类商

---

① [美]道格拉斯·凯尔纳,[美]斯蒂文·贝斯特:《后现代理论——批判性的质疑》,张志斌译,中央编译出版社,2001年,第144页。

品逻辑:第一类,实际演算逻辑,即商品的使用价值;第二类,等同性逻辑,即商品的交换价值;第三类,模糊性逻辑,即商品的象征交换;第四类,差异性逻辑,即商品的符号价值。概括地说,就是商品具有两面性:商品的"物的价值",是由商品所具有的品质、功能等塑造出来的价值,它给消费者带来有用性的价值;商品的"符号价值",是由商品的品牌、设计、包装、广告以及企业形象等所塑造出来的价值,这些形成了商品的意象,并成为消费者感性的选择对象,也就是其附加价值。与以往的从单一的"物的价值"分析商品不同,鲍德里亚的符号理论是在区分商品价值两面性的基础上而重视"符号价值"。"物的价值"逐渐退隐,"符号价值"日受瞩目;物的"有用性"在商品、消费、广告中被视为当然,而被生产、被消费、被传播的则越来越侧重于物的"符号性"。

在鲍德里亚看来,消费社会已经被物所充满,不仅如此,消费已经成为一种特殊的话语,成了一种神话。消费社会中唯一真正的实在,就是消费观念的存在。鲍德里亚运用符号学理论从新的角度认识消费主义的特征。他认为,在消费体制的引导下,人们对物品的符号性的追求已经远远超过了对物品本身的功能性的需求。鲍德里亚注重对物品本质的认识,认为不能仅仅对物进行功能性的分析,需要把物从功能性认识中解放出来。"我们分析的对象不是只以功能决定的物品,也不是为分析之便而进行分类之物,而是人类究竟透过何种程序和物产生关联,以及由此而来的人的行为及人际关系系统。"①如此,鲍德里亚就从日常生活中的"物"进入了"人的行为及人际关系系统"。追根溯源,这些批判理论的灵感来自其老师亨利·列菲弗尔通过对日常生活的批判所形成的可能性命题和罗兰·巴特的符号学理论。② 但鲍德里亚发展出自己的一套有关物的理论,对物的消费理论进行了研究。他看到了物、人、符号的关系,从而引入了符号消费的概念。

---

① [法]鲍德里亚:《物体系》,林志明译,上海人民出版社,2001年,第2页。
② [美]马克·波斯特:《第二媒介时代》,范静哗译,南京大学出版社,2000年,第143页。

　　传统马克思主义认为物之所以能被消费,不仅是因为其具有交换价值,更重要的是因为其具有功能价值,也就是具有使用价值;鲍德里亚则认为消费不等于需要的满足。"消费不是被动的吸收和占有,而是一种建立关系的主动模式。"①他同时指出:"消费对象,并非物质性的物品和产品:它们只是需要和满足的对象……财富的数量和需要的满足,皆不足以定义消费的概念:它们只是一种事先的必要条件。消费并不是一种物质性的实践,也不是'丰产'的现象学。它的定义,不在于我们所消化的食物,不在于我们身上穿的衣服,不在于我们使用的汽车,也不在于影像和信息的口腔或视觉实质,而是在于,把所有以上这些元素组织为有表达意义的东西;它是一个虚拟的全体,其中所有的物品和信息,由这时开始,构成了……一种符号的系统化操控活动。"②鲍德里亚又说:"要成为消费的对象,物品必须成为符号,也就是外在于一个它只作意义指涉的关系——因此它和这个具体关系之间,存有的是一种任意偶然的和不一致的关系,而它的合理一致性,也就是它的意义,来自它和所有其他的符号——物之间,抽象而系统性的关系。这时,它便进行'个性化',或是进入系列之中,等等;它被消费——但被消费的不是它的物质性,而是它的差异性……"③,"被消费的东西,永远不是物品,而是关系本身——它既被指涉又是缺席,既被包括又被排除——在物品构成的系列中,自我消费的是关系的理念,而系列便是在呈现它。"④

　　在鲍德里亚的符号消费世界里,消费的前提是物必须成为符号,符号体现了物品消费中的人际关系以及差异性。消费对象不能从任何具体的需求之类的概念出发予以理解,而只能从不断变动的符号象征关

---

①　[法]鲍德里亚:《物体系》,林志明译,上海人民出版社,2001年,第222 - 223页。

②　同①。

③　同①。

④　同①,第224页。

系中作出解释。这种变换不定的符号象征体系具有一种永无止境的激发人们消费欲望的能量。正是由于消费对象所具有的象征意义,人们对消费对象的使用价值的需求转换为"为欲望而欲望"的需求,从而,过去意义上为满足需要的消费转变为为满足消费欲望的消费,亦即对欲望本身的消费。①

(2) 符号价值:文化产业发展的内驱力。

文化产业的发展在很大程度上得益于科学技术、传媒的飞速发展,但是,当科学技术发展到一定程度而不能使文化产品在其生产技术上达到明显的差别时,文化产品的符号价值就开始在文化产业的生产中占据核心地位,成为影响文化产业发展的最重要的因素之一。这也是近年来内容产业、创意产业崛起的最主要的原因之一。

现代文化产业是在 19 世纪科学技术大发展并在生产领域得到广泛应用的基础上发展起来的。近代科学发明中的声、光、电技术在文化生产领域的应用,直接促进了现代文化产业的形成和发展。早在2 000 多年前,光学成像现象已被发现,文艺复兴时期达·芬奇对这一现象作过深入研究,1825 年至 1829 年,法国人尼埃普瑟和达盖尔发明并不断完善摄影技术,到了 19 世纪 90 年代,以光学成像为基础的摄影技术与电学技术相结合,电影随后诞生。自英国工业革命以来,欧美崇尚科学技术之风盛行,这种风气鼓励人们在各行各业中展开应用新技术的探索,新技术在电影、广播和音乐唱片业的形成和发展中发挥了至关重要的作用。二战后,以影像技术与无线通讯技术的结合为基础的电视机诞生,电视工业迅速崛起。自 20 世纪 60 年代以来,随着计算机网络通讯技术的发展和应用,科学技术在生产领域(尤其是在文化生产领域)的广泛应用,在时间上和空间上较以往任何历史时期都发展得更为迅速,从而造成了新型文化产业的大量涌现和文化产业形态变化周期的日益缩短。

---

① 陈昕:《消费文化:鲍德里亚如是说》,《读书》,1998 年第 8 期。

　　科学技术的发展与应用在不断扩大文化产业生产规模的同时,也在不断改变着文化产业的内部结构。内容产业这一概念在其所涵盖的行业,与传统意义上使用的文化产业概念具有相当部分的重叠,但内容产业这一概念突出了这一产业以数字技术应用为基础的技术特征,即当数字技术使文化生产、传播能力得以空前提高并能同时满足消费者多元化、个性化、小批量的需求时,媒介技术已经具备了无所不能的潜力。正是在这样的条件下,以注重文化产品的符号价值的生产为主要目标的内容生产的重要性逐渐摆脱了媒介技术的制约,突显出其核心的地位。同样,创意产业的形成和其概念的提出也具有类似的特点。文化产业与一般制造业一样,其产品都可以大批量复制。当文化产业的生产能力因新技术的发展和应用而不断提高(即产品的复制变得十分容易)时,产品及其内容的创新性就变得尤其重要,即其独特的符号价值要求在文化产业的生产中占据核心地位。同时,新技术的应用促使文化要素与生产中的其他要素,如工艺、营销、管理等发生融合,从而使注重符号生产的创意活动不仅在文化生产中占据主导地位,而且在所有生产领域都变得必不可少。事实上,以生产符号价值为主要目标的创意生产活动已经遍布科技和文化领域。因此,创意产业概念在其内涵和外延上都超越了文化产业。

　　商品的符号价值的凸显以及符号消费的盛行正在成为文化产业发展的重要内驱力,使文化产业在经济的持续发展中发挥越来越重要的作用。文化产业具有不同于一般产业的特征,文化产业所生产出的文化产品虽然有其物质化的载体,但其所体现的真正价值是其精神内容,即符号价值,这种符号价值具有的虚拟性和符号特征,决定了这种虚拟性和符号特征在一定条件下可以转移、嫁接或附加到任何实用商品之上,成为某种实用商品的造型、工艺、品牌等产品差异性的标识。而且,文化产业在现代技术条件下,由于其复制生产能力已经不足以体现文化产品的示差性,所以产品的价值增值就集中体现在其符号价值的生产即内容的原创性上,这一生产特点与生产制造中的研究开发的特点相一致。文化产业在符号价值的生产过程中所使用的生产资源不同于物质生产所消耗的物质资源,它是具有重复使用和自我再生能力的文化资源,同时文化生产又可以通过不断开发生产新的文化生产资源来扩大生产范围和规模,从而使文化产业体现出强盛和持久的产业生命力。

不仅如此,文化产品的符号价值与符号消费的日益盛行也使文化产业具有强大的吸附能力。文化产业在新技术发展的支撑下,通过在产业边界上与其他产业融合形成新的文化生产行业来扩大整个产业的规模。如电视机的诞生使电视这一媒体能够融合报刊的新闻功能和电影、演艺业的娱乐表演功能,进而形成电视传媒业,但电视传媒并没有取代传统的报刊、电影和演艺业;网络媒体的出现同样如此,网络数字传播技术使网络媒体有了通讯、新闻、出版、娱乐、游戏等多媒体功能,但它并没有取代其他原有分立的通讯、新闻、出版、娱乐、游戏行业。文化产业的这一产业特点使其具有自我扩张和融合其他产业的能力,在符号价值生产的驱动下,文化产业已经成为整合和带动其他产业快速发展的主导产业。

(3)非物质文化遗产的符号价值是其与文化产业对接的前提。

非物质文化遗产是历代先民创造的极其丰富和珍贵的文化财富,是一个民族的民族精神、民族情感、个性特征以及凝聚力与亲和力的重要载体。它所包含的口传作品、民族语言、民间表演艺术、风俗礼仪节庆、美术音乐及乐器和传统手工艺技能等无不凝聚着人类文化记忆的点点滴滴。

非物质文化遗产中蕴含着丰富的文化符号。例如,民间节日作为非物质文化遗产的重要内容集中体现了民族的衣食住行的生活消费传统,其中以节日饮食传统最为鲜明。几乎每一个传统节日都有特定的节日食品,人们甚至直接用食品名称称呼节日。正月初一,北方吃饺子,南方吃年糕,饺子与年糕既是节日美食,又都饱含民俗寓意:饺子谐音"交子",象征着新年旧年在午夜子时的交替;年糕是南方年节祭祖与馈赠的节日食品,年糕谐音"年高",意味着人们生活质量"年年高"。正月十五的元宵,二月二的龙鳞饼,三月三的荠菜煮鸡蛋,寒食清明的清明团子,四月浴佛节的缘豆,五月端午节的粽子,七月七的巧果,八月中秋的月饼,九月重阳节的重阳糕,腊月初八的腊八粥,年三十的团圆饭,等等,无不如此。人们在节日中注重饮食,固然反映出在物质匮乏的时代人们对物质生活的周期性的满足与享受,但同时我们看到,这也是中国人处理天人关系与社会关系的一种特殊表达方式,节日食品在传统社会首先是献给神灵(包括祖先)的祭品,其次才是家庭共享的节日美食。以饮食亲宗族兄弟是自古以来的礼仪,《礼记·礼运》曾经说过:"夫礼之初,始诸饮食"。节日食品在节日不仅是物质产品,同时又是文化创造物,如端午粽子、中秋月饼等,每一节日食品都负载着深厚的民俗情感,围绕着节日食品形成的丰富的民俗传说,数不胜数。节日食品不单是节日美味,更多的是一种心情的表达。节日食品的献祭、馈送与集体分享往往还伴随着群众性的文化活动,如端午节的赛龙舟、正月十五的灯会、清明的祭扫、七夕的乞巧、中秋的赏月、重阳的登高等构成了中国节日物质与精神生活的重要传统。① 以少数民族的民间服饰为例,白族妇女背小孩用的背带的图案和花式可以说寄托了母亲最善良的爱。这种图案设计得极富智慧,主体部分的花与蕊相互对映组装成鱼的造型;散落在周围各种各样的小鸟和花朵代表着幸福与欢乐;小老鼠和石榴、仙桃暗喻繁殖能力的旺盛与长寿。我们把图案拆开打散后又会发现:由莲藕延续的复数荷花组成了一个又一个铜钱的样式;在每一个荷花中心(单元与单元交接处)都镶嵌一颗银白色的缀子,莲藕延续不断的必然结果就是"多子",从而满足了劳动人民纯朴的愿望"多福"。这一系列综合的表现形式充分表达和浓缩了千百年来中国传统的思想观念——福、禄、寿、喜。纳西族背带上的图案也采用借物喻义的表现手法,她们将"阿哩哩"这种常见的象征团结友爱的手拉手、肩并肩的民族舞的形象图案化,概括成为洗练的装饰符号绣在背带的第一层,之后依次是正反形状的蝴蝶、当地盛产的茶花、祝福的寿字、

---

① 萧放:《传统节日:一宗重大的民族文化遗产》,《北京师范大学学报(社会科学版)》,2005年第5期。

串枝莲、山的形象以及盆栽菊花纹等,这些高度归纳简化出来的艺术形象,古朴淡雅、清新宜人,在对称的图饰中我们能体会到一种成熟和含蓄的美感。①

非物质文化遗产中所蕴含的文化符号远远不止于此,这些文化符号都可以成为发展文化产业的文化资源:利用各类传统节日可以发展旅游业;各种民间戏曲可以进入演出市场,实行产业化运作;各种民间服饰中的民族元素可以进入纺织业,提升我国纺织产品的竞争力……利用非物质文化遗产所蕴含的丰富的文化符号发展文化产业,在为文化产品增加附加的符号价值的同时,也能更好地宣传、发展和保护这些文化符号,从而达到保护非物质文化遗产的最终目标。

## 可经营性非物质文化遗产保护产业化的含义

鉴于非物质文化遗产的准公共品的性质以及准公共品的多种提供方式,可以将非物质文化遗产(从产业化角度)分为可经营性非物质文化遗产与非可经营性非物质文化遗产。非物质文化遗产中不可以用产业方式运作的那部分,称之为非可经营性非物质文化遗产,主要包括民间文学的搜集整理、民间文化和民俗学的学术理论研究、民间工艺品展览等,对于这一类非物质文化遗产的保护主要由国家政府与公民社会承担,其所需的人力、物力主要来自政府供给、社会捐赠等。非物质文化遗产进入文化产业是指非物质文化遗产中可以用产业方式运作的那一部分,即可经营性非物质文化遗产的产业化。在市场经济条件下,可经营性非物质文化遗产的范围是非常广的,主要包括民间工艺品业、民间书画业、民间美术业、古玩业等。当然,这两部分非物质文化遗产并不是截然分开的,它们常常交织、融合在一起。

非物质文化遗产保护的产业化主要是指从事非物质文化遗产相关

---

① 宋坚:《民族符号的价值及其意义》,《昆明大学学报(综合版)》,2001年第2期。

的文化产品的生产和经营,就是利用可经营性非物质文化遗产这种文化资源发展文化产业。根据我国对文化产业的界定,文化产业是指从事文化生产和提供服务的经营性行业,文化产业与文化事业相对应,文化产业与文化事业都是社会文化建设的重要组成部分,而文化产业是社会生产力发展的必然要求,是随着社会主义市场经济体制逐步完善和现代生产方式的不断进步而发展起来的新兴行业。文化产业分为影视业、音像业、文化娱乐业、文化旅游业、网络文化业、图书报刊业、文物和艺术品业、艺术培训业等门类。按照这样一个分类标准,非物质文化遗产隶属于现代文化产业运作的文化资源范畴。非物质文化遗产自身并不构成文化产业,它只是进行产业运作的文化资源。就如农业生产所使用的土地、工业生产所使用的原料一样,只不过文化产业因其行业特性所生产的产品与一般产业如农业、工业所生产的产品有着不同的特征而已。非物质文化遗产所蕴含的丰富的、独特的、具有文化示差作用的文化符号可以成为发展文化产业的文化资源,为文化产品的符号价值的生产提供原材料,从而使非物质文化遗产进入文化产业成为可能。既然非物质文化遗产中有一部分可以通过产业运作获得利润,那么非物质文化遗产保护的产业化就是顺理成章的了。

非物质文化遗产保护的产业化是指可经营性非物质文化遗产保护的产业化。"产业化"中的"化"既可以理解为一种动态的过程,也可以理解为某一发展阶段的结果,如冰液化成水,水汽化为水蒸气。可经营性非物质文化遗产保护的产业化既可以指与非物质文化遗产相关产业的形成过程,也可以指非物质文化遗产保护产业化运作推进过程中产生的一定程度的阶段性结果。从把非物质文化遗产保护视为一种消耗社会资源的消费性文化事业到把非物质文化遗产保护作为具有全局性、先导性、基础性的可以产生经济效益的产业,从排斥非物质文化遗产保护的内外部人力、物力、财力的竞争到鼓励和提倡通过竞争获取资源,从非物质文化遗产的保护仅仅依靠政府的力量到推进非物质文化遗产保护的大众化进程,并拉动经济增长,等等,都可以说是可经营性非物质文化遗产保护产业化的不同体现。所谓可经营性非物质文化遗产保护的产业化运作就是指在运用现代产业发展机制和管理方式推进非物质文化遗产保护的过程中,实现非物质文化遗产的保护由消费型、封闭型、福利型向生产型、开放型、效益型转变,使非物质文化遗产保护成为关注社会需求、有较高投资效益的一项社会公共事业。具体而言,可经营性非物质文化遗产保护的产业化运作包含以下3层含义。

首先,可经营性非物质文化遗产保护的产业化就是要推进和实现非物质文化遗产保护主体多元化。

计划经济体制下的非物质文化遗产保护一直是由政府包办、附属于政府的社会福利性事业。将非物质文化遗产的保护作为独立运作、自主发展的产业经营,就是要从根本上改变政府包揽、集中管理非物质文化遗产的旧体制,推动社会团体、企业和个人通过合作、重组、改制(国有民办、民办公助、产权转让、股份制)等多种形式投资非物质文化遗产保护或与之相关的产业,形成政府和社会力量共同参与,公办、民办及其他多种形式并存,保护主体多元化的新格局,以便在政府财力投入不足的情况下,为保护非物质文化遗产、发展非物质文化遗产筹集更多的资金。同时,可经营性非物质文化遗产保护的产业化,就是要使投入成本分担原则合理化,从根本上动摇保护非物质文化遗产完全靠政府的旧观念,推行"谁受益,谁出钱",使非物质文化遗产保护的资金来源渠道多元化。

其次,可经营性非物质文化遗产保护的产业化就是要推进和实现非物质文化遗产保护面向社会,以社会需求为导向。

可经营性非物质文化遗产保护的产业化过程就是推动非物质文化遗产的保护从封闭状态转向关注社会需求,成为面向社会、与社会大环境息息相通的开放系统的过程。一直以来,我们都认为非物质文化遗产保护的经费来源靠政府,由政府拨款进行与非物质文化遗产相关的资料整理、人才培养等。无论是负责非物质文化遗产保护的单位还是非物质文化遗产的传承人,他们所关心的只是如何保有固有的非物质文化遗产,往往忽视非物质文化遗产的发展,忽视对社会经济发展的适应性和贡献,导致非物质文化遗产对社会发展反应迟缓,保护与传承严重脱离社会和市场需求。知识经济的到来与文化产业的发展促使非物质文化遗产的保护逐渐由社会的边缘走向社会的中心,成为非物质经济时代重要的文化资本。以产业化模式保护非物质文化遗产,旨在打破非物质文化遗产保护长期脱离社会、漠视社会需求的自我封闭状态,增强其发展自身的社会责任感,使其人才培养和科学研究面向经济建设和社会发展需要,全方位加强与社会的结合,关注社会需求,形成与社会发展相适应的有效机制,从而增强非物质文化遗产的生命力。

再次,可经营性非物质文化遗产保护的产业化就是要推进和实现非物质文化遗产保护的投入产出效益化。

长期以来,政府及社会各界都将非物质文化遗产保护视为消费性事业和公共福利性部门,没有充分认识到非物质文化遗产保护的低投入、高产出的特点,缺乏对非物质文化遗产的投资观念,导致非物质文化遗产的保护难以为继。另外,政府对非物质文化遗产保护的大包大揽导致非物质文化遗产自身没有生存压力,其自身有限的人力、物力、财力、信息、时间等资源不能按效率原则和竞争原则进行有效配置。这种非产业运行成为长期以来制约我国非物质文化遗产保护的主要障碍。人们难以理解,为什么有些可经营的非物质文化遗产在国家大量拨款的情况下,仍然经费不足,而有些可经营性的非物质文化遗产在政府资助有限的情况下,却能够实现滚动发展,有的甚至还走上了集团化发展的轨道。中国的非物质文化遗产保护缺乏的不仅仅是经费,还有效益意识。推进非物质文化遗产保护的产业化,就是把产业化管理方式和运行机制引入非物质文化遗产的保护,使非物质文化遗产保护关注投资回报,关注成本核算,关注保护资源的充分、合理、有效的开发利用,从而使非物质文化遗产的保护的投入产出效益化。

但是,对于可经营性非物质文化遗产保护进行产业化运作也要避免以下几个误区。

首先,可经营性非物质文化遗产保护的产业化运作并不完全等同于非物质文化遗产的市场化。

市场化与产业化在根本目的上存在差别:市场化以利润最大化为

目的,产业化以效益最大化为目标。虽然产业化要借鉴市场经济的竞争原则、效益原则、等价交换原则,但在根本上不同于市场化。一般来说,产业的发展不可避免地要面向市场,根据市场规律和市场需要发展。但是,可经营性非物质文化遗产保护的产业化的公益性很强,要在很大程度上考虑公众福利、社会稳定。因此完全根据市场规律与需要发展是不可能的。"产业化"走过了头,完全走向"市场化",就会产生许多问题。可经营性非物质文化遗产保护的产业化中包含了某些市场因素,但是"市场化"因素必须受到抑制与管制。

与可经营性非物质文化遗产保护的产业化运作不同,非物质文化遗产的市场化是完全按照市场运营机制经营非物质文化遗产。市场机制早已证明具有盲目性、短期性等缺陷,非物质文化遗产保护是关系到国家长远发展的全局性事业,市场化显然会使非物质文化遗产的保护走向歧途,甚至使其遭受重大损害。非物质文化遗产保护之所以不能完全"市场化",是因为一旦完全市场化,就意味着非物质文化遗产完全沦为企业追求利润最大化的工具,可经营的非物质文化遗产失去其存在的本真性,非可经营的非物质文化遗产在"市场失灵"中彻底消失。可以说,人们近年来对非物质文化遗产保护产业化运作的抱怨在很大程度上是对非物质文化遗产保护的产业化中出现的过度市场化的不满。所以,非物质文化遗产保护的产业化应当谨防过度市场化。

把可经营性非物质文化遗产保护的产业化理解为非物质文化遗产的商品化、市场化,实际上就是从根本上忽视了保护活态的非物质文化遗产与制造物、交换物的商品市场交换活动的本质区别。如前所述所谓非物质文化遗产保护的产业化是从产业发展理论的视角审视非物质文化遗产保护,推进现有的非物质文化遗产单一的保护体制的改革,实现非物质文化遗产保护的发展方向和运行机制的转变。产业化理论相对于商品化、市场化之说是非物质文化遗产保护理念的进步。如果将市场化与产业化等同,就会陷入或因反对非物质文化遗产的商品化、市场化而否定产业化,或因赞同非物质文化遗产保护的产业化而支持其商品化和市场化的思维陷阱,从而阻碍我们对非物质文化遗产保护的产业化保护理论的有效研究。

应当看到,近年来随着非物质文化遗产保护的产业化运作的不断深入,我国的非物质文化遗产保护通过多种渠道获得配置资源,在某种程度上取得了相当大的成就。我们不能因为在非物质文化遗产保护产业化运作中出现了某些过度市场化的问题,就否定产业化运作模式在非物质文化遗产保护中的重要作用,更不能使非物质文化遗产保护再退回到原来的状态,使其成为毫无生气、单纯靠政府财政救济的政府附属品。我们在非物质文化遗产保护中,需要推进的是有控制的"产业化",需要拒绝的是盲目的、完全的"市场化",要认真纠正过度的"市场化"导致的问题,总结"产业化"的经验,健康、有序地推进非物质文化遗产的保护。

其次,可经营性非物质文化遗产保护的产业化不等于政府不再承担保护责任。

与非物质文化遗产相关的文化产业不同于一般产业,其突出特点就是产品具有准公共品的性质,即具有公益性,非物质文化遗产保护的产业化的运营的发展经费不能直接通过市场交换获得,主要应通过政府财政再分配获得。因而,非物质文化遗产保护的成本来源不能按私人产品那样"谁消费,谁出钱",而应按"谁受益,谁出钱"的原则分担。推进可经营性非物质文化遗产保护的产业化对于保护非物质文化遗产,提升文化竞争力,维护国家的文化主权,寻求文化认同具有重要作用。社会是保护非物质文化遗产直接和间接的最大受益者。政府作为社会利益的代表,应认识到保护非物质文化遗产,发展与之相关的文化产业对于促进经济发展和社会进步的巨大作用。政府应从全局性、先导性和基础性出发,更加深刻地认识非物质文化遗产保护的战略地位,视非物质文化遗产保护为有限投入但有巨大产出的产业,义不容辞地推进非物质文化遗产保护的产业化进程,为非物质文化遗产保护的产业化付费,并随着非物质文化遗产保护的产业化运作对社会贡献率的增大而加大成本分担比例,使非物质文化遗产保护的产业化对社会的经济价值得到直接补偿或兑现,改变非物质文化遗产保护的产业化一方面为社会作出巨大贡献,一方面还得靠行政支持和资助的可悲状况。所以,非物质文化遗产保护的产业化并不意味政府财政可以少拨款或不拨款,而是要使非物质文化遗产保护的产业化成为政府从社会利益出发希望发展、愿意发展而且必须发展的产业。

再次,可经营性非物质文化遗产保护的产业化不是为了追求利润最大化,而是追求社会效益最大化。

可经营性非物质文化遗产保护的产业化不能"营利",但可适度"盈利"或"赢利"。可经营性非物质文化遗产保护的产业化的宗旨是通过产业化的运作模式促进非物质文化遗产自身的发展,激发其内部活力,增强其文化竞争力,从而达到对非物质文化遗产的有效保护。因此,非物质文化遗产保护的产业化不能像某些产业那样追求利润最大化,它所追求的应是非物质文化遗产保护效益的最大化。虽然可以通过产业化方式利用非物质文化遗产"盈利"或"赢利",但是不能以追求利润为主观目的。所谓"盈利"或"赢利"均指"获得利润",体现为一种客观结果:前者通常指产业部门通过加强内部管理,合理利用资源而获得的效益利润;后者往往指产业部门在与对手的竞争中,依靠服务与经营的优质高效而获得的优势利润。要激发非物质文化遗产保护的经营观念,不断提高非物质文化遗产保护的积极性,努力提供全方位、高品质的文化产品与服务。社会责任感和制度规范固然也能调动个人和集体的积极性,但是要保持长久的动力,利益原则才能起到基础性的调节作用。只有允许各社会团体、个人在非物质文化遗产保护中通过竞争和效益原则提高效益并获得适度的利润,才能调动全社会保护非物质文化遗产的积极性。非物质文化遗产保护的产业化能否健康发展,不在于是否"盈(赢)利",关键是以有关法律规范"盈(赢)利"的大小及利润的使用方向。如果在政策上完全排斥"盈(赢)利",将难以从根本上推动非物质文化遗产保护的经营思想、组织形式与发展机制的变革。

总而言之,可经营性非物质文化遗产保护的产业化运作模式主要有以下几个特点。

第一，可经营性非物质文化遗产保护的产业化意味着传统意义上的非物质文化遗产保护开始由政府完全控制甚至直接管理、运营的状态下解脱出来，按照产业发展的自身规律发展与运行。

第二，可经营性非物质文化遗产保护的产业化意味着传统意义上的非物质文化遗产保护单位由过去完全附属于政府机构、没有自主发展的权力与能力，变成某种程度上具有自主发展机制与能力的经济实体；由事业单位转变为对自己行为负责的经济实体（外国法律中称为"特殊法人"）。

第三，可经营性非物质文化遗产保护的产业化意味着非物质文化遗产保护由过去完全看政府脸色、按照政府想法行事转变为必须考虑到人民群众的实际需要，考虑到不同消费者的需要和满意度去行动。消费者在非物质文化遗产保护中的作用，由以前抽象的、难以操作的政治约束（当前，还有很多地方并没有真正认识到非物质文化遗产保护的重要性，他们只是为了保护而保护）转变为看得见的、可操作的经济、舆论约束。非物质文化遗产的保护由过去在政府直接指挥下整体推进，转变为可以根据不同情况进行灵活的微观调节与转变。

第四，可经营性非物质文化遗产保护的产业化意味着非物质文化遗产保护同样要考虑资源的优化配置，同样要考虑投入产出比，其发展要受到基本经济规律的制约与影响。政府在制定非物质文化遗产保护与发展的相关政策时，不仅要从公共政策角度考虑非物质文化遗产的保护与发展，也要从经济政策角度考虑非物质文化遗产保护的现实效益。

第五，可经营性非物质文化遗产保护的产业化意味着市场机制同样可能在不同程度上对非物质文化遗产保护产生作用。传统意义上的非物质文化遗产保护单位，不可避免地要受到市场机制的影响与诱惑。当然，作为公益性很强的产业，非物质文化遗产的保护首先要考虑其公益性，同时要抑制单一市场机制的作用。

## 可经营性非物质文化遗产保护产业化与物质文化遗产保护的互赢

非物质文化遗产是相对于物质文化遗产而言的,无论是物质还是非物质都是相对的,二者之间的界限从来就不是泾渭分明的。

意大利博物馆协会主席乔凡尼·皮纳将非物质文化遗产分为3种类型:第一类是基于物质形式表现的。例如某一社区的传统文化方式、传统生活方式、宗教仪式、传统社会模式、人们的文化活动场所等。联合国教科文组织公布的"人类口头和非物质文化遗产代表作"昆曲艺术、西西里岛提线木偶戏、摩洛哥加马俄夫纳文化广场和立陶宛的木制十字架工艺就属于这一类。这些遗产保持着属于自己的社区(会)文化或社会传统价值,并充满活力。第二类是不需要以物质形式表现的,如语言、记忆、口头传统(表演)、歌曲、非曲谱传统音乐等。其中一些已经获得了联合国教科文组织的"代表作"称号,如厄瓜多尔和秘鲁的扎帕拉语言、格鲁吉亚的复调歌唱法。第三类是非物质文化遗产包含在物质文化遗产之中,即物质文化遗产所表达的象征和内涵。任何物质文化遗产都具有其物理外观和与之相关的文化内涵两维性质。所谓物理外观是指它的大小、尺寸、形状,与之相关的文化内涵就是指其所反映出的过去与现在的联系及其所表达的人类文明发展史等。物质文化遗产如果不具备这些相关的非物质的文化内涵,就不能称其为物质文化遗产。

同样,根据物质文化遗产所承载的非物质的文化内涵的多寡也可以将其分为3类:第一类是丢失了大部分非物质文化内涵的物质文化遗产,如玛雅时代遗留下来的一些建筑物。我们对于玛雅文化——这个失落的文明知之甚少,所以那个时代所留下的遗迹只能作为一个时代的印记或地理上的某个标记而已。第二类是指所含的信息虽然没有丢失,但其制作、建设、使用的条件与传统已消失的物质文化遗产,如长城、帝王陵寝等。第三类是所含的信息不仅保存完好,而且依然具有强大的生命力,由历史传承而来,并有可能继承下去的物质文化遗产,确切地说,这也就是非物质文化遗产的物质载体,如皮影、剪纸、古琴等。

由此可见,非物质文化遗产与物质文化遗产是你中有我、我中有你,非物质文化遗产保护必须与物质文化遗产保护相结合,才能实现对非物质文化遗产的有效保护。

以产业化形式对可经营性的非物质文化遗产进行保护在很大程度上就是要将非物质文化遗产中以某种物质形式表现出的、具有物质载体或形式载体的文化符号应用到文化产品的生产中,如以一种体验式旅游的方式展现某一社区的传统文化方式、传统生活方式、人们的文化活动场所;以演出的形式表现口头传统;以表演、体验、相应旅游产品的生产赋予无形的非物质文化遗产以物质形式,或给予呆板、生涩的物质文化遗产以生机和活力,这些无论对于非物质文化遗产的保护还是物质文化遗产的保护都是具有重大意义的。但是同时也要注意,可经营性非物质文化遗产保护的产业化运作必须以保护非物质文化遗产活态性、生态性、传承性、变异性的基本特征为前提,如果以损害非物质文化遗产的活态性、生态性、传承性、变异性等基本特征为代价对非物质文化遗产中的可经营性的非物质文化遗产进行产业化运作是得不偿失的。

## 可经营性非物质文化遗产保护产业化运作的多重效益

以产业化运作保护可经营性非物质文化遗产能够带来良好的社会效益,实现政府、企事业单位和社会的“三赢”。实际上,可经营性非物质文化遗产保护的产业化运作与非物质文化遗产的相关研究、以非物质文化遗产为载体传播民族文化、保护和传承非物质文化遗产并不冲突,相反,如果运作良好的话,它们是相互促进、相互推动的。

首先,可经营性非物质文化遗产保护的产业化运作能更有效地传播民族文化。

可经营性非物质文化遗产保护的产业化运作与事业运作相比,文化传播的优势十分明显。产业运作容易突破事业运作的时空限制,传播地域更广、速度更快。通过产业运作,文化产品或者当场为消费者消费,或者依附在物质载体上,通过各种商业渠道,迅速流转到消费者手中,其文化传播的扩散效应十分明显。与事业运作单一的模式相比,产业运作借助各种形式的运作方式,如通过影视观看、器物制作、旅游纪念、食品销售等,可以从视、听、触、食等多方面进行全方位的文化传播。通过产业运作创造的经济利益可以迅速用来扩大再生产,而事业运作则意味着长期的简单再生产或缓慢的扩大再生产。能够迅速进行扩大再生产则文化产品日益丰富,能充分满足日益增长的文化消费需求;简单再生产或缓慢的扩大再生产则文化产品单一,消费需求萎缩。两相比较,产业运作的文化传播效应是扩张的,而事业运作的文化传播效应则有减弱的趋势。

其次,可经营性非物质文化遗产保护的产业化运作产生的经济效益可以为事业发展、科学研究、保护和传承非物质文化遗产提供物质基础。

非物质文化遗产保护的事业运作一直是以财政支撑为经济基础的,如果改变旧有的运作模式,就可以加强自身的造血功能。人们现在普遍认识到,非物质文化遗产的生存发展既需要政府的扶持但又不能完全依赖政府。需要政府扶持是因为在没有产业化运作之前,盈利生存的能力弱;不能完全依赖政府是因为要考虑政府本身的多种经济压力,应该力争从各方面减轻政府的负担。同时,非物质文化遗产保护也不可能要求政府为其发展提供所有的投资,因此非物质文化遗产的保护应该在部分领域进行产业化运作,以产养产,在其建设中引入产业机制,促进现代化的创造和自身的长期稳定发展。

再次,可经营性非物质文化遗产保护的产业化运作可以更好地满足人们日益增长的文化消费需求,满足对外文化交流的需要。

随着社会经济的发展,收入和消费水平的提高,人们追求生活质量的欲望越来越强烈,对文化消费提出了新的更高的要求,追求品味、时尚的新的消费群体越来越需要高质量的文化消费品。非物质文化遗产保护的产业化可以集精湛的传统艺术与现代科技之长,提供符合时代潮流的文化产品。这种产品不仅文化含量高,而且最能满足文化消费者追求精美时尚、古朴典雅的消费欲望。同时,由于越来越频繁的对外文化交流,来自不同文化背景的外国客人对文化消费品的需要也日趋多样化。这种交流需要文化机构把传统文化与现代科技手段结合起来,通过文化产品的生产更形象、更生动地再现中国优秀的历史文化传统,让世界人民能够更全面、更真实地了解中华民族的伟大成就和辉煌历史,为各种文明的融合和交流提供一个广阔的平台。

从世界各国非物质文化遗产保护的现状看,完全由政府承担非物质文化遗产保护的重任是不可能的。一般来说,非物质文化遗产的保护都包括政府财政支持部分(公益性部分)和依靠市场机制支持部分(非公益性部分)。在发达国家 20 世纪 90 年代进行的行政改革中,在许多公益性领域引进了市场机制和私人企业,但是不意味着政府干预不存在。发达国家政府对这些领域的私人企业管制而不管理,在价格等方面仍然存在着政府的严格管制。这些都有利于非物质文化遗产保护的产业化的健康发展。

可经营性非物质文化遗产保护的产业化可以满足人们日益增长的文化需求和文化消费,并能够创造出大量的社会财富,起到了增加就业、创造价值、刺激消费、涵养税源的作用,是近年来新的经济增长点。从本质上讲,非物质文化遗产保护的产业化属于经济学范畴,以赚取利润为目的,所以必须遵循经济规律、市场规律。作为一种经济行为,非物质文化遗产保护的产业化不可避免地带有自身难以克服的缺点和弊病。如果所有非物质文化遗产的保护都通过产业方式运作,一味地追求利润,那就走进了保护非物质文化遗产的误区。所以,保护非物质文化遗产,最重要的就是要对不同性质的非物质文化遗产采取不同的保护措施,具体情况具体对待。对于可经营的非物质文化遗产可以通过产业化运作进行保护,对于那些非经营性的非物质文化遗产,就要充分发挥国家政府、公民社会的作用,培养良好的公民性,制定各种政策法规进行保护。发展与非物质文化遗产相关的文化产业,就要不断完善文化产业的政策法规,保证非物质文化遗产保护的产业化在文化产业的框架内得到健康、稳定的发展。

　　作为一种特殊的文化产业，非物质文化遗产保护的产业化运作既要受产业发展因素的影响，又与非物质文化遗产作为民族文化组成部分的准公共品性质密切相关。非物质文化遗产产业化运作的这种复杂性决定其在具体实践中必定会遇到许多棘手的问题。譬如，究竟哪种非物质文化遗产可以进入文化产业，非物质文化遗产的产业化运作需要哪些必备的条件，以怎样的标准评定非物质文化遗产保护产业化运作的效果……这些都是我们在具体实践中必须面对、亟须解决的问题，也是今后非物质文化遗产保护研究的主要课题。

# 3

## 《百家讲坛》文化现象解读

卞 敏*

——————————

\* 卞敏,江苏省社会科学院马克思主义研究所研究员。

当今时代,电视是一种受众相当广泛的大众媒体。中央电视台科教频道从 2001 年 7 月 9 日起,开播了一档学术类讲座节目《百家讲坛》。该栏目以"汇集百家学养,追慕大师风范"为宗旨,以"平和开放的胸襟",追求学术创新,鼓励思想个性,提倡雅俗共赏,架起一座"通向大众的桥梁"。在选题定位上,《百家讲坛》以"建构时代常识,享受智慧人生"为原则,内容包括自然、社会、人文等诸多方面。在选题范围上,包括大学通选课、选修课精华;名校有影响的专题讲座、主题演讲;社会各界学者、名流的精彩演讲等,以观众最感兴趣、最前沿、最吸引人的专题入选,其中涉及中国历史文化的题材居多。在当今泛娱乐化时代,是什么原因使《百家讲坛》这个学术味、文化味较浓的电视栏目一直保持较高的收视率,催生一批电视明星学者,并引发社会文化界的激烈争论呢? 为此,解读《百家讲坛》文化新现象,从文化层面进行理性思考很有必要。

## 文化意义:精英文化与大众文化的融合

《百家讲坛》作为央视最具文化品位的栏目之一,其文化意义是在文化消费语境中创造出精英文化与大众文化通过电视媒介联姻的范例,成功地实现了精英文化与大众文化的融合,为国人开发出一个以视觉文化为载体的思想启蒙平台。《百家讲坛》面向全国广大电视观众,适合具有中学以上文化程度、求知欲较强的观众收看,堪称一所向全社会开放的大学。

《百家讲坛》自开播以来,播出的内容相当丰富,包括自然科学、社会科学、人文科学,乃至饮食起居、养生保健,等等。按照演讲内容及主讲人的研究领域进行分类,大致可分为以下几类:历史探秘(历史人物、历史事件、历史现象等),文学经典(文学作品、作者作家、思想观点等),自然科学(物理、化学、生物、天文学等),哲学伦理,艺术研究(电影、书法、舞蹈、音乐等),经济管理(经济形势、经济现象、管理理论等),时政话题(政策分析、政治形势、时局变动等),现代生活(公关礼仪、健康生活、吃穿住行等），以及一些交叉性的社会人文学科。

《百家讲坛》开播之初首先定位为"三品"，即"文化品位、科学品质、教育品格"。起初该栏目收视率较低，曾经过两次改版，从中我们可考察栏目策划者的文化追求。从演讲者看，《百家讲坛》最初主要以学术名人身份确定演讲人，主讲人以高端学术精英为主。例如，有物理学家杨振宁、李政道、丁肇中等诺贝尔奖获得者，有人文学者周汝昌、周思源、叶嘉莹、余秋雨、叶舒宪等，有社会学者李银河等。从演讲内容看，都是各自研究领域的学术前沿问题。如杨振宁讲《20世纪理论物理学的主旋律》、余秋雨讲《文学创作中的未知结构》、罗宗强讲《孝的艰难与动人》、何光沪讲《存在与人生》、叶舒宪讲《人类学与文化寻根》等，都是演讲者集数十年研究成果之大成的话题，具有较强的理论深度和鲜明的学术个性，学术文化含量之高也非一般学术讲座可比，甚至是讨论专业化的、相当艰深的学术问题。由此可见，栏目策划者最初的精英文化立场，是想通过弘扬高雅文化，提高大众的文化素养。《百家讲坛》的这种早期策划并未带来理想的收视率，反而遭遇到生存困境，其原因是策划者对栏目的价值定位与观众的文化诉求出现矛盾。《百家讲坛》厚重的学术含量，艰深的讲演内容，只有具有较高专业素养的观众才感兴趣。因此，这一阶段《百家讲坛》受众面之狭窄是可想而知的。对于电视这一大众传媒而言，收视率的高低是衡量一个栏目是否成功的重要指标之一，这影响着栏目的生存。

在这种情况下，《百家讲坛》开始进行第一次改版。栏目策划者从现代大众传媒的角度，对主讲人的选择和演讲内容的确定重新进行价值认定。此时，主讲人的学术身份退为次要因素，上升到首位的是适合电视传播的学术热点和演讲技巧，挑选口才出众的人文学者到荧屏亮相。遴选主讲人主要有以下几个标准：演讲内容、学术水平、表述能力和人格魅力，以明星效应建立起较为稳定的收视群体，以主讲《清十二帝疑案》的阎崇年、主讲《刘心武揭秘〈红楼梦〉》的刘心武等为代表。演讲人大多选择容易引发大众收视兴趣的话题，通过言说方式的转换，尝试走学术通俗化、大众化的路子。据说，纪连海为改进自己的演讲方式,专门研究相声段子,琢磨相声的表达技巧。在这次改版过程中,《百家讲坛》逐步成为传统与现代、学者与大众、学术与传媒成功对接的平台。栏目策划者邀请观众喜爱的名家做主讲人,选择好的话题,把话题讲深说透,以实现普及优秀传统文化的目的。

在第一次改版的基础上,《百家讲坛》又进一步对演讲的学术内容进行符合电视传媒要求的全面改造,以易中天的《品三国》、于丹的《于丹〈论语〉心得》等为代表。从大学讲台到电视台的场所变化,意味着从学术课堂到大众传媒的转化。这种转化满足了公众对中国古典名著的阅读娱乐需求,扩大了诸如红学、三国、论语、庄子、明清帝王等研究的学术空间,使其更加接近普通大众。精英文化与大众文化相融合的条件是首先得到大众的认同,所传播的知识必须满足大众的文化期待与文化需求。人文学者们在电视媒体上讲学,说明人文社会科学的一些学术研究成果能够大众化、通俗化。自然科学可以搞科学普及,人文社会科学也可以搞科学普及。在后现代语境中,大众文化比较兴盛,这与现代性语境中的文化诉求并不一致。正如 F·杰姆逊所说:"到了后现代主义阶段文化已经完全大众化了,高雅文化与通俗文化,纯文学与通俗文学的距离正在消失。"①从高雅走向通俗,从精英走向大众,是后现代语境中文化发展的必然趋势。经过两次改版的《百家讲坛》,其受众基本完成从精英群体到普通大众的转变,不再曲高和寡,有效地提高了收视率。

按照学界公认的看法,有价值的学术应当是有思想的学术。《百家讲坛》中的选题大多具有一定的学术性,既注重经典解读又兼及热点话题。在已播出的节目中,比较受观众欢迎的有:阎崇年《清十二帝疑案》、《明亡清兴六十年》、《康熙大帝》;易中天《易中天品三国》、《汉代风云人物》、《先秦诸子百家争鸣》;于丹《于丹〈论语〉心得》、《于丹〈庄子〉心得》;王立群《汉代风云人物之项羽》、《汉代风云人物之吕

① [美]杰姆逊:《后现代主义与文化理论》,唐小兵译,北京大学出版社,2005年,第146页。

后》、《王立群读〈史记〉之汉武帝》、《王立群读〈史记〉之秦始皇》、《千古中医人物之华佗》、《文景之治》；纪连海《正说和珅》、《正说纪晓岚》、《正说多尔衮》、《正说鳌拜》、《正说吴三桂》、《正说刘墉》、《千古中医故事之孙思邈》；钱文忠《玄奘西游记》、《解读〈三字经〉》；毛佩琦《明十七帝疑案》、《郑和下西洋六百年祭》、《大明第一谋臣刘伯温》；刘心武《刘心武揭秘〈红楼梦〉》、《〈红楼梦〉八十回后真故事》；马瑞芳《马瑞芳说〈聊斋〉》；莫砺锋《诗歌唐朝》、《杜甫草堂》、《白居易》等。这些选题都能做到学术与电视的结合，没有改变学术的基本品质，同时也使学术思想得到传播。专家们在电视上的精彩演讲，使专业性的知识重新面向大众，既获得较高的社会美誉度，也在商业上取得极大成功。

社会心理学认为，普通电视观众对于相对熟悉的知识信息，比较容易将其纳入自身认知过程，并与原来的知识经验进行比较分析。相反，对于那些不具有相应知识经验，也就是说在接受那些不熟悉的知识信息过程中则会发生认知障碍，难以理解或不愿意接受。例如，自然科学类选题逻辑严密，适合用数学和公式表达，并不适合用电视图像来解释。同时，它需要接受者具备一定的基础知识和理性思维能力。否则，容易产生接受障碍。《百家讲坛》栏目为适应受众普遍性的认知结构，选择适合电视传播的中国历史和传统文化题材，并充分挖掘这一取之不尽的题材宝库。历史文化类题材大多具有一定的故事性和趣味性，比较适合电视讲解。它并不需要观众有多么深厚的文化储备和知识积累，就能较好地调动观众的感性思维。电视这种现代传媒是一种比较先进的传播手段，更易于为一般的受众所接受，能迅速产生共鸣，达到理想的传播效果。这正好可以解释为什么《百家讲坛》开播初期收视率较低，改版之后迅速走红。

作为央视一档学术科普类节目的选题策划，《百家讲坛》在某些方面借鉴电视剧的制作经验，讲究故事性，做到精彩演讲、语言文字与视觉图像的完美结合。主讲人为讲好故事，往往将悬念手法引入讲述中，把每期节目的内容编成一个个故事串联起来，把人物命运和矛盾冲突设置成各种悬念贯穿始终。在每期节目开头设置一个总悬念,紧接着专家在讲述中又层层设置分悬念,使之成为每段内容的衔接点和转折点。这样既能保证每期节目都为观众呈现一段完整的内容,也能借助讲座的连续性稳定收视群。在节目制作过程中,专家用自己的学术观点解释和分析疑问,由表及里,由浅入深。节目还把这些历史故事像电视剧一样形成系列化,一个接着一个讲。这种新颖的讲述和制作手法,既满足了人们听故事的渴望,也让观众在享受娱乐的过程中学到人文知识,感悟人生的真谛。历史文化和传统文化故事化、戏剧化的讲述,赋予《百家讲坛》栏目一种独特的审美特征,较好地处理电视的教育功能与娱乐功能的关系,用生动的形式使观众易于接受。

《百家讲坛》除以故事化方式讲述外,演讲人还将电视的视听元素巧妙地融入讲座中,充分利用画面穿插等剪辑手法,避免传统讲座类节目内容枯燥、形式单一的弊端,节目的播出形式相当丰富多彩。电视讲坛这种传播方式,演讲人直接出镜,观众不仅听到话语的声音,还能看见话语中的视觉形象。在每期节目的制作过程中,往往插入人物肖像、相关背景资料或影视剧片断,并配以适合的音乐,总结、概括或图示主讲人的观点。这些图片、字幕、影像资料,形象直观。易中天讲《汉代风云人物》,讲到古代脱靴之礼时,在讲台上直接示范;于丹讲《论语》心得,说到古人的"坐",用两只手的动作比划,进行形象的解释。如果说大众文化的心理需求,给讲坛类栏目提供了生存土壤,电视媒体言说方式的改变,则是讲坛类节目走红的催化剂。

从播出内容看,《百家讲坛》受大众欢迎是因为这些选题适应了最近一段时期以来"国学热"的潮流。对待国学、对待经典、对待传统,我们首先应当有一种精神信念、一种敬畏之心。人们如果以一种功利主义的态度,把它当作一种工具,或者只是把它变成一种商业行为,这样的"国学热"就是浮躁的。电视本来就是大众传媒,播出的节目必然具有大众化特征,否则无法在各类媒体的激烈竞争中生存。大众文化的特点是娱乐性、消费性。《百家讲坛》主创者通过电视这一传播形式,采取简化文本的方式,抽取比较有趣味性的内容传达给大众。这个再加工的过程，就是精英文化与大众文化的结合过程，必须符合大众的心理需求。《百家讲坛》的成功，说明精英文化和大众文化可以共生共存、相互渗透。精英文化的传播需要适合大众的表达方式，不仅要让大众听得懂，还要让大众感兴趣。

在当代中国文化生态格局中，精英文化和大众文化显然是两种不同的文化形态，具有不同的社会功能。不同文化层次的人，需要相应层次的文化形式来引导。精英文化注重精神意义的价值追求，是主要由知识分子阶层中的人文学者所创造和传播的一种文化形态，对中国文化的建构和人类文明的发展有重要意义和深远影响。作为一个时代人文精神的主要表现形态，精英文化在当代中国社会文化生活中的重要地位毋庸置疑。精英文化守望道德价值与社会良心，承担着教化大众、规范价值的社会功能。大众文化是20世纪产生并逐渐兴盛的一种文化形态，具体内容包括时尚元素、电视电影、流行音乐、旅游闲暇以及日常生活的审美活动，以通俗易懂、机械复制和传播迅速为特点，具有娱乐性和多样性。大众文化以大众为消费对象，娱乐人生是其主要社会功能。随着我国计划经济向市场经济的转型，大众文化消费需求日益旺盛，而精英文化的独特价值也逐渐得到确认。这说明精英文化有其坚守者，大众文化也有为数众多的享用者。在现代社会中，我们越来越需要多样性的文化作为大众的精神食粮。

精英文化作为人文知识分子创造、传播和分享的文化样式，在价值取向上具有比较高雅的格调，在一般情况下大多数民众不可能有意识地去分享这种少数人拥有的文化财富。出于社会使命感和对价值理想的关怀，精英文化担当者传承中国传统士大夫"以天下为己任"的文化精神，为全社会确立普世的理想信念、道德伦理、价值尺度、行为规范和审美标准，负责任地向全社会提供高尚的文化产品。文化精英们以固守和传递社会理想和理性精神为使命，与社会世俗生活保持相当的距离，主张价值规范的严肃性、学术境界的创造性，追求事物的历史意义和永恒价值，以引导社会、开启民智为己任，履行精神守望者的职责。精英文化主要满足社会知识群体的心理需求，其受众大多为社会高端文化群体。与精英文化内涵的专业性及受众的局限性形成鲜明对比的是,大众文化主要是针对普通民众,内容通俗易懂且具有文化消费性特征。随着文化产业的兴起,以深度、抽象、严肃为特征的精英文化,正逐步向形象、直观的大众文化转型。

从文化形态上说,最早出现在西方的大众文化是现代工业社会走向科学民主的产物,是与市场经济相适应的一种市民文化。大众文化的功能在于塑造出一种抚慰心灵的审美态度,人们以一种娱乐休闲的方式,即自我发现、自我创造、自我享用、自我救赎的方式应付人性中无法遏制的物质欲求、性格弱点,以及反复出现的困惑、无奈、潜意识的痛苦。作为现代社会的平民文化,大众文化建构大众自己的话语方式,利用现代传媒网络营造平等的文化氛围,打破传统社会少数人垄断精英文化的社会现象,具有其他文化形式所无法比拟的广泛性、平等性和普及性。大众文化最初作为西方精神危机下的一种文化追求,拓展了文化审美的内涵,有符合人文精神本质意义的一面,体现了对普通人的人文关怀。大众文化关注平常人生、关注日常生活,不再是少数人的特权,这是对个体人生价值的一种肯定,也是大众文化所体现的一种人文性。

从西方来说,后现代是高度关注公民意识的时代,主张文化发展的多元性。后现代文化的一个重要特征是精英文化与大众文化间的界限越来越模糊。正如英国学者史蒂文·康纳(Steven Connor)所指出:"一种令人不安的流动性开始影响传统上作为大学独占领地的高雅文化与通俗文化的分界线。诸如电视、电影和摇滚乐这样的通俗文化形式开始自称具有高雅文化的某些严肃性,而高雅文化也采纳了某些通俗艺术的形式和特征。"①在市场经济条件下,精英文化正在逐步被大众文化边缘化,人们担心精英文化将来有一天只能成为学院知识分子研究和鉴赏的"古董",沦为大众文化用以参照比较的"他者"文化,这并非

① [英]史蒂文·康纳:《后现代主义文化》,严忠志译,商务印书馆,2002年,第23页。

危言耸听。霍克海默、阿多诺、马尔库塞等法兰克福学派的文化学者曾经对精英文化在"文化工业"冲击下的发展趋向以及由此导致的"文化上的野蛮状态"表现出极度的忧虑。在一些后现代主义的文化学者看来，由于精英文化与大众文化的界限变得模糊起来，不同文化之间存在着相互转化的可能性和趋势。

从文化发生学上说，高雅文化是从大众文化的土壤中产生的，高雅文化从诞生之日起就包含着大众文化的因素。同样，大众文化中也有高雅文化的因素。纯粹的高雅文化和大众文化从来就没有存在过。《百家讲坛》的成功之处在于正确地选择了一条精英文化与大众文化融合共生的道路。生存于工业社会和大众传媒时代的精英文化样式具有多样性，其中电视文化的传播方式深刻影响着精英文化大众化的趋向，而电视文化的大众性反映了文化多样化的内在要求。在当今文化产业大发展的时代，文化产品必须为大众生产，为大众服务。就整个社会的精神产品生产方式而言，大众文化具有基础作用，精英文化具有引领作用。电视文化作为大众文化的一种样式，需要考虑大众的理解力、倾向性和趣味性，受众人数较少的栏目只能淘汰。这就可以解释很受人文知识分子欢迎的《读书时间》，为什么在央视播出一段时间后就被淘汰出局。

## 文化争议：精英文化与大众文化的冲突

《百家讲坛》开播以来，在促进精英文化与大众文化的和谐融合方面做了积极的尝试。在大众文化的消费时代，《百家讲坛》栏目的成功并不是偶然的。一方面电视不同于报刊等纸质媒体，电视信息传播转瞬即逝；另一方面，播出内容如果过于艰深也会限制节目的收视范围，使一般文化水平的观众无法接受，从而直接影响播出效果。《百家讲坛》的成功在于准确的栏目定位、新颖的选题策划以及独特的表现手法，制作出具有平民意识的文化大餐。在文化传播过程中，方法和工具固然重要，但其关键还是承载的内容。文化消费的本质，在于宽容性、多样性、参与性和广泛性。《百家讲坛》邀请阎崇年、刘心武、易中天、于丹等文化学者在电视媒体上开讲中国历史与传统文化,是文化传播形式的一种创新。精英文化借助传播力较强的电视媒体,让观众了解中国历史文化精神,了解演讲人对历史事件和历史人物的新颖观点和分析,引发大众对中国文化与历史的浓厚兴趣,进而对历史、对人生、对社会、对传统文化的传承发展进行思考,这对文化传播普及是有积极意义的。

当今时代,精英文化的"雅"与大众文化的"俗"之间存在着某种断裂现象。高雅的精英文化要融入社会大众文化,关键在于突破这两种文化形式之间的壁垒,以实现雅俗共赏。《百家讲坛》以"雅"强调精英文化的栏目品格,以"俗"追求收视群体的大众化和多样化,以更具亲和力的表达方式传播格调比较高雅的精英文化。以电视媒介传播的精英文化,也应当具有多样化的、紧贴时代内涵的文化形式。大众文化的兴起总是和一个强大的大众传播系统相联系而保持着强势,并在文化消费领域中逐步向精英文化渗透。从这一意义上说,《百家讲坛》收视热反映着大众文化向传统文化的回归。

在大众文化传播过程中,以知识信息表达的话语往往是一种权力的象征,即文化生产者利用自己的文化资本掌握话语权,同时还拥有相当多的文化教育资源使人接受或认可他们生产的各种文化产品(包括各种文本形式,例如文学、新闻、影视、音乐等)。新型文化媒介人将知识制作成文化符号或影像制品,他们在大众文化传播过程中的强势地位得益于在电视等大众媒体上的频频亮相,以及媒介对他们生产的文化产品的大力宣传。与此相关联的是,电视等大众媒介也需要依赖创作者的哲学智慧和艺术创造力,使电视节目更具哲理性、娱乐性、可视性,赢得观众。大众文化的消费性特征是让专家学者走进百姓大众。在文化的普及和传播方面,现代传媒发挥着无可替代的桥梁作用。电视受众面广,通俗易懂,老少皆宜,可以在更大范围内传播文化。《百家讲坛》的讲座内容和基本结构都不同于大学中的学术课堂,它改变了传统学术讲座的授课方法,以现代视角解读学术经典,学理考究呈隐性状态,普及化、大众化呈显性状态,从而更好地适应普通观众的审美品味。

不可否认,市场经济对于大众文化的影响是不容忽视的。大众文化的出现与市场经济"物的依赖关系"密切相关,而传统的文化行为、审美活动通常都是非市场经济"人的依赖关系"的产物。这并不是说,传统的文化方式、审美活动就不具有商品属性,只不过它们与"物的依赖关系"是间接的。大众文化在现时代的兴起,意味着文化与市场的联姻,意味着大众文化市场的开辟,意味着文化产业的审美活动具有获取利润的市场特征。一些学者对精神文化产品的商品属性比较反感。在他们看来,大众文化产业商品属性的存在,必然以贬低文化产品的精神内涵为代价。然而,在现实中并非绝对如此。商品属性作为大众文化的前提,无疑是对传统文化审美观念狭隘性、封闭性的一定突破。文化的所谓商品属性并非只是纯粹的物质性,它还存在于一定社会关系中。对于消费文化产品的人来说,无疑包含着愿望、观念、情感等精神性的因素。同时,大众文化作为一种文化形态,其自身也存在着文化的审美性。

正当《百家讲坛》播出红火之时,中国的人文学者开始关注精英文化的生存境况。其实,相对于精英文化而言,相对于人们对未知世界的渴求、对高雅文化的诉求、对崇高境界的追求而言,大众文化也表现出相对弱势的一面。普通大众不可能经常阅读学术含量较高的书籍,他们既需要借助一种轻松、便捷的文化传播方式满足这一精神需求,同时也需要一种理性价值观的引导。当今时代,电视文化传播是面向大众的一个平台。然而,一些人文学者以精英文化守护者的姿态,痛斥大众文化的泛滥,感叹传统审美文化在通俗文化侵蚀下日渐萧条的颓势,以纯粹精英文化的立场呼唤传统人文精神的回归,试图以经典美学重构文化价值体系。一些人文学者则看到大众文化兴起的不可阻挡趋势,感受到多元文化时代的来临。他们主张以当下的社会文化环境为契机,顺应历史发展的潮流,明确精英文化的现代使命,创建精英文化与大众文化和谐共生的现实机制。

《百家讲坛》通过大众媒介普及高雅文化取得成功后，并没有局限于电视节目播出本身，而是进一步应广大观众的要求，把那些深受观众喜爱的讲座内容出版成书，并请主讲人现场签售图书。这就可以解释为什么《论语》、《庄子》等哲学文化典籍，在很长时期内只限于在研究者和爱好者少数知识分子群体中阅读和传播，未能得到普通大众的青睐，经于丹在《百家讲坛》上"心得"一下，就能获得近百万册的销售量。这种"文化快餐"适应当今生活节奏较快的大众不愿意静下心来阅读学术经典，而只希望以启迪人生智慧的方式获取相关人文知识的社会心态。"坛坛都是好酒"，是《百家讲坛》最初创造出的一个奇迹，并成为之后《百家讲坛丛书》的品牌宣传语。由《百家讲坛》这一档演讲传统历史文化知识的电视节目及其系列图书掀起的一股大众文化传播热潮，也成为社会持续关注的文化热点。这是契合社会文化心理趋向的产物，从中透露出社会文化心态的一些最新气息。

《百家讲坛》系列图书的出版，以媒介传播与文本消费的互动方式传播学术人文知识，呈现出商品化、娱乐化和平民化的特征。《百家讲坛》系列图书出版，有几个标志性的事件值得关注：一是易中天出版《品三国（上）》销售超过 500 万册，为日后"坛主们"涌入书市指出一条光明大道。二是《于丹〈论语〉心得》一天签售 1.5 万册，让通俗国学读物热达到一个"沸腾"的顶点。三是阎崇年在无锡签售《康熙大帝》时，遭一名青年男子掌掴。该男子亲属随后坦承，该男子之所以对阎崇年动武，是因为多次对阎崇年的观点提出质疑，却未得到妥善答复。《百家讲坛》也被批评为垄断学术观点，独霸话语权。四是刘心武新著《红楼梦八十回后真故事》的出版，在社会上再次掀起"红学"热。

在这里，仅以刘心武的"红学"揭秘为例进行分析。刘心武从 2005 年在央视《百家讲坛》开讲《刘心武揭秘〈红楼梦〉》，到《红楼梦八十回后真故事》出版，令人关注的"揭红"旅程已超过 5 年。刘心武的观点在红学界存有争议。他对《红楼梦》所进行的颠覆性分析，都曾遭到红学家们的声讨，甚至一度出现过节目被迫停播的事件。但他心态坦然，表示红学领域任何一个方面都有争议。在学界批评的同时，刘心武却受到坊间的热烈追捧。新浪网曾推出"您如何看待刘心武揭秘《红楼梦》"的调查,在近两万投票者中,八成投票者认为刘心武"扩大了红学的大众讨论空间,值得肯定"。不少评论认为,刘心武的红学研究为平民大众赢得了一份话语权。处于漩涡中心的刘心武在谈到学者与民间不同观点的"交锋"时,笑言"平民红学"的意义确实超越了对"红学"本身的研究,"红学研究是一个公众共享的学术空间,谁也不应垄断。"刘心武讲《红楼梦》,甚至引发出一个许久未曾有过的"红楼热",不仅是《刘心武揭秘〈红楼梦〉》跃上书城的排行榜,与《红楼梦》有关的书籍也出现一个新的销售热潮。

从《百家讲坛》的策划设想来看,该栏目不对主讲人在学术问题上提出太高的要求,只要他们的演讲能够吸引观众就行,只要自己讲的观点能够自圆其说就可以。《百家讲坛》的"学术明星"们在品读历史、表达学术观点时,首先遇到的就是精英文化如何通俗化、娱乐化的问题。当初一些人文学者尖锐地质疑:历史和学术的娱乐化解读,是把原本严肃的文本娱乐化、庸俗化。如果历史和学术被娱乐化解读,并不能给人提供真实的历史知识,更无法进入历史真理的境界,即使提出一些学术观点,给我们留下更多印象的大多是缺乏逻辑性和客观性并赋予过多娱乐化色彩的看法。学术思想和历史知识的娱乐化,往往与真实的、严谨的、科学的学术距离很远。在严肃的历史知识和学术研究方面,娱乐化不是出路,娱乐化不能等同于历史,不能等同于学术。

当人们对历史和学术采取娱乐化态度,当学术和历史成为娱乐的对象,一切学术和历史的严谨性就不再成为其追求的价值。在这种情况下,历史研究和学术传播中出现浮躁现象是难以避免的。在《百家讲坛》播出过程中,不少观众和网友指出某些学术明星出现的一些常识性错误,甚至出现历史思想、学术观点方面的"硬伤"就不是偶然的了。在学术浮躁的年代,文化人应当坚守理性的文化精神和严谨的学术态度,多一些求真务实的学术品质,力戒文化心态的浮躁,少一些急功近利之心,引领观众追求真善美。这是对历史、对文化、对经典负责任的态度,也是对观众、对读者负责任的态度。我们需要思考的是:怎样才能更合理地通过电视媒体传承人类文明的成果？

在现代社会中，人们越来越需要多样性的文化作为精神食粮。不同文化层次的人，需要相应层次的文化样式来引导。在文化的普及和传播方面，现代传媒显然发挥着无可替代的作用。然而，通过电视媒介传播的文化，要做到通俗而不低俗，生动而不浅薄，并不是一件容易的事。作为一档学术类节目，《百家讲坛》被一些学者和网友诟病最多的就是娱乐化倾向。例如，复旦大学历史系顾晓鸣教授在接受记者采访时曾表示："《百家讲坛》没有做到探寻文化、科学、社会等知识，没有关注文化和学术的传递，在选题上只关注学术的趣味性这一方面，以偏概全。比如讲历史，就只关注谋略，而忽略了中国历史的大智慧。"①

对《百家讲坛》热播、《百家讲坛》读物热销这一文化现象，总的来说出现了两种截然相反的态度。一种持基本肯定的支持态度。例如，《人民日报》海外版自 2007 年 2 月 7 日起，连续 7 天以半版篇幅系列报道"于丹现象启示录"。"在'于丹现象'的背后，我们隐约看到了中国传统文化的巨大力量，看到了当今中国百姓心灵深处对于通俗易懂的人文理论的强烈渴求。我们也分明感到，'以白话诠释经典，以经典诠释智慧，以智慧诠释人生，以人生诠释人性'的文化普及工作，在中国有着多么广阔的前景。"编者表示，之所以要关注于丹，是因为"在 21 世纪的当今中国，在人类面临越来越多物质挑战和精神困惑的当今世界，开掘中国传统文化这座富矿，让其发挥出特有的启迪心智、砥砺精神的力量，既非常必要，又迫在眉睫。"

另一种持完全反对的否定态度。电视讲坛类节目这种快餐式、娱乐化的形式让大众乐意接受，但同时也使一些文化精英分子们的"神经"变得空前地紧张起来，他们对《百家讲坛》节目"火红"起来的学术明星进行讨伐。例如，由中山大学研究古诗词和古文献的博士徐晋如发起，北京大学、清华大学、北京师范大学、香港科技大学等高校的 6 名

---

① 《天天新报》，2008 年 12 月 23 日。

博士、1 名硕士、1 名学士联手签名在天涯网上发文《我们为什么要将反对于丹之流进行到底》，文章称目前很多重新解读经典的专家"把人文理论庸俗化和媚俗化了"。此次发起人徐晋如博士一直以文化保守派自居，他们自称发帖的本意是要"坚守着文化的尊严"，称像于丹这样一个古汉语知识连初中文化水平都达不到的"影视学博士"，仅仅靠耍嘴皮子就可以获得社会荣誉，"极度无知，传播错误的甚至有害的思想"，让他们难以接受。文章最后呼吁"为了中国文化的命运，我们不应再对无良媒体人表示沉默……《百家讲坛》应立即让于丹下课，并向全国人民公开道歉。只有这样，中国人才能够重建我们的精神家园，中国文化才能在新世纪里重铸辉煌，我们的生活才能更加和谐。"①

一时间，网上网下的争议声四起。于丹在《百家讲坛》开讲《论语》、《庄子》究竟有没有错？她应不应该下课？从普通百姓到专家学者，都不约而同地对此表示出极大的关注，并就此发表见解。有的网民认为："于丹只不过讲解了一下自己对《论语》的理解。至于签名的那些博士，无非是一群跳梁小丑而已。于丹的心得至少是自己的。"也有人认为，博士们的行为不过是"文人相轻"的酸葡萄心理作祟。更有人提出："于丹们至少在用自己的努力架起一座桥梁，让普通大众去亲近传统文化。你们扪心自问：自己为普及中国传统文化做了什么？""儒学著作本来历朝历代就有不同的理解，更何况于丹写的是心得。我们不是一直希望百家争鸣吗，为什么这时就不允许争鸣了？"

网民中有支持于丹的，也有反对的。例如，于丹在中关村图书大厦签售《于丹〈庄子〉心得》开始约半小时后，一名男子进入现场，脱去外套，身上的白色 T 恤赫然用毛笔写着："孔子很着急，庄子很生气"，以示抗议。保安随即把他推出场外。这名男子在"天涯杂谈"发帖《我用行动来伤伤文化快餐的胃》，主旨是对当下文化解读的方式提出质疑。当然，于丹的成功不是她研究《论语》的"心得"有多么精深，也不是她

---

① http: // www. tianya. cn/new/publicforum/content. asp？ idwriter = 0&key = 0&stritem = free&idarticle = 870238&flag = 1&hotid = 1105.

讲课技巧有多么高明,而是她聪明地用一种大众都能接受的演讲方式来满足人们的精神需求。中国传统文化的传播少不了普及这一环。现代人生活节奏快,人心浮躁,很难静下心来埋头苦读文言文。易中天、于丹这些教授们走入民间,以其三分学术、七分运用的演讲方式,使学术与大众对接互动,这对中国文化的传承是件好事。像于丹这样来普及哲学文化经典,孔子不会着急,庄子不会生气。

面对种种质疑声,于丹对媒体平静地回应说:"每个人都有自己的选择。有人爱吃法式大餐,但麦当劳、肯德基里的人也不少。""现在中国文化需要上课的人,比需要下课的人多。""人各有志,每个人做事不同,高兴就好。""每个人都可以用自己的方式为中国文化做事,欢迎他们也做。"①对一种崭新的文化传播形式的赞赏与批评,这都是正常现象。通过批评,可以让人们对文化传播的内容和形式有更全面的认识与思考。随着电视、网络对文化的广泛传播,让广大受众了解更多的思想文化,这本身是值得肯定的积极的文化现象。这对文化多样性的开拓应当说是有益的。

当然,专家学者们的观点也是一家之言,接受不接受、认可不认可,每个人都可以自己去判断,有选择地去接受,没人强求看法一致。专家学者的解读也会出错,这很正常。学术问题可以探讨,有差错可以纠正。我们应当用一种宽容的心态对待"于丹现象"。正如著名文化学者刘梦溪先生所说:"我觉得于丹《论语》心得的价值,在于它是经典直接进入现代生活的一种比较成功的尝试,对我们念念于兹的文化传承有实在意义。于丹创设了一种论说方式,这种论说方式可以让现代人直接跟古人交流。""如果不把于丹对《论语》的解读看做是唯一的解读,批评者的心态就会平静许多。""于丹只是对《论语》的一种解释而已,她没有代替其他的百家之言。何况她并没有叫做注释或者疏证或者义证,只叫'心得'。"②这种评价还是相当公允的。

---

① 《北京娱乐信报》,2007 年 3 月 6 日。

② http://blog.sina.com.cn/hedongjunrushi。

## 文化和谐：文化传播中的大众审美情趣

央视《百家讲坛》在人文学术与大众传播的结合上做出成功的尝试后，一些地方电视台也纷纷开办类似的栏目，人们似乎在文化与娱乐、高雅与通俗、精英与市井、格调与品位之间实现了某种链接。中文的"传"字包含"传承、传授、传播"三重涵义。相对传承、传授来说，传播具有更大的广泛性。所谓文化传播，一般是泛指人类社会中对那些有价值的信息、人文意义，借助于一定的媒体所进行的一种定向流动。

在走向现代化的进程中，古老的中华民族是需要文化重构的民族。电视传播的大众文化价值，体现在社会责任感上。作为一种文化传播形式，电视文化在塑造民族精神中应当发挥一定的作用。当代国人的精神文化需要是多样的，他们不仅有努力学习、勤奋工作的愿望，也有享受健康娱乐的生活方式的需要。电视文化既应具有娱乐性，也应有社会责任感。电视传播给观众提供的文化产品要关注电视文化对当代人的生活方式、思想观念、伦理道德、价值取向所产生的影响。《百家讲坛》栏目成功地处理娱乐大众与社会责任的关系，使遥远枯燥的历史文化走进普通百姓的视野，给荧屏面前的观众带来求知的兴趣和愉悦。

在市场经济条件下，精英文化的发展需要面对时代精神，以跟上时代前进的步伐。当今精英文化的弱势、人文话语的遮隐，既缘于文化发展规律的不可抗拒，也归咎于精英文化自身的畏缩和退化。当大众文化浪潮汹涌而至时，一些人文知识分子没有承担起价值守望的社会责任，反而迷失方向，在自我矮化中放弃精神制高点。尤其是在社会转型时期，人文知识分子不应怨天尤人，而要关注时代的变革，摆脱冷冰冰的学院面孔和高不可攀的文化贵族气息，通过脚踏实地的努力，建构适合大众的审美话语，透过多元并置的文化景观，为改善文化生态作出贡献。近年来，一些精英文化坚守者反对以大众和市场为导向的电视节目，而大众文化倡导者则针对他们想象中的受众，热衷于制作娱乐化的节目,历史因此而成为各方面挖掘的富矿,从板着面孔说话的"大砖头",变身为光怪陆离的"戏说"影视、通俗讲史等。在形成这两种截然对立的文化倾向的过程中,一场纷争不可避免:我们需要的究竟是严肃的历史,还是娱乐化的历史? 如何平衡这两种对立的文化倾向,实质上涉及从精英文化向大众文化转换过程中的大众审美趣味问题。

在当今娱乐化时代,电视、电影、网络、报刊、通俗读物等流行媒介是强大的文化力量。当人们的价值观尚未稳定时,面对不同价值观的碰撞,往往容易迷失自我。于是,人们普遍存在着诸如焦虑不安、烦恼痛苦、精神饥渴、迷茫无助等心理现象,缺少安身立命的精神家园。人们亟须一种"文化启蒙"来抚慰自己的心灵。《百家讲坛》的播出,从一定程度上满足了人们的精神需求,在文化传播和开启民智等方面发挥了相应的作用。《百家讲坛》之所以取得成功,在于搭建起一个文化沟通的桥梁。

面对经济全球化趋势,民族文化最根本的问题是确立文化自我意识。文化自我意识除具有维护和实现自己利益的功能外,还具有在全球范围内展示和实现文化内在价值,确立文化形象的功能。文化自我意识作为一种精神文化理念,是历史积淀下来的人们的生存方式和思维方式。因此,大众文化自我意识需要一个培育的过程。进入改革开放新时期,从余秋雨开始,大众文化的传播方式似乎找到了电视、讲坛、书籍等最适合的文化载体。在文化传播热的情况下,有些人买经典名著,只是为了放在书橱里装点门面,并不如饥似渴地去阅读,而是等待"文化明星"的出现。刘心武讲《红楼梦》,易中天讲《三国》,于丹讲《论语》,孔庆东讲鲁迅,莫砺锋讲杜甫等,都很受欢迎。从文化普及角度看,这种现象当然令人欣喜。因为,每一个演讲者都"复活"了一本书甚至一个学术领域,而广大听众经由他们讲解,也激发起阅读经典的兴趣。在大众需要精神食粮的时代,《百家讲坛》开辟出一条学术平民化的文化传承之路。

具体地说,《百家讲坛》的学术平民化的表现之一,是学者们传播的思想内容趋于通俗化和大众化,要让观众听得懂,乐于接受。从这一意义上说,于丹把《论语》演绎成普通大众易于接受的浅显话语,让圣人的高深思想还原为平常人都能听得懂的通俗道理,让仁、义、礼、智、信的儒家经典走下圣坛,变成浅显易行的道德操守,这是做得很成功的一件事。学术平民化的表现之二,是学者们不再刻意追求纯粹、高雅的精英文化,而是以特定的方式模糊雅俗文化的界限,创造出一种适合大众文化消费的生活趣味和审美追求,以主动适应当代传媒的价值趋向,进而影响大众的生活方式和社会意识形态。

电视文化本身是一种大众文化形式。从根本性质上说,电视节目"市场化"并不能等同于"娱乐化"。"娱乐"的本质是什么?按照《现代汉语词典》的解释,一是使人快乐;二是快乐有趣的活动。从语义上说,这是没有问题的。如果我们从广义上理解"娱乐",不能说喜欢看《新闻联播》、《探索·发现》和《对话》的人就不是娱乐心情;也不能说学者们在阅读研究的过程中只有枯燥乏味的技术操作,没有获取心灵的愉悦。当今时代,人类文明所创造的精英文化成果不应当束之高阁,而应该让更多的人去了解和接受。如果要摆脱市场经济条件下历史文化被边缘化的尴尬局面,就得用生动的语言方式叙述和解读历史文化。大众需要学者们用通俗的语言传播文化信息。其实,对历史的解说方式并不一定要用严肃、沉重的语调,幽默化、娱乐化也是一种适当的表达方式。历史知识本身虽然枯燥,但是如果借助生动的语言表达出来,那就充满生机和情趣。《百家讲坛》主讲人们都能个性化地解读经典作品和历史人物,大到政治风云、人物命运,小到一缕思绪、一片柔情,只要人们喜欢听的都大讲特讲,而且深入浅出、直指人心,注重以情感人、妙语动人、设疑启人的结合,注重历史意识、当代意识、研究意识的结合,在以讲故事形式传授知识的同时,又给人以智慧启迪和精神享受。人们的这种精神享受,实际上也是一种"娱乐"的方式。通过对《百家讲坛》发展历程的考察可以发现,高雅文化在大众传媒时代遭遇到"边缘化"困境,但在市场文化占据主导的消费社会,以学术为代表的高雅文化可以投入到市场的商业化运作之中,为提高和普及大众的文化水平显现出独特价值,在当代中国文化构建中不断开拓话语空间。

在人们的种种质疑声中,《百家讲坛》对栏目定位似乎一直在两难的困惑中不断调整自己前行的方向:究竟是文化的,还是娱乐的？是精英的,还是大众的？是学术的、严谨的,还是市井的、演义的？是关乎社会责任的,还是关乎收视率的？栏目策划人虽然强调《百家讲坛》不是"学术论坛",而是"给初中以上文化程度的老百姓做的"通俗文化类节目,但为提高讲坛质量,又不得不打"名家牌",以"专家"、"学术"的名义对节目进行包装,并制造出一批"学术明星"。人们质疑,《百家讲坛》看似传播学术文化,实际上追求的是收视率,而收视率的高低的确从一定程度上反映着该节目受欢迎的程度。相对于其他电视节目,讲坛类节目显然具有较高的文化内涵。讲坛类节目需要面对普通大众,必须得到大众的认同。因此,这类电视节目的制作在内容结构与表现方式上都必须符合大众的审美情趣。精英文化在大众中的普及程度越高,说明它越大众化、通俗化、娱乐化。

从文化传播的角度考察,《百家讲坛》是实现精英文化大众化和通俗化的一个成功范例。从百家的学术观点转变为适合受众视听的形式,为受众普遍认可和接受,应当是有规律可循的。从电视节目本身的制作和播出效果来看,一个栏目的成功要找准定位,找准受众群体。《百家讲坛》作为一档电视栏目(而不是报纸栏目、广播栏目),之所以取得成功的原因之一就是认清电视媒介文化传播的特点,遵循电视节目的认知规律,找准最适合电视媒介的播出方式。正如美国著名的媒介文化研究者尼尔·波兹曼所说:"电视并不是一个演讲堂。它是一个影像展示,是象形媒介,而不是语言媒介……像《人类的进化》和《宇宙的奥秘》这样'阳春白雪'的节目,无论他们如何努力做成好电视节目,也必须把关注的焦点放在不断变化的视觉图像上。"①

从大众文化与精英文化的关系看,大众文化自身孕育着高雅文化。没有普通大众的世俗生活,人类的文化生活将失去丰富性和多样性。

---

① [美]尼尔·波兹曼:《童年的消逝》,吴燕莛译,广西师范大学出版社,2004年,第112—113页。

精英文化要走下神圣的殿堂,放下居高临下的架势,摆脱曲高和寡的状况,必须与大众化运作方式实现成功嫁接。具体地说,精英文化要依据现实社会的需要,适当借鉴和利用大众文化的传播形式,以一种老百姓喜闻乐见的形式进行文化传播,才能建构起具有中国特色社会主义的文化价值观。精英文化只有依据社会大众的审美趣味,才能创造出社会认可的作品,才能摆脱孤芳自赏的命运;只有主动与大众文化进行对话,与大众文化进行一定程度的融合,才能真正保持自身的独特性,求得可持续的发展。

一般说来,大众文化的主题就是大众日常生活。大众文化的形式表现为文化意识较为平淡,而情感生活相当浓烈,对时尚生活具有一定的引领作用。大众文化讲究经济效益,注重现实需要,愉悦普通大众,因而实用性和功利性较强。大众文化在努力缩小着精英文化与大众审美的距离感,尝试将审美文化整合到日常文化生活中去,多表现为文化消费的娱乐形式,同时借助于大众传媒载体,成为民众茶余饭后的娱乐资料。大众文化作为民众情感生活的文化载体,比较贴近大众日常生活,是老百姓自己创造的通俗文化,与大众有很强的亲和力,便于在大众中传播。大众文化的叙事特点是通俗、随意与趣味,其文化基调具有幽默轻松、休闲愉悦的价值取向。它是大众日常真实生活的回味,是对日常生活文化环境的认知。正因为这种娱乐性,生活在激烈竞争和快节奏中的城市大众得以放松情绪,愉悦身心,抑制现代城市人之间的隔膜、陌生感,营造出彼此和睦亲善的社会文化氛围。

从文化类型转换的角度来看,《百家讲坛》的传播方式以大众化为取向,使文化信息的传播适应老百姓的文化心理需求,从而架起专家学者与普通百姓之间的桥梁,把教授们的小课堂变成大讲坛,把高端的学术研究成果变成普及大众的文化产品,让平日里只在象牙塔中或少部分文化精英中流行的高雅文化推广开来,打破精英文化与大众文化、高雅文化与通俗文化的文化壁垒,赋予往日躺在学者们案头的学术研究成果以生机活力,成为普通大众的精神食粮。《百家讲坛》的国学选题系列,用传统文化的经典解释人生,用人生感悟的方式解读经典,抚慰人们的心灵,构建精神家园,满足公众寻求精神慰藉的心理期待,从而被普通大众所接受。这是精英文化大众化、高雅文化通俗化的过程。文化转换的方式可以在空间和时间两个维度上进行。从空间上考察,文化转换是指不同文化之间发生的横向转换。例如,在当今经济全球化时代,不同的民族文化发生碰撞后,往往会出现3种不同形式的文化转换现象,即文化扩张、文化区隔、文化认同,最终表现为文化的多样化与全球性相统一的趋势。从时间上考察,文化转换是指同一文化内部展开的纵向转换。这既表现为同一文化内部高雅文化与通俗文化、精英文化与大众文化之间的相互吸收和改造,也表现为当代文化对本民族的优秀传统文化的借鉴和利用,其结果是高雅文化的通俗化、精英文化的大众化,也表现为民族传统文化的现代化。从这一角度看,文化转换就成为民族文化得以延续、更新和发展的必然路径,也是传统文化实现现代化的现实道路。

任何文化都产生和存在于一定的历史情境之中,同样也在一定的现实情境之中被传播。这是文化生成和传承的必要条件,也是区别于其他文化的重要标志。如果离开特定的情境,这种文化就难以保持原有的面貌。例如,无论是作为中国古典四大文学名著之一的《红楼梦》,还是清代正史,都是在特定的文化情境中流传,成为少部分人文知识分子的研究对象,呈现出精英文化的形式。《百家讲坛》以这些文本做选题进行重新制作的过程,所体现的正是高雅文化与通俗文化之间的文化转换。在《百家讲坛》热播的影响下,一些人热衷于听国学讲座,品书画国宝,赏传统戏曲,听民族音乐。

在现实生活中,精英文化如果脱离原有的话语情境,根据受众的文化需求在新的情境中加以重构,讲坛主讲人的演讲内容和演讲风格往往会受到学界的批评和指责。然而,《百家讲坛》作为一档学术类电视节目,本质上是一种大众文化传播形式,判断其成功与否的标准,并不在于是否受到学界的批评以及批评的程度如何,而在于是否受到普通的电视观众的欢迎,以及受欢迎的程度如何。《百家讲坛》经过多次改版,栏目受众最终定位于具有中等文化程度的电视观众。栏目选题和主讲人的确定，完全依照大众的爱好和口味，而非正统的学术观点。在演讲方式上，尽量吸取适合电视播出的表达方法，巧设悬念，多讲故事，多讲细节，以吸引观众。从这一意义上说，《百家讲坛》做到了精英文化的大众化、高雅文化的通俗化，是符合大众审美趣味的一档栏目。

《百家讲坛》创办之初就提出口号："一座让专家通向老百姓的桥梁"。中国正处于社会转型期，人们的物质生活比较富裕后，心灵上的苦恼并没有减少。面对新旧事物的变迁，许多人在工作、家庭、生活等诸方面还会感到烦恼、迷惘和孤独。人们寄希望于传统文化，期望以此建构精神家园。在这一背景下，于丹讲《论语》是否成功的关键，并不是看她所讲的内容是否为学界公认，而是看能否吸引观众。要做到这些，首要的就是让《论语》脱离原来的"权威"语境，用于丹自己的话说就是"我讲的孔子肯定不是最权威的，但我认为是最真诚朴素的"。于丹认为，这个核心要素作为《论语》的真谛，"就是告诉大家，怎么样才能过上我们心灵所需要的那种快乐的生活"。完成了文化转换的《论语》，再也不是原来那个讲"命"、"仁"的《论语》，孔子也不再是那个追求"中庸之道"的孔子。于丹讲解的《论语》心得，成为美味的心灵鸡汤，现代人用它来医治和抚慰心灵的创伤。

同样的道理，易中天讲解《三国》，加入现代语言和个性化风格，将人和人之间的关系用"权谋"二字加以包装；马瑞芳将《聊斋》讲得"仙气十足"；孔庆东把金庸小说里的情爱世界剖析得淋漓尽致，都很吸引人。说完《聊斋》后，马瑞芳教授推出新书《百家讲坛：这张魔鬼的床》。她以一种调侃、风趣、幽默的文笔，尽情书写《百家讲坛》中的那些人和事，提出一系列问题和悬念：学者是怎样走上电视的？电视是否异化学术？如何从"学术人"变成"电视人"？学者是否应该明星化？明星化的学者是否丧失了学者本来面貌？学术是否应该走娱乐化道路？娱乐化的学术还算不算学术？易中天、于丹等人是怎样被发现，并被拉上"魔鬼"之床的？阎崇年、王立群、纪连海等人一讲成名，生活和心态都发生了怎样的变化？对此，马瑞芳都一一作出解读。对马瑞芳教授的这本书，易中天教授看后捧腹大笑，洋洋洒洒写下一万余字的序文《解密〈百家讲坛〉》,于丹主动请缨,给该书起名《百家讲坛主讲人外传》。主讲人们对这些问题的思考,反映出《百家讲坛》栏目对大众审美情趣的种种影响。

总之,人文精神与大众文化并非绝对对立的,大众文化并非没有人文精神。人文指向是一切文化生存的根本价值所在。当今时代,大众文化的人文提升是大众文化自身发展的客观要求。大众文化的人文提升,应当从理性、道德、审美、哲学等维度发掘大众文化现有的人文性和艺术性。然而,大众文化的世俗性和商品性的特点使大众文化不可能脱离大众的欣赏水平,去刻意地追求人文内涵的提升。从现实情况看,大众文化的人文提升的真正解决办法,应当是建构大众文化与主流文化、精英文化与通俗文化的良性互动机制,培育一个健康、和谐、合理的文化生态。

# 4

新媒介—新景观—新思维

朱 珊 *

---

* 朱珊,江苏省社会科学院哲学与文化研究所研究员。

以传播技术的发展形态为线索,人类最早的信息传播是通过表情、语言等面对面或口口相传的形式,符号作为一种象征有着间接表述并传递信息的作用,而纸张的发明使文化符号可以方便固定并流传。报纸这种信息传播方式的诞生意味着真正的媒体时代开始了。随后无线电、电视的发明与普及使信息瞬息之间即可传遍千家万户。这是传播学所说的"第一媒介时代"。而后微型计算机、网络的普及使传播进入到新媒介时代。"新媒介"一词是指美国媒体学家波斯特提到的"第二媒介时代",也就是通常所说的电子媒体或网络,说它新是相对以往的纸质传媒和广电传媒而言。

从最初的卡拉 OK、电子传单、挂历、风筝广告,到 CD – ROM、软盘、DVD、计算机和互联网,再到手机报纸、手机电视、户外新媒体、博客、播客……短短 22 年的中国新媒体之路上新媒体形式层出不穷。据不完全统计,目前比较热门的新媒体不下 30 种,如:数字电视、直播卫星电视、移动电视、IPTV、网络电视、移动多媒体、手机短信、手机游戏、手机电视、手机电台、手机报纸、楼宇视频、博客、播客、虚拟社区,等等。① 由于新媒介的出现促成了集制作者、销售者、消费者于一体的媒介系统的产生,从根本上影响了国人日常生活的交往方式,形成了一种新鲜、独特的文化景观,引发出学者和社会对这一新生事物的思考。事实上,从文化层面来考察,有学者认为,中世纪的文明是建立在口头语言之上的文明,它主要是用来记忆的,因此世界只是在记忆中形成;近现代文明是建立在书面语言尤其是作为大众媒介的印刷物媒介之上的,它是一个使得个体能够通过知性认识而达到交互关系的"科学实在—意识形态虚构"的文明;而后现代的信息社会的硬件(媒介)则是通讯信息技术,它的软件意义则是"虚拟实在"的世界表象。新媒介通过对主体的构建对以往文化予以解构和重组。

① 《新媒体的崛起》,http://www.ccmedu.com/bbs58_45262.html.

## 孤独的狂欢

麦克卢汉的一句"媒介是人的延伸"让人体会到有了媒介的人类就像是插上了翅膀,从此人类生活的范围、空间、图景、思维角度和思维方式都发生了很大改观。如果说,传统媒介技术作为一种信息工具在某种意义上只是人身体的一种延伸,使人可以更适应社会、更有效率和有尊严地生活,那么从信息传播技术的发展史上可以看出,新媒介的出现在某种意义上说绝不只是孤立的工具,它对传统媒介的超越主要表现在:(1)使得多对多(many-to-many)的交谈成为可能;(2)使得文化事项的同步接收、交流与再分配(redistribution)成为可能;(3)使得传播行为脱离国家的疆界,脱离现代性的"领域化"间关系;(4)提供即时性的全球接触;(5)将现代、后现代的主体置入网络性的器械中。①

由于新媒介不再以单边的、固定的技术模式出现,主客体的状态都发生了改变,尤其是受众,过去常常被认为是消极、麻木和被动的,然而英国文化研究学派司图亚特·霍尔在《编码,解码》一书中提出受众的3种解码立场:一是主导——霸权立场,受众与传播者立场完全一致,意义根据编码者的设想而生产出来。二是协调的符码或者立场,受众一方面承认支配意识形态的权威,另一方面又保留自己的独特意见,形成充满矛盾和微妙竞争的协商立场。三是对抗的符码,受众了解传播者的意图,但坚持自己的立场,以一种与文本愿望格格不入的方式进行解读,不接受文本传递来的各种信息。② 在此,霍尔从传统大众文化单质的、机械的和消极的大众观中,发现了异质的和能动的个体。

曾几何时,我们受到传统电视媒体霸权的控制与摆布,被动地消费它所营造的喜怒哀乐并"娱乐至死"。而今从"沙发土豆"转战成"鼠标

---

① 徐国源:《网络信誉:无解的方程组》,《网络传播》,2005 年 11 月。

② [英]司图亚特·霍尔:《编码,解码》,罗纲、刘象愚主编《文化研究读本》,中国社会科学出版社,2000 年。

土豆"的网民渐渐从被动地游戏人生走向主动地参与和思考人生的阶段,最显著的标志就是 6 年前博客在中国网站的登陆。因为有新媒介的技术支持,大众从被动消费走向了主动,从消费者走向参与生产者。网络使人人都可能成为记者或作家,人人都可能将自己的意愿和思想符号化,从这个意义上说,"作者之死"的年代到了。霍尔认为,现代传播的首要功能在于建构,"社会知识"和社会镜像通过实现意义的共享达到彼此的理解和交流。但是在公民新闻出现之前,这种话语权一直为媒体所垄断,草根的声音被湮没,"媒介接近权"成为一种遥不可及的梦想。然而,正如李普曼所坚持的理念,民主的基础在于对话,公众需要有自己的"话语权"。如今,作为网络产物的微博无疑成为时下最为开放的话语体系,俘获了众多"围脖"的心。在这套体系里,既有交流与沟通,也有分歧与"战斗",特别是后者,其呈现方式已经远远超越了博客时代,形成了一种既虚拟又现实的微博生态,这样的新生事物使传播链发生改变,这也就是媒介所称的"微革命"。《中国青年报》社会调查中心通过"清研咨询"对全国 30 个省(自治区、直辖市)3 282 人的调查显示(91.6% 的人不超过 40 岁),92.4% 的人上过微博,其中45.3% 的人"经常上"。94.3% 的人表示微博改变自己的生活。美国新闻学会媒体中心副主任戴尔·帕斯金在一份名为"自媒体(WeMedia)"的研究报告中如是定义"自媒体":"它是通过数字技术链接全球知识,从而提供一种了解普通大众如何提供和分享自身经历和新闻的途径。"①具体来讲,是"利用以博客为代表的网络新技术(还包括Wiki,SMS,可摄像手机,在线广播,PZP,RSS 等)来进行自主信息发布的个体传播主体"。② 它改写了新闻的传播模式,掀起了"新闻媒体3.0"的革命。当意义的被动消费者成为主动的生产者时,个人的自主性占了上风。

---

① DalePeskin. WeMediia: Intrtoduction. http: // www. hypernene. net/wemedia/weblog. php · d = P3.

② 张彬:《对白媒体的概念界定及思考》,《今传媒》,2008 年第 8 期。

微博虽已经成为一个自媒体,但这个自媒体也是与"他媒体"息息相关的。微博上曾经发生的"任王之争"中微博力量、话语博弈的现象深深改变了公众对于精英吵架的印象。其中的吵架、拉架和围观,形成了一个很特别的"生态"。自媒体的含义是说一个消息本身不是主要的,更重要的信息是观点,它不仅是一个简单的对事物的描述,同时是对这个事物的看法,这其中多少渗透出个人的价值观以及对生活的态度。传统的媒体生态是记者采集、编辑编写,而微博中每一个具体的人,他们直接作为发布者在这个平台上发布,通过转发、点评、回复等多种方式使信息成为话题,从平面走向纵深,改变传统传媒主客二分的静态、僵化局面。博客主要是我说你听、我写你看的被动局面,它没有引发传媒的革命在于仍然是主客分离的状态。而微博的特点是一个事件多点描述。一个事情经多个切入点来描述,就像核磁共振的立体扫描一般,许多事件的形态就更加丰满、更容易接近真相或本质了。

这样的能动性使我们在承认媒体话语霸权的同时重视到个人力量的抗衡。个人在新媒介中的角色定位取决于个人的选择,选择这一行为本身就突显理性的作用,同时体现出自主、开放和自律的理念。在日趋成熟的网络文化中我们越来越多地看到并关注这一精神的显现,一种新的文化从中孕育和萌动。有学者曾预言,"网络化个人电脑的出现,意味着一场媒介革命的来临——作为大众传媒之王的电视将寿终正寝,通过大批量复制信息而大批量复制无个性的人的大众文化将逐渐消亡。个人电脑造就的是一种崇尚少年精神、鼓励越轨、强调创造性的个人文化,它使中年期和更年期的文化返老还童,社会成员将像汤姆·索亚那样在不断历险的寻宝中体会到一种'孤独的狂欢'。同时,人与人的交往抽象为机与机的交往,人类浪迹在虚拟的世界里,远离大地和尘土。这是另一种意义上的'孤独的狂欢'"。① 如今,越来越多的人有了这样的体验:当自己独自面对机器时,我们的身体被暂时搁置

① 吴伯凡:《孤独的狂欢——数字时代的交往》,中国人民大学出版社,1998年。

在一旁,我们开始用我们的思想去触及没有生命的机器,机器使我们沦为半机械人,而我们却乐此不疲,非常自我的沉醉其中,因为在我们被役化的同时,我们似乎觉得自己成了主人。

过去人们坐在沙发里无须自我思考,不用自我判断,只要按动电视机的遥控器就可以平静、安全、毫无风险地把媒介预先设置好的意识、观念欣然接受下来。而现在人们用鼠标点击界面和菜单,完全依据个人的选择和喜好表达自我、张扬个性。比如木子美、芙蓉姐姐等,她们极具个性的另类思想回击了大众文化的千篇一律和一味模仿。

从这个意义上说,新媒体在实施自身话语霸权的同时构建出一种创新、理性、个性化的文化,这是它积极的一面,也是技术对文化在价值理念方面的修正和补偿。人类并不像波德里亚想的那么绝望,"从传播的观点看,新媒介这些年也带来了诸多变迁的征兆:一是社会与文化的藩篱重新获得注意力;二是政治传播模式的潜在变化,'旧式'的训示方法似乎不再适用;三是'共同的'公共领域有衰落的迹象,共同文化模式呈现出分裂的态势。"[1]

过去鸿雁传书,如今短信传情;曾经"沙发土豆",现在"鼠标土豆"。我们从广播、电视进入到互联网时代,从转发传统媒体的东西到自创论坛,再到博客、微博,如今传统媒体已经开始在微博上获取消息来源,这样的轮回看似简单,其中的意义却并不一般。

新媒介的产生机制和实现模式有着与众不同的哲学意味,最突出的特征是主体的构建发生重大变化,从主—客体的二元对立走向互动、交流,并由此产生一种话语系统和实践理性。

首先,从产生机制上说,新媒介通过一系列符号和代码,也就是我们常说的计算机语言构建起来,并生成一套话语系统。许多后现代理论集中探讨主体构建过程中语言的作用,索绪尔认为,语言的任何用法都是被文化和历史所决定的。更进一步,巴尔特对日常经验及其意识

---

① Denis Mcquail:《最新大众传播理论》,陈芸芸译,台湾韦伯文化事业出版社,2001 年,第 152 页。

形态构成的过程进行了祛魅分析,他要揭露隐含在所谓的自然性之下的语言的人为性和意识形态性质。新媒介话语作为一种技术文化现象是技术变革和资本主义重组的产物。"话语的权力作用就是对主体与支配结构的关系作如此定位,使那些结构因此能够对他或她发生作用。"①从传播学原理来看,媒体之所以拥有这种话语霸权是因为它拥有议程设置的功能。根据沃纳·赛佛林等人的观点,"媒介的议程设置功能就是指媒介的这样一种功能:通过反复播出某类新闻报道,强化该话题在公众心目中的重要程度"。② 媒介的话语系统日益制约并塑造着我们对世界的感知、情感和价值观。新媒介弱化了作为信息中介的性质,突显出对意识形态的控制,这种权力是看不见的,它隐藏在机器背后,形成自己的话语霸权。面对新媒介衍生出的"符号暴力"我们无处藏身。由此我们看到,在媒介面前我们不仅被异化,同时还受到以符号、代码为代表的无形的权力控制。

其次,从实现模式上说,信息高速公路使信息流加大;传播速度的加快为人机对话和人与人的即时交流提供可能。新媒介应用双向去中心化的交流方式使主客二元式的本体论框架和认识论结构被消解。电子媒介既改变了人与世界之间的关系,也改变了人与人之间的关系。一方面,人与世界之间的传统关系颠覆了,在虚拟现实中人就是世界,世界就是人;传统的社会秩序被消解,网络空间中奉行的是民主和自由。在这里没有中心,或者说所有的人都是中心,而且稳定的、固定的个人身份等也不再存在。另一方面,网络空间中的音讯不再受到牛顿式空间的限制,距离和边界变得无效,瓦解了地球的区域性特征。人与人之间的关系既近又远,以电脑界面或窗口来维系关系,交流方式发生根本变革。

---

① [美]马克·波斯特:《第二媒介时代》,范静哗译,南京大学出版社,2005年,第84页。

② [美]沃纳·赛佛林,等:《传播理论——起源、方法与应用》,华夏出版社,2001年,第246页。

有学者称:"口传媒介的时代属于'贵族文化',印刷媒介的时代是'精英文化',播放媒介时代是'大众文化',至于数字媒介时代则是'个人文化'"。① 关于"个人文化"的概念和阐释,学界至今还没有定论,但新媒介正在造就一种新的文化,这已是不争的事实。它将过去的征兆变成了现实,使我们对新文化抱有幻想,以至于轻易地忽略新文化暗藏的玄机。正如一位媒体观察家所言:"新媒体是新旧文化价值在新的技术平台上整合的结果,是在新技术背景下新旧媒体在竞争中合作的产物。我们必须认识到:媒体的新旧是相对的,思想的源泉却必须是常青的。分众并不意味着散漫无羁,个性化并不排斥规范和共识。"② 新媒体正在用它特有的模式构建着新的媒体生态环境。

数字化的生活给人带来不同以往的获取信息、交流和日常生活体验,成为当下日常生活的重要方式。网络媒介开启了全新的媒介时代,它把惯于坐在沙发上的电视人(美国学者称之为"沙发土豆")拉到了有鼠标的电脑面前,我们只是一个个"鼠标土豆"而已。不过"土豆"也有着自己的生存和娱乐方式。麦克卢汉将媒介的变革解释为从"村落化"到"非村落化"(都市化)再到"重新村落化"。对我们来说,"重新村落化"也许就是个人文化的时代,也是"孤独的狂欢"时代的到来。美国学者威廉·德里谢维奇说:"如果说厌倦是电视一代的普遍情绪,那么孤独就是网络一代的普遍情绪。"一天看 6 小时电视使"沙发土豆"尽管无事可做也无法体验到闲适,而"鼠标土豆"尽管只是一个人孤独地坐在电脑面前,而他却面对和拥有整个虚拟世界,这是属于一个人的狂欢,是一种孤独的狂欢。

① 张志伟:《媒介革命与知识分子地位的演变》,《中国教育报》,2001 年 5 月 24 日。
② 吴征:《告别荒漠——新媒体与精神生态重建》,鲁枢元主编《精神生态与生态精神》,南方出版社,2002 年,第 134 页。

## 暧昧的景观

由于文化传播的媒介技术发展日益强劲,由此引发的文化景观已成了当下我们日常现实生活的重要形式,这在当下中国的网络文化中尤其明显。于是,我们有了各种"门"、"客",有了穿越,有了网络文法,有了人肉搜索,有了被动态,等等,这些网络现象共同编织一道新的文化景观。

门系列——以小见大。从"水门"到"拉链门"再到"艳照门"事件,不难看出媒介"门"系列从宏大的政治叙事转到涉及个人隐私的小叙事的态度。这些资讯不再是一时的娱乐消遣,从传输者的初衷来看也许只是让别人共享一种猎奇心态而已,可一经新媒介的过滤,它的叙事目的和性质就会发生改变。任何"门"事件会很快在网络和社会中掀起一股狂潮,一时间就这一事件涉及的法律、社会、道德、政治,以及对媒介自我的反思等严肃话题充斥到社会的每个角落,使网络成了深度思想的集散地,甚至有让位于精英话语之嫌。当然,门事件的嬗变使它离政治越来越远,而向纯娱乐和消遣倾向发展,它有时反映出人的偷窥心理和变态、扭曲的审美观。

被动态——不情不愿。近几年来,与"被"相关的新生词汇不断涌现到我们面前,像"被自愿"、"被就业"、"被自杀"、"被增长"、"被幸福"等,其中有些词甚至成为日常生活对话、媒体中出现频率极高的词。这一现象反映的是在某些媒体的相关报道中,受众在不知情的情况下被媒体强制性地、武断地填充某一报道数据,受众失去了表达自身意见的主导权,受众无法代表自己表达感受的现象。由于引用的数据和判断与广大受众自身对该相关事件的认知存在强烈差异,受众对媒体的报道产生了逆反心理,于是将这类涉及自身的"代表性"报道调侃为自己"被××"了。话语权的失衡使受众有了强烈的压抑感和对媒体的不信任感。这是一种对人格的漠视与践踏。同时,它也是弱势群体边缘化的表现。哈贝马斯认为:"(公众)是一个更具有包容性的概念,它的成员是所有私人身份的人们,他们只要拥有财产,就作为读者、听众和观众而通过市场享用那些可以进行讨论的对象。受过教育,所讨论的问题之为'普遍性'……,它们必须是人人都可以参与的。"我们目前还没有针对公民新闻参与者身份的详细调查和统计,但现阶段中国公民新闻的参与主体依然以城市居民为主,网民并不代表公民。这表示公民新闻报道主体的比例失衡,农民以及其他弱势群体仍然只拥有"被观察"的资格或"被忽略"的可能,而其主动权则缺位了。

客时代——反客为主。网络技术提供了不同于现实环境的虚拟空间,网民可以相对自由地参与其中并和其他网民发生关系。网络的"客"文化发端于"黑客",反映的是网络虚拟空间里网民的一种交往方式。黑客、闪客、维客、奇客、数字朋克突出了技术性极强的特点,而掘客、威客和换客以分众为手段,积极吸引网民参与交往活动,他们一方面是网络虚拟空间的看"客"或过"客",另一方面又是自己所在"客"文化里的主人和"意见领袖"。这样的多重角色和角色的不稳定性非常形象地消解了过去的主客体二元对立的局面,造成反客为主、主客体互换或重构。有学者认为网络"客"文化具有独特的正面功能。首先,推动网民草根意识的觉醒与公众个性的解放;其次,推动文化空间话语权的分享与公共领域的重建。然而,尽管以"客"自居,但仍有精英垄断话语权的特质。布迪厄认为符号权力"是在实施这个权力的人与接受这个权力人之间的权力关系中、并通过这种关系得到界定的,也即在再生产信仰的场域结构中得到界定的"。一些人试图在虚拟空间中划界圈地,在号称"草根"的博客圈出现了"平民"与"精英"的分野。各大门户网站博客和新浪微博的排名榜上,名人、明星永远是绝对的赢家,处于塔顶的各个领域的精英们往往会影响公众对待事件的态度以及行为,也带来更广泛的社会效应,某种程度上消解了其他网民的话语效度,在网络公共空间形成一种新的强权。

恶搞有理——隐性对抗。"一个馒头引发的血案"使国人知道了恶搞这样一种娱乐形式。它通过戏仿、反串、拖沓、变脸、脏口、排泄等贬抑夸张的形式,用一种全新的娱乐、调侃方式来实现对主流文化秩序的抵制。这种形式表面看起来滑稽夸张和幽默可笑,但往往在恶搞的背后隐藏着对现实的不满和思考。它在对当下意识形态或社会现象的隐喻和讽刺之中获得吊诡的快乐,在看似无厘头之中突显内在的逻辑性和意义的影射作用,因此具备很多的理性成分。除了制造乐趣,恶搞自娱还承担着"寓讽于谐"的间接表意功能。针对2009年以来多起监狱中疑犯"离奇死亡"事件,有网友将多个网络热词联结起来,编出"连续剧"《看守所的故事》,其中包括"躲猫猫"、"喝水死"、"噩梦死"、"纸币开锁,鞋带上吊"、"精神病发作死"等情节,看似无厘头却讽刺味十足。

下流星雨——喜忧参半。从"天仙妹妹"到"犀利哥",从中国最美丽女教师到最靓的公交美眉等,中国大众文化的造神运动一时如火如荼。然而新媒介层出不穷的兴奋点和大众的审美疲劳,使一批批有个性的"哥哥"、"妹妹"、"姐姐"们一夜成名之后,又迅速在我们的视线和记忆中褪去,犹如一阵阵划过天空的流星雨一般,充分让人体会到媒体的影响力和审美快餐化。布克-穆斯在讨论本雅明的《拱廊计划》时提到,马克斯·韦伯强调现代性进程乃是一个世界的祛魅过程,而本雅明却进而发现资本主义工业化的进程带来了世界的返魅。作为这种工业化结果的大众文化,也正在使一种神话力量获得再生。① 然而,造星运动的失败使人们重新祛魅,重新相信不是任何人都可以成为明星或神,大众文化的草根意识逐步分化。

人肉搜索——网络暴力。近两年,互联网上的这一概念使人联想到福柯提到的"全景监狱"这一术语,它反映出一种与国家层面相对的日常生活层面上的权力系统。新媒介通过数据库等技术手段侵入社会空间和私人领域,并将个体的身份公开化,置个体的意志、意愿和感情于不顾,通过触犯和侵害个人的隐私权来实施多人对某个人的道德审判。它具有很强的网络暴力倾向,表达出人们通过文化暴力手段对现

---

① Susan Buck-Morss. The Dialectics of Seeing:Walter Benjamin and the Arcades Project. MIT Press,1989:253 – 254.

实文化生态进行干预的愿望。当大众文化使崇高和猥琐、公共与私人、应然和必然,甚至正义与邪恶的界限都变得模糊不清的时候,新媒介通过这样的方式使某些被大众文化消解的价值观念重新复原和予以纠正。但是,网络博客、哄客等群体不断推波助澜,各种各样的虚假信息和夸大的炒作行为遍布网络,网民群体激化使互联网成为了集体对骂的"舞台","人肉搜索"等网络手段也最终由道德维护的力量转化为网络虚拟暴力。它折射人们社会责任意识的下降,以及对话语权力与知情权的滥用。在网络传播之前,大众传播一直是少数人和少数媒体所拥有的特权,信息的发布掌握在部分人手中。在网络传播活动中,尽管普通大众还没取得与大众传播机构完全平等的传播权,但话语权却得以在更大范围内行使,公共话语权得以重新建构,然而网民法制意识的淡漠也使网络成了虚拟暴力的重灾区。

集体打虎——真实谎言。这是迄今为止由网民所推动的一次最大的政治事件。在传统媒介下,周正龙虎照事件被反复质疑是绝对不可能的,而新媒介使质疑变成了透明的民意,质疑在传播、接受和追问中像滚雪球一样越来越大,并最终被政府注意并回应。对政治事件的介入使网民这一概念多了几分参与和民主的政治内涵,它与大众文化政治淡漠化和娱乐化倾向形成鲜明对比。毕竟像美国人克里斯·奥布瑞顿之类的公民记者鲜见,自然网民的浏览带有一定偶然性与非主观选择性。传受双方共同的不确定性加剧了这种传播形态的失误与失衡,不仅带来了受众信息接收的断续化、碎片化,同时也给媒体从网上获取新闻信息造成贻害,于是真实与谎言之间变得游移不定、模糊不清。

网络文法——时代文盲。网络文法,顾名思义是网络产物,发明者无从可考,走红轨迹也众说纷纭,尽管只是一个字,比如"囧"、"槑"、"夭"等火星文,或是一组句法,比如"史上最牛"、"××不是××,是寂寞"、"每一个××都是折翼的天使"等,然而一夜即红、来之迅猛的态势使许多时尚人士在不知所云中被边缘化,所以 OUT(出局)就成了网络达人调侃他人的惯用语。事实上,这些文字、语法之所以被广泛应用就在于它看似平常却有深刻的内涵,它极富创意地表达出了网友的心态。随着网络的不断发展,许多网络热词井喷而出。"躲猫猫"、"欺实马"、"贾君鹏"、"偷菜"、"被××"……继 2008 年"囧"、"槑"、"玊"等火星文和凡客体等走红后,2009 年新一批流行短语呈风靡之势。这些热词构成了独特而又蔚为壮观的语言景观。当某句话、某个段子在小群体内受到热捧时,可能就会"走的人多了,也就成了路",在网络上逐渐风行。首先,网络热词的话语结构中含有不少插科打诨、嬉笑巧骂的成分,或者"大话精神",这正好满足了网民们的娱乐化需求,给他们带来"欢愉爆米花";其次,网络热词表达了人们日常生活的感性体验,和对社会、时政价值理性维度的意义追求,它在公共平台的传播迎合了民众意愿表达、情感宣泄的需要,引起人们的共鸣。基于此,媒体将网络热词纳入议题范畴符合传播规律,也符合媒体、民众共同的利益。从文化形态上讲,网络热词就是大众文化文本和非主流形态的结合。它被大众消费并非是无原则的喧哗,而是折射出普遍化的现实愤懑或寂寞无味的文化表情;同时它与意识形态脱缰,以自由解构的精神瓦解着正统腔调的严肃性,挑战权力阶层的话语霸权。因而大众化、颠覆性的网络热词兼而有之。普通民众的话语权被释放,得以更多地凸显,打破话语被垄断的局面,走向文化多元主义。到如今,多种话语形式的存在、争论和融合在一定意义上成为了对政治、市场利益两种导向的话语纠偏。哈贝马斯"公共领域"理论有个核心价值观——文化多元主义,它既要求和鼓励个人生活的多样化、社团组织的多样化,更要求满足和宽容思想的多元化,提倡代表不同利益、来自不同背景的思想共存共生,造就社会生活参差多态的面貌。"非主流"在以往是指上不了桌面的边缘化的事物或观念,而今新媒介上的网友们抱着一种"引人注目"的心态,在这个逻辑前提下,"自恋"、"出位"等词汇不但不是批判,甚至成了溢美之词。

集体回忆——思想共鸣。有段时间对英语教材的回忆在媒体上一时引发了无数人的回忆,那种共鸣不是对教材本身的关注和回味,而是对这一事件所在的那个年代、那些属于许多人逝去的光阴的回忆。之所以会出现这种现象的原因之一,就是民众存在着对新闻事件、日常生活看法的表达诉求。表达权人皆有之，人们的观点需要借助相应的话语体系和言论平台"兜售"出来。而网络刚好为公众提供了"观点自由市场"的技术支持和操作平台，也为个体的个性表达提供了便利，它实现了从个体影响到立体几何形式的扩张，某些个人代表性的观点会演变成一种"集体表达"。群体中的个人会表现出明显的从众心理，勒庞称之为"群体精神统一性的心理学规律"。事实上，网络流行语言也是群体意见"最简易快捷的另类表达"。

穿越无限——虚拟文本。"穿越文"是当今很流行的一种小说题材。百度百科对这一词条给出了貌似"学术化"的解释："穿越文是指当下网络小说最热门题材的一种。其基本要点是，主人公由于某种原因从其原本生活的年代离开，穿越时空，到了另一个时代，在这个时空展开了一系列的活动。"穿越不只是出现在小说里的现象，也是每个怀有幻想的少男少女的梦。这个梦在现实中不会出现，但穿越小说会让其幻想虚拟实现。"穿越"是时下的热门词汇之一，以其奇妙、刺激、未知等特色吸引了不少看客，也在人们心中种下了有关穿越的梦想。毕竟，如果能摆脱一些禁锢，在几乎毫不相干的时空之间来回穿越，碰到几桩奇遇或是施展一己才干，是非常奇幻和诱人的事情。于是，穿越成为了一种流行，也成了虚拟文化在现代文学中的最新体现，各种以穿越为题材的电影、电视剧等更是层出不穷，收视率也奇高。穿越不仅仅是跨越时空，从现实到游戏、从现实到异时空、从虚拟世界到另一个虚拟世界等也属于穿越。人们常有的穿越梦——通过某种通往过去、未来的方法，自由穿梭于时空之中：通往过去首先真切地再现历史，然后试图通过某种手法来改变历史；去往未来则预见以后会发生的诸多事情，然后回到自己的时空当先知。当然，穿越还不止回到过去和预见未来，还可能发生架空型穿越，即穿越到一个与现实毫不相干的世界中，各种动漫、游戏的同人穿越即属于此类。但大多数的穿越都属于突发事件，即在毫无知觉的情况下通过某种宝物或借助某种神秘力量就直接穿越了，而这往往是当下的地球文明力所不及的。从某种意义而言，现在流行的穿越是一种精神出轨的模式，如曾经热播的《神话》、《宫》和电影

《阿凡达》等,无一不是通过穿越来寄托人们的美好希望——弥补过去或现实的遗憾,超越未来的困难。穿越营造的是"梦中说梦两重虚"的意境。人人都想穿越,而穿越与现实毕竟是两码事。有的穿越仅仅是灵魂穿越,有的则是身体灵魂一起穿越。穿越文的出现,正是作者把自己对异世界的幻想文字化的结果,而这些理想世界中,又投射了作者很多现实生活得不到的渴望。穿越时空并改写过往,激发出涌动在人类基因内部的本能情绪。同时,穿越不止体现在小说和影视方面,我们也可在歌曲中领略到穿越的魅力,比如原创歌曲《梁山伯与朱丽叶》,一个是中国四大民间传说中的人物,一个则是16世纪莎翁笔下的英国女青年,当时间与空间大不同的男女人物交错在当下时,梁山伯的另一半成了朱丽叶,而罗密欧的另一半则成了祝英台。乍一看以为是对经典的一种恶搞或是历史的错乱,但仔细静下心来听完这种歌就会发现,这首歌所传递出的信息不仅是对爱情的渴望,更是一种男女主人公因地域、年龄、地位或其他所造成差异的情况下对爱情的执着、坚守。

雅俗无疆——审美异化。对于网民而言,能让他们该玩的玩、该闹的闹这是硬道理,学者看重的雅俗之分在这里的界限模糊了。很多的东西以前看着挺雅,现在看着挺俗,反之也能成立。于是大俗与大雅不再作为判断网民审美情趣的一个特征。比如中国网络界号称"大俗大雅"集大成者的芙蓉姐姐,几年前如果你用"倾国倾城"笑话她外表俗的话,那么当2009年她端庄地出现在北大讲坛上,你突然发现她变得优雅和脱俗了。事实上芙蓉姐姐这些年的言行举止没有太多的改变,只是你的眼光在潜移默化中被操纵了。广告的媚俗本是世人皆知的事,它常常会将商品和生活质量以及人生轨迹联系在一起,但其中某些联系多少让人感觉牵强甚至不合逻辑,然而正是这种逻辑上的不成立和广告词里理直气壮的语气给人带来了啼笑皆非的"笑果",也让人对其印象深刻,广告的目的达到了,"大俗即是大雅"再一次得到印证。于是,人们掌握最领先和最敏锐、时尚的工具,获得最全面和前沿的资讯,却过着最封闭、最自我的"宅"生活;人们创造和掌握最难懂的语法,却使用最简单的语言。

总的说来,大众传媒对现实的再现很多时候是在修正和重塑之中进行的。在这种修正和重塑中,现实的景象也就不自觉地被魅化了。作为中国网络文化的新形态,它的滋生与泛滥造就了当前中国文化"返魅—祛魅"共生的景观。从机械复制艺术初期对"灵韵"的消除,到大众文化的"返魅",再到新媒体文化中的"祛魅",这一组轮回无形中暗示了当代媒介文化对社会文化形态的重塑价值。从波兹曼在传统媒介中发出"娱乐至死"的悲观情绪到巴尔特在"作者之死"之中看到的解放的希望,就是要打破日常经验中那些习以为常的观念,借助于能指和所指关系的解析揭露符号和社会潜在关系,改变人们看待世界和看待自身的方法,从而影响社会的文化秩序。从这个意义上讲新媒介似乎印证了这一思想:新媒介以不同的主体建构方式消解了当下的大众文化。

## 幸福的纠结

美国皮尤研究中心 2010 年对 895 名各行业专家、学者的一次调查表明,81% 的被调查者认为互联网增加人类知识,使更多的人获得更多的求知机会。然而,宏观层面上的知识共享和增长并不能直接推导出技术对个体的影响,正如美国学者尼古拉斯·卡尔描述的诸如无法集中注意力、深度思考和分析能力萎缩等都引起了网友的共鸣和注意。新媒介让人类幸福并纠结着。这种纠结是指一种矛盾或两难境遇,它在网络空间表现得淋漓尽致。新媒介提供一个让人爱恨交织的网络空间,人类在感到前所未有的自由同时也感到了从未有过的压抑和窒息,人类就在这样的博弈中尴尬前行,内心的纠结可想而知。这应当说是当代的一种文化困境。

新媒介的交流与互动,使主体的地位和性质发生改变,势必会对人们的交往方式和社会形式带来明显的变化,从根本瓦解二元主体对立的情形,使生产者和受众的边界模糊、权威受到质疑。新媒介受后现代思潮的影响,由于其主体的多重、不稳定而成为现代性的抵抗。它所蕴含的哲学意味与后现代主义的精神有着惊人的相似之处:去中心、多元化、异质性、反本质主义、碎片、延异……

曾经以为,技术的进步提高了人们的工作和生活效率,使人从劳动中解放出来,有了更多的休闲时间,但事实上"当劳动自动化过程给工人带来更多休闲时间并创造更多自由时,它也使个体日益依赖于机器,从而导致异化的加剧"①。波斯特转引海尔斯的话认为,因特网不仅是"技术性的"而且还是准机器性的;构筑人类与机器的边界,让技术更吸引人类,把技术转化成"用剩的设备"而把人转化为"半机械人",转化为与机器唇齿相依的人。② 波德里亚也认为这是一个受代码的数字逻辑所支配的社会,只有死亡才能逃脱代码。哈贝马斯认为,现代社会的根本问题是系统的运行逻辑侵入了生活世界,造成了生活世界的内在殖民化。

早些年,技术压力专家菲利普·尼科尔森曾提过一个问题:假设你现在必须在切掉一根手指和余生放弃使用计算机两者之间做一个选择,你会选择什么? 反复的随机调查表明,三分之一的人宁愿放弃一根手指。所以戴维·申克在《信息烟尘》中说:"麦克卢汉曾说过技术是我们身体的延伸,现在我们知道了如果这一逻辑发展到极致之后会发生什么,放弃使用电脑等同于截肢。"此刻,人们成了技术的延伸,技术离开人它仍然是技术,而人类离开了手机、电脑或电视等信息媒介工具,许多人都会得恐惧症,像丢了魂一般。弗里德里希·基特勒在《硬件,一个未知的本质》一文中分析了硬件的意义,认为硬件说明软件的条件和边界,是某种世界的可能性和不可能性的决定者。任何一个复杂的程序都是从众多实行之路中提炼的。在程序开始执行时,所有的

---

① Best S,Kellner D. The postmodern adventure. Guilford Press, 2001:215 – 217.

② [美]马克·波斯特:《第二媒介时代》,范静哗译,南京大学出版社,2005年,第38页。

实行之路都是对现实开放的。但是每个连续使用者逐渐减少这些开通之路，直到最后只有一个能够实现。可见，由使用者的交互作用决定的执行程序就是可能世界的实现。正如虚拟实在系统一样，"生命之地"的可能世界的整体是交互的。从理论家们的言语中我们多少读出了技术对人的役化和人类的无奈。

于是，在网络空间出现了致命的诱惑——选择的多样性和多元、开放的态度。莱布尼兹认为世界有许多可能的世界，上帝只不过是选择了最好的一个成为现实。所有这些可能的世界就如同上帝的想法一样，只是概念性的存在。可能世界的整体是逻辑组织系统（如数学定理体系一样）组成了对人类研究有用的概念结构。莱布尼兹的"可能世界"和"二元逻辑"为构造"虚拟仿真系统"提供了哲学的理论基础。

于是有了碎片化的痛楚——一方面技术让人与更多人的接触，另一方面我们的文化却经历着同情心的下降。人们经常会抱怨"80后"、"90后"的冷漠、缺乏同情心。其实，错不在他们，真正的源头在于技术的开放与兼容。以前，根据 Facebook 营运总监提供的数据，其用户主页上平均每个人有 120 人的朋友链接，现在这一数字已上升到 130 人，离"邓巴数字"即人类大脑只能支持 150 人的社会关系越来越近，人的情感与精力、时间都是固定、有限的，分配在那么多人的身上就只有一星半点了。所以这样的人际关系多半只是浅层、表面和临时的互动而已。戴维·申克在十几年前曾提出过信息时代的"碎片症"概念：它是一种认知障碍，源于个体在不间断接触片断性信息和世界时感觉自己被切断了与一种整体感之间的联系。"这种互联网对个体自我造成的悖论——一方面越来越广泛的联结，另一方面个体之间却比以往任何时候都更加孤立"，"我们享受了超级联结状态的种种好处，但是碎片化、压力、注意力涣散也将如影随形"。

于是有了情绪的狂躁和失控——外在的物质机器通过技术改造了人们内在的自我，技术在人性和自我中的内化过程正改变着人类对外界的感受力。这一思想也是美国麻省理工学院谢里·特尔克在她的《技术装置的内在历史》中的核心思想。新媒介给了人们随时随地进行联系和沟通的能力,所以人们的情绪控制能力严重退化。以往人们有了某种情绪或感受会想到要看看书、听听音乐或打打电话,而现在新媒介的虚拟生活则让人们成为某种体验的消费者:去开心网偷菜以寻求刺激感,去人人网聊天体会同学友情……诸如此类。人们想要的只是体验某种感受。谢里·特尔克说:"快速回复、多任务处理甚至已经取得了文化价值上的地位,被看做有能力的表现。在效率原则指引下,我们否认长时间专注于同一件事情的价值。15 年前,倘若一个同事在与我面对面谈话时突然开始阅读一封私人信件,我会觉得受到了冒犯,而现在,如果一个电话打到他的手机,立刻接起来才符合行为规范。"快节奏、松散的网络化生存模式不仅影响到人们的生活方式,还重构人们的思考方式,充满创意却缺乏凝练与耐心。在富士康自杀事件、校园及幼儿园血案等极端暴力事件中,当事人缺乏情绪控制能力是事件的最直接原因。其实,对社会不满、犯罪和自杀现象在任何年代和任何国家都会发生,但是现代人的犯罪或自杀原因往往简单得近乎肤浅,手段却疯狂、残忍,这种现象不能不说是快节奏生活方式下人的情绪失控和媒体对暴力的过度渲染所致。莱布尼兹曾经这样设想:"……我思考出,必然会创造出一种人类思想的字母,通过由它组成的联系和词的分析,其他一切都能被发现和判断。"他从哲学上总结和概括了符号逻辑思想,一种通用语言能使所有的人类观念和争论译成一套相同的符号,这就是他所建构的普遍文字思想的中心内容。而在虚拟实在的原创性思想中也遵循这样的一种思想理念,不同的机器语言输入最终翻译成计算机可识别的语言,即"0"和"1"。因为莱布尼兹的普遍文字的基础就是二元逻辑,通过这种通用的二元逻辑最终建构人们的虚拟实在思想的基本内容。但莱布尼兹自己当时并没有意识到普遍文字恰恰是构成今天虚拟实在思想的基质。虚拟实在的根源在于它将人类知觉的符号化、数字化,而"数字化"的直接后果便是对当代知觉环境的重构。延伸到今天虚拟实在的远程显现使莱布尼兹的"可能世界模型"思想在虚拟实在系统中得到体现。社会容易淹没人,而新媒体更容易让人沉溺与迷失。社会强大的开放与包容性使所有好与坏都充斥在人们眼前,选择成为人们生活不得不面对的事情,然而选择又是更加痛苦的过程。

在新闻报道中我们看到真相的不可及——媒体客观性的疑问。媒体所暗含的导向性往往是隐蔽的,媒介"似真性"的报道都是"被中介过了的现实",它与"原生态现实"还是有一定距离的。事实上,新闻的编排取舍多少会受到意识形态或记者个人的价值观的影响,即便是微博这样的草根形态,由于它的多切入点和多人、多角度也会使事物复杂化,正如一千个人眼中有一千个哈姆雷特般,这时你会发现事情的真相模糊了,事情本身模糊了,所以时下年轻人常用一个词"貌似"。真相或真理只能无限接近却永远不能重合。例如,富士康员工的连续自杀事件,媒体有着不可推卸的责任。首先,媒体"连跳"字眼的运用缺乏严肃和深切的人文关怀,从中可以窥探到报道者游戏、猎奇的心态。其次,媒体的侧重点太过于揭露富士康公司的阴暗面,缺乏对员工及受众的正面引导和心理疏导,使当事人和旁观者在濒临崩溃的边缘看不到希望。

在网络空间我们发现了真实的背离——对"真实"进行拷问。以前的"真"与"实"是统一的,而现在是分离的,例如虚拟是真的却不是实的。对于生理学家和心理学家而言,一个物理上真的对象是能够被其他对象确定(检验)并且它的运动也是能够被直接的观察者通过感知而追寻到的。但是,当我们在移动计算机的影像和文档时,能够说图像或影片在以同样的物理方式移动吗?当然不能。其实,虚拟不是不在场,也不是不能够被我们描述。虚拟的文档移动了,而且通常能够被计算机用户修改,因而它也是真的。因此,有形的、现实的为真的现象不再是实在与真的唯一表现,真与现象的逻辑同一性就被打破了。正是这样,我们才会认为,虽然虚拟的各种重要的形式不是有形的、具体的,但它们对于我们的生存却是本质和必要的。尽管虚拟只是保留了"质"的一些东西,即"几乎如此",但还是具有了自身真实的实质。虚拟的定义即"本质上如此而不是现实的如此",虚拟强调的是与具体、现实对立而不是和真实相对立。相反,虚拟是真实的一部分。也就是说,虚拟是观念的但不是抽象的,是真的但不是现实的;虚拟是一种观念的真,就像人的记忆一样;虚拟是"几乎如此",而现实是"现实的如此"。通过虚拟,我们可以推出真也不等于现实,即真的不一定是现实的,但现实的却一定是真的。所以,虚拟的世界不一定是现实的,但确实又是一种真正的存在。

说到"虚拟"这个时代的热门词,它也是当下文化的关键词。在3亿多的网民中,很多人见面时的问候语从现实中的"吃过没有"蜕变为"魔兽了吗"抑或"偷菜了没有",网络虚拟生活已经成为国人乃至世人一种重要的生活方式。美国学者迈克·海姆写过一本关于虚拟实在的书籍,大约10年前引入国内,引发了国内学者关于"虚拟实在"的研究和讨论。但由于当时国内的信息技术尚未普及,网民数量稀少,所以他的书和这场讨论未能引起社会的轰动。如今恰逢读网时代,我们重拾"虚拟实在",重新探讨它的形而上以及与"虚拟"的区别和联系,这是因为"虚拟"是我们在谈及当下文化时绝不能回避和忽略的问题。

虚拟是人类与想象类似的一种心理活动,是人类心理天性中对自然以及社会引发焦虑的克服,是对自我意识存在的一种确认。作为一种文化实践,它在人类的历史长河之中从未中断过。我们在古代的神话、游戏、宗教、文学艺术作品中都能看到虚拟的存在,虚拟承载着我们的文化。正是虚拟通过文学艺术甚至游戏、宗教仪式等多种文化形态完成历史和传统文化的传承,在时空转换、人物离在中体现人的超现实性与创造性。虚拟之中有大量想象的成分,想象与记忆、推理共同构成人类知识的来源(培根)。如果想象仅仅停留在心理层面就不会成为一种文化实践,而想象如果借助一定的表现形式就会成为一种文化。事实上,虚拟也是一种人类希望和欲望的投射。正如弗洛伊德和马克思都曾认为上帝是我们最深层次的希望和欲望的投射,虚拟作为主体的投射它克服了人类来自许多方面的焦虑,使人暂时获得身心的自由,并确认自我和自我意识的存在,其中对自身身份的觉悟与确认是虚拟的本质所在。虚拟之中的人物角色是一种文化身份的构建,角色的易变性决定了这种文化身份的不稳定性,真善美和假恶丑有了更多组合的可能。身份认同的变动选择以及对个体生命的认同权利是虚拟给我们的一种启示，它让我们认识到自身有着很多身份认同的真相与幻觉，每一个真相与幻觉又各不相同，那就是我们存在的方式，是我们生存必须面对的一种生活方式。

时下通常说到的"虚拟实在"与虚拟是有差别的，它是虚拟的高级形式。"虚拟实在"这一术语是由视觉编程语言的创始人兰尼尔(Jaron lanier)在1984年提出的，他的设想是"分享想象，生活在一个可以互相表达图像和听觉的世界。"也就是说依托特殊工具(计算机)与技术(虚拟技术)使视觉图像和感觉互动，营造出"捕获了大众想象力并改变了我们定义实在之方式的人工环境"。作为人工环境的呈现，它的结果是真实的，而过程则是虚拟化的。虚拟化过程要利用虚拟技术，而这种虚拟技术不同以往的媒介技术：首先，书面语言的存储发生了极大变化。现在，绝大多数的书面语言开始以数字形式存在。在数字的丛林搜索中，计算机负责处理创造和存取数据的线性诸过程，而人类只需进行类型匹配以及识别这些类型意义的工作。其次，计算机软件隐藏着某种导向性的东西。我们仔细研究一些专业的计算机应用软件就会发现软件是如何重新组织我们的思维过程的。比如，我们过去写文章需要确立主题、搜集资料，然后在心中打腹稿，之后写在纸上，再进行几遍修改。而今计算机软件已将大纲按标准框架列表出来，这时我们需要做的仅仅是将主题添加进去，并应用不同的链接填充资料，整个过程可以做到即时修改。当资料搜集相对完整时，文章的枝脉都有了，这时稍加调整，作品也就诞生了。从这个意义上说，计算机技术不仅帮助我们处理了日常工作和生活中的许多繁重事务，也在对人类的思想进行编排和处理。再次，从计算机界面到网络空间，这一进步除得益于莱布尼茨的构想之外还有一种新的逻辑在发挥作用。机器改变了逻辑对直觉的关系，亚里士多德创立的三段式传统逻辑让位于现代布尔逻辑。布尔逻辑以一种预设的提问方式展开，我们只要在"是"与"不是"或它给出的若干问题间做选择就可达到目的。这样，我们在多重选择的同时思维方式也从线型发展成多维，思维方式在计算机的控制下潜移默化地发生了变化。什么样的提问方式就会塑造什么类型的答案，布尔查询逻辑在用户不知情的状态下成为构建用户精神世界的工具之一，我们在不知不觉中接受了某种塑造世界的潜意识的思维方式。这恐怕也是我们今天"被增长"、"被恋爱"、"被捐款"等"被"字句型大行其道的原因之一。

书面语言从纸质变为界面再到网络空间，犹如人类搭建房屋：先是设计图纸，然后建地基和框架，形成一个空间，最后搭建成为一个人类心灵的暂时栖居地。海姆认为，从界面到网络空间标志着从虚拟技术数字化向虚拟实在的转移。公众对技术发展的回应暗含着一种感觉逻辑，这种感觉逻辑就是从虚拟到虚拟技术再到虚拟实在的体验。事实上，虚拟并非当代才有，它有着深厚的文化背景和哲学基础，这是包括海姆在内的许多虚拟实在研究者往往会忽略的。虚拟实在之所以可能，除了计算机这一机器和技术提供一个适宜的平台之外，更在于虚拟作为人类存在的一种方式，它是人类独有的、长期的和自觉的文化实践。离开虚拟去探讨虚拟实在的形而上是舍本趋末、缺乏哲学深度的。

虚拟不是虚拟技术的副产品，而是虚拟技术的文化背景。虚拟因技术而使其原有的意义扩散在虚拟空间之中。所以说，虚拟实在作为技术的产物，它植根于古典哲学的哲学体系之中，与新柏拉图主义的灵魂出壳理论异曲同工，即自己的意识从肉体中解脱出来，沉浸在电子数据流中，在一个人工的赛博空间中完成新的统一。可以说，从虚拟到虚拟实在技术再到虚拟实在，这一发展逻辑蕴含着从思想文化到现代技术再到另一层面的身体与思想的互动的辩证过程。这中间我们一方面惊叹人类思维的精妙，品尝技术给人类带来的福祉，同时也承受虚拟实在对人的役化。技术对人类构成前所未有的威胁，虚拟实在构建出一种"分离的身份"，美国学者哈拉维将这种身份称作"受控机体"，赛伯格的后人类形象瓦解了自然与人工、身体与机器的界限，提供了全新的变动混杂性。这样的赛伯空间使人在追求自由的同时丧失了一部分思想和身体的自由，它在某种程度上利用并扼杀了人们对自由的渴望。信息技术使人类知识量成倍增加，但它模式化、程序化的思维方式对人类深度思考和智慧的增长有着负面影响。虚拟原本体现人类能动的文化实践，但是经过虚拟技术这样的"过滤器"，人类的能动思想被限定在了一个机械的、有限的范围之内。就像工业化在解放劳动力的同时也把人的身体拴在了工业流水线上一样，如今人的想象力被纳入到一个预置的轨道，人们的思想已被网络空间设计。

虚拟技术被某些西方学者看做是上帝力量的一种延伸。上帝作为一种观念存在于人的内心，人是精神与肉体兼备的有机体。肉体受到时间和空间上的诸多限制，虚拟技术的实现改变时间与空间，在时空的转化中引领人的感觉，人"被虚拟"了。也就是说人的意识被下载到计算机之中，人逐渐被机器侵蚀以至消亡。就像海德格尔曾谈到语言对人类的影响时说："人们的印象却认为人是语言机器的主人。但事情的真相也许相反，语言机器把语言统管起来，因而也就控制了人类的本质。"人体知觉与人类知识密不可分，然而，当我们的知觉由机器与技术来营造和启发时，我们知识的可靠程度就值得怀疑了。我们渐渐明白虚拟和虚拟实在一个出自人类天性另一个却并非人类本意，作为中间桥梁的技术，它所反映的就是大众媒介与政治、经济的共谋。比如跨国企业的全球资本化、获取新技术的方式、监督和检查体制、软件的垄断等问题。晚期资本是通过形象和意义的流通来实现的，它不同于从前简单机械的商品流通。现代资本主义的主导地位已经不仅仅存在于工作场所，它已经渗透到社会的方方面面，不仅影响文化形式还改变人的思维方式与意识形态。电影《阿凡达》的魅力与巨大成功让观众领略到虚拟技术的神奇，有报道说这样的叙事风格有可能成为未来电影的趋势和发展目标。令人担忧的是，过于强调意识与计算机的关系或将虚拟与实在融为一体是危险的。道家讲究天人合一的理想境界，现代技术却探讨的是人机合一。然而，毕竟"我们都是肉身"，人类应认清并端正身体与技术的关系，所以海姆提到"技术道家"，希望将计算机的强大能量与人自身体内的潜在能量连接起来，他主张身体与身份同一的一种务实和谨慎的态度。

如果说，20 世纪技术的传播催生了现代化和现代主义运动，交通工具、通讯技术给人们带来了认识和感知世界的新途径,使人类一度对技术充满希望和信任,使人们相信生活只会变得更好,那么,二战的经历以及冷战中的斗争和核武器威胁,还有环境污染等问题就让人们感到了科技的背叛。当今网络时代,虚拟实在使心灵和肉体在自由的感召下放纵愉悦之时却越来越让人感到压迫和被动。当人们意识到危险进而开始反抗时却发现力不从心,因为计算机在无形之中已经改变了我们的心智、我们的生活,我们已像上了弦的发条,不断在习惯性的生活中疲惫前行,于是疯狂偷菜、痴迷游戏、沉溺网络成了我们挥之不去的生活阴影,"爱上它等于爱上危险"的歌词终于成了现实魔咒。事实上,我们不希望成为技术悲观论者,但是技术的使用和发展必须限定在一个范围之内,一旦技术失控,它就会给人类带来空前的灾难甚至毁灭,这正是电影《2012》以及许多灾难大片带给我们的启示。如果说虚拟曾书写人类的智慧和文明,那么今天的虚拟技术在把人类从"沙发土豆"变为"鼠标土豆"的同时,也在对我们的思维与思想重新编码。所以说,虚拟实在演绎的也绝不仅仅是技术故事,它秉承虚拟的想象与体验,投射给人类的是"美丽与哀愁"。

由克里斯托弗·诺兰导演的《盗梦空间》在美国上映,尽管票房情况不错,却被媒体称作是好莱坞"最难懂"的电影。男主角是一个拥有侵入他人梦境技巧的盗梦者,一个另类的商业间谍。他只要一台仪器、几根能输入麻醉气体的管线,在人熟睡之际就能"连线"进入人的梦境,给当事人造一个梦境迷宫,从而侵入并占领到意识深处。在这个过程中,各种各样复杂多变的关系开始展开,梦境与现实来回交错,观众甚至一时分不清到底哪里是梦境,哪里是现实。很多影迷看完后抱怨片中复杂的线索太多。同时,盗梦者营造的梦境迷宫全部是"非欧空间",判若一条跑不出圆圈的虫子。影片开放式的结局形成了一个分形结构,观众永远无法知道真相和答案……事实上,观众在欣赏影片时的困惑和迷茫恰恰就是对我们现实生活的隐喻。无论我们是否觉察,需要警醒的是:"连线"代表着当今各种新式的媒介技术,它对人类梦境的侵入正反映出技术殖民化的进一步拓展。试想连梦境这样隐秘的地方技术都可以侵入,还有什么是技术所做不到的呢。别天真地以为这仅仅就是一部科幻电影,事实上,虚拟实在利用机器和技术已完成了它对人类想象空间的侵入、改造和重建,能说盗梦离我们还很远吗?我们的思考方式正受控于技术使用价值的引导,因为网络技术是多向度、多维和兼容、开放的,所以我们影片的设计也使用了阴谋、爱情、死亡、记忆、名利等多条线索展开,同时开放式的结局也让人联想到无休止和无止境的压迫境遇,真相在解密的过程中变得更加扑朔迷离,于是事件越解越隐秘。就像我们想探究哈姆雷特的本真面目,但到最后每个人心中都有自己的王子,真相便不得而知。

托克维尔抨击道:"暴政对肉体倒是没有什么压制的,而直接压制的是灵魂。统治者不再说:你要像我一样思考问题,不然的话,你就得死去。他现在则说:你不用像我一样思考问题,你的生活,你的财产,你的一切都可以保存,但是从这一天开始,你在我们之中就是外人。"在这里,"统治者"换作受意识形态控制的虚拟技术依然成立。事实上,传媒与政府的结合程度是一个尚须进一步探讨的问题。现代化的西方文化被传媒自觉地推向世界,并成为全球化的方向,这其中隐含着超出传媒及其承载物的深刻原因。

现代性建立在理性原则基础上,现代性的危机在一定的意义上可以说是理性的危机。所以,它遭到了后现代的质疑,也使深受其思想影响的大众文化呈现出非理性、娱乐性、平面化和无深度的特点。现在,新技术的不断更新"已经拓展可传递信息的数量和种类,以至于文化领域中的质变可能即将到来"[1]。在新媒介对大众文化的不断消解中,"新的文化空间的各种构成方式都在发挥作用"。[2] 这就是理性的作用。从网络恶搞与"门"叙事背后所蕴涵的意味,到集体打虎中流露出越来越多的政治倾向,网民通过新媒介已经夺回了一部分话语权,露出

---

① [美]马克·波斯特:《第二媒介时代》,范静晔译,南京大学出版社,2005年,第27页。

② 同①,第32页。

了精英意识的端倪,使大众文化与精英文化有了重组的可能性,理性重新回来了。

法兰克福学派的霍克海默明确地回答道:"哲学的真正社会功能在于它对流行的东西进行批判……这种批判的主要目的在于,防止人类在现存社会组织慢慢灌输给它的成员的观点和行为中迷失方向。"虚拟的暧昧消解了我们的观念,同时,虚拟的暧昧也使得资本殖民变得更加隐蔽和狡猾。现实虚拟与虚拟现实的边界越来越模糊,虚拟实在通过技术和资本完成了对虚拟的背叛。新媒体带来的新景观引发了新型的思维模式,虚拟这种充满幻想和欲望的人类所特有的想象被固化在机器面前,当人类的想象和潜意识都受到他人操控的时候,人类究竟还能走多远呢?

5

技术的明天更美好吗

李 宁*

* 李宁,江苏省社会科学院哲学与文化研究所副研究员。

2010 年上海世博会的主题是"城市,让生活更美好"。在世博会看了一圈之后,我有一个感觉,就是它实际上诠释的是"科技,让生活更美好"这个概念。当然,已有百年历史的世界博览会,其传统就是要展示人类最先进的技术、最新的理念与创意———一句话,文明(主要是工业文明)的最高成就。在当代,人类最值得骄傲的文明成果,如多媒体技术、虚拟现实技术、新能源、新材料,等等,理所当然成为本届世博会的主角,而诸如生物工程等仍然在探索中的最新科技,也在一些发达国家的场馆偶露峥嵘。这无疑是一场技术的盛宴,文明的狂欢,是人类力量的一次盛大的展示。然而让人遗憾的是,姑且不论"城市,让生活更美好"这一主题被置换为"科技,让生活更美好"究竟有何意味,仅仅就"科技,让生活更美好"这一主题本身来说,我们看到的只是对科技的单方面肯定,几乎找不到哪怕是微弱的质疑或批判的声音。当然,世博会上也有大量的对各国传统生活的展示,如日本馆在最先进的科技成果展品旁边,就有茶道等传统艺术和传统生活方式的展演,在非洲、大洋洲等场馆,还能看到原始部落式的风情。但这些传统生活方式的图景和片段在五光十色的现代文明的映衬下,更像是法国思想家德波所说的"景观",它们是为了满足现代人猎奇心理出现的孤立的怀旧的图集,而不是对当代科技力量日益膨胀的反思与批判的支点。

## 科技成为新的"神话"

世博会所显示出的对科技无批判的肯定,绝不是一个孤立的现象。美国和欧洲的调查都显示,接受调查的青少年对科学技术几乎持一面倒的肯定态度,因为对他们来说,一个直观的生活经验就是:科学技术带来的是生活的方便和舒适,如互联网使得获取信息和娱乐更为便捷,汽车、飞机使出行成为享受,冰箱可以有效地存储食物,洗衣机、吸尘器、洗碗机等使人能够减轻家务的操劳,等等,更不用说医疗技术的进步能够挽救越来越多的生命。科技在给人类带来好处的同时,是否也会对人类产生危害?这些危害体现在哪些方面?对于这些问题,青少年普遍缺乏深入的思考。那么,心智更成熟、看问题较客观、辩证、全面的成年人,对于科学技术的态度是否与青少年有所不同呢? 2002 年美国国家科学基金会的一项调查显示,成年人对科学技术的看法也基本上是肯定的,只是其中有些人对生物工程和核技术等方面有所担忧。欧洲类似的调查也得出了同样结果。

科学技术在西方发展之初,曾经与"巫术"难以区分(如近代化学就起源于炼金术),曾遭到普遍的怀疑甚至迫害。但启蒙运动以来,知识、科学地位日益提高,培根提出"知识就是力量",极大地鼓舞了科学技术的发展。经过近代的两次大的技术革命(蒸汽机的发明和电力革命)后,技术乐观主义逐渐占据上风。这种理念相信,只要依靠科学技术的进步,人类就一定能获得幸福美好的未来。即使对于技术的应用所带来的环境污染等问题,技术乐观主义者也认为可以通过科学技术自身的发展、改进来解决。总之,科学技术本身似乎就成了幸福的承诺。于是,在启蒙运动将上帝逐出理性空间之后,科学取代了迷信,观察实验代替了祈祷,人们运用技术改造自然而不是服从于自然的威力,科学技术也因此成为新的信仰,取代"上帝"成为人们新的膜拜对象。

科学技术是怎样成为新的"神话"的呢? 有学者认为,大众传媒是这场新的"造神运动"的主力军,大众对于科学技术的无批判甚至是无反思的态度主要是受到大众传媒的影响。近代出现的大众传播媒介,在广泛传播启蒙理念与科学知识(如我国《新青年》等杂志大力宣扬"德先生"与"赛先生",即民主与科学),与迷信和愚昧作斗争的同时,无意间也造就了新的科技神话。出现在大众传播媒介上的科技,从数学、物理、化学等基础研究,到虚拟现实技术、航空航天技术、交通工具、医疗器械直至家用电器,所宣扬的基本上都是科技造福于人类的正面力量。这种对于科技潜移默化的肯定态度,使大众对科学技术形成了"科技 = 进步 = 幸福"的刻板印象。虽然这种观点有一定的道理,但实际上,大众传媒对于科学技术的无批判态度,归根结底还是现代人对于科技看法的折射,而这种单方面的肯定,很大程度上是由近代以来人们对于"力量"(power)的渴求和技术作为"人的延伸"的本质所决定的。

科学技术在不那么严格的意义上,常常被我们当成一个词来运用,但其实科学与技术是两个既有区别又有紧密联系、相互影响的概念。科学与对世界的探索有关,与寻求真理的活动有关,而技术一般来说并不穷究真理,它关注的是使自然适合人的需要,关心的是解决实际问题。本章所说的科技,主要是在笼统的意义上使用的科学技术这个概念,偏重于通常所说的技术概念。这里所说的技术,就是很多学者所认定的"人的延伸",它作为人与外界之间的中介,被认为是人的力量的体现或强化。西方在经历了工业化初期对于机器、技术和工业化大生产的短暂恐惧与反抗后,随着科技与工业化生产给人们生活带来越来越多的便利和社会财富,自 18 世纪以来,大众以及许多人文社会学者对于科技的看法越来越正面。众所周知,马克思对于科学技术的热情使他甚至将科技的进步本身就当作了社会变革的动力,他曾说"蒸汽机、电力和自动纺机甚至是比巴尔贝斯、拉斯拜尔和布朗基诸位公民更危险万分的革命家"①,科技作为"一本打开了的关于人的本质力量的书"②,是"最高意义上的革命力量"③。而以"有用的就是正确的"为信条的实用主义者对于科技更是持高度肯定的态度。

技术乐观主义在 19 世纪达到了一个巅峰。当时,西方世界尤其是欧洲发达国家的科学发现不断涌现,技术发明层出不穷,科技在工业方面的应用带来了巨大的财富,改善了人们的生活,大大增强了人类应对自然灾害的能力,人们对理性、对科技的力量、对人类"进步"的可能性深信不疑。但 20 世纪初的两次世界大战和西方世界普遍爆发的金融危机惊醒了人们的"理性"迷梦,知识分子阶层开始反省人与自然、人与人、人与自身的关系,开始反省"理性"的界限,对于科技类似于对神

①  马克思,恩格斯:《马克思恩格斯全集》第 12 卷,人民出版社,1972 年,第 8 页。

②  马克思,恩格斯:《马克思恩格斯全集》第 42 卷,人民出版社,1972 年,第 127 页。

③  马克思,恩格斯:《马克思恩格斯全集》第 19 卷,人民出版社,1972 年,第 372 页。

的信仰和膜拜终于有所改变。但是，尽管不断有批判的声音出现，科技之神的神龛还是没有撤去，也许它只是从外部搬入了人们的内心，以一种似乎"不再显眼"的方式而无所不在。今天，现代科技已经渗入了我们生活的方方面面，如阿尔伯特·伯格曼所指出，当今无所不在的技术设备使我们已经很难想象直接与自然打交道是什么样的了。并且，当代技术产品"人性化"的设计是如此的方便，以至于我们往往会忽略了它们的存在。海德格尔曾经通过对"锤子"的反思探讨人与工具的关系，他说，当锤子用得上手时，我们会忘记自己在用锤子钉钉子这一事实，此时，"锤子"仿佛被"身体化"了，成为我们自身的一部分。只有当锤子坏了、不好用时，锤子才作为"工具"映入我们的眼帘。同样的道理，日常用的眼镜也具有这种"不触目性质"："眼镜从距离上说近得就'在鼻梁上'，然而对戴着眼镜的人来说，这种用具在周围世界中比起对面墙上的画要相去甚远。这种用具并不近，乃至于首先往往不能发现它。"①今天，微软公司的"视窗"也成为了这种"不触目"的"眼镜"，在电脑已经成为我们与世界联系的重要工具的时代，我们是透过"0"、"1"这种计算机语言和人性化的操作界面来看世界、来与他人联系的，但在上网时我们却往往意识不到这一点。

按照现象学派学者的观点，工具不是一个简单的"帮手"，我们对世界的认识、跟世界打交道的方式，在很大程度上是由我们使用的工具所决定的，工具在对世界进行"解蔽"的同时又进行了新的"遮蔽"。当我们是一个使用锤子的人时，世界就是在我们面前的那个钉子，我们看世界的方式就这样被我们使用的工具限定了。海德格尔说，通过使用锤子这样的"用具"，"自然"就以用具的使用对象的方式被揭示了，这是处在"自然产品"光照中的自然："森林是一片林场，山是采石场，河流是水力，风是'扬帆'之风。随着被揭示的周围世界来照面的乃是这样被揭示的'自然'。人们尽可以无视自然作为上手事物所具有的那

---

① ［德］海德格尔：《存在与时间》，陈嘉映，等译，生活·读书·新知三联书店，1999年，第124页。

种存在方式,而仅仅就它纯粹的现成状态来揭示它、规定它,然而在这种自然揭示面前,那个'澎湃争涌'的自然,那个向我们袭来、又作为景象摄获我们的自然,却始终深藏不露。"①人通过工具建构出的"自然",已不是那个原始的鸿蒙世界。正如黑格尔所说,动物与自然没有分裂,它们的所作所为都是顺应自然的,而人一旦会制造工具、使用工具,就必然与自然处在了对抗的位置。

锤子这种传统的、简单粗陋的工具尚且能起到对人的视界的限制作用,当代复杂的技术系统对人的影响就不言而喻了。按照鲍德里亚等后现代学者的观点,当代的技术系统已经独立于人的控制之外、有自身的目的导向,它将人纳入自身之中,使人依附于技术系统、丧失自身独立性。如果说,早期的机械技术因其粗糙而使人能够比较容易看出"工具的尺度成为人的尺度"这一颠倒(就像卓别林在《摩登时代》中所演绎的),当代的技术则越来越"合用"和"隐蔽",比如当人们在网上浏览信息、交流或玩虚拟游戏时,往往会忘记自己进入的是一个虚拟世界,分不清虚拟空间与现实之间的界限。人与外部世界之间不经由中介的"直接经验","直接经验"在技术发达的今天已经越来越少,"直接经验"的丧失表明人类已经越来越依赖于技术系统,失去了独立自主性。

现代系统化的技术织成的"网",已经不仅仅是个美丽的神话,也不仅仅是像宗教那样一个对天堂的许诺,它成为一个温柔的陷阱,甚至内化为我们自己的一部分,让我们无知无觉,无从反抗。甚至很多人当听到"对科技的迷信"、"对科学技术本身的反思"这样的说法时,会感到惊诧,就像"现代化"本身已经成为不容置疑的概念,争论的只是现代化的快慢、现代化过程中出现的具体问题一样。这种对科技存在的"无意识"是危险的。正如我国学者吴国盛先生在一次演讲中所说,人们对技术产品日用而不自知,久而久之就对技术系统形成了依赖,成为

---

① [德]海德格尔:《存在与时间》,陈嘉映,等译,生活·读书·新知三联书店,1999年,第83页。

技术系统的奴隶。此时,人自如地生活在技术系统所开辟、彰显的空间中,以至于相信自己是完全自由的:"现代很多技术哲学家一再呼吁技术时代的危险,但危险并不在于环境灾难,核电站泄露,飞机失事,这些都是表面现象,真正的危险在于我们对于危险本身不知不觉,我们不知道有危险。"

当然,并非所有的人都没有意识到危险。虽然在大众中,当前仍然是技术乐观主义占上风,但自从 20 世纪中期以来,知识阶层对科学技术引发的问题逐渐敏感,德国哲学家雅斯贝尔斯就曾指出,技术不仅给人类带来了无可估量的机会,而且也带来了无可估量的危险,技术已成为"独立而猛烈"的力量。近年来"科技威胁论"在全球声音日益响亮,美国国家科学基金会的调查也表明,在对于科技的一片信任与颂扬声中,美国成年人也表达了对转基因食品、克隆技术等生物工程技术和核技术的担忧甚至激烈反对。克隆技术等涉及伦理、政治问题,而转基因食品、核技术等则与现代化工业生产造成的环境污染类似:技术在解决一些问题的同时,又带来了新的问题;技术的发展在为人类提供了便利的同时,也使人类付出了代价。科技发展与伦理的冲突,至今仍然是一个争论不休的话题,美国等西方发达国家在"克隆人"等问题上开始尝试制定相关法律,对无限制扩张的科技进行制约。而当代的科学技术转化为工业化生产力后所造成的环境污染、人与自然关系失衡,经过"罗马俱乐部"等组织和许多学者、民众多年的批评和呼吁,逐渐形成保护环境的全球共识。2010 年,在世博园的多个发达国家展馆,我们都能看到"环保"、"低碳"成为宣传的主题,节能型汽车、资源循环利用系统、污水治理系统、新节能环保技术等成为这些国家向世界展示的骄傲。

这里有两个令人担忧的倾向:一是认为人与自然的矛盾可以通过技术的不断进步来得到解决;二是只关注科技发展造成的人与自然的分裂及其严重后果,很少注意科技发展对人本身、对人类社会的不利影响。

首先来看第一个倾向。具体的科技应用造成的环境破坏似乎可以通过技术的改进来进行遏制,如消耗大量能源的工业、交通、家用电器,可以通过发展"低碳"技术来尽量减少二氧化碳的排放和对自然界的污染,早期的化肥与农药可以用有机肥料和新型防虫害技术替代。但技术带来的问题能否通过技术的不断进步本身得到最终的解决?人与自然分裂,控制与改造自然,使自然为人类服务,这是人类发展技术的主要动机。这一动机决定了在技术的视域内自然对于人而言只是算计与操控的对象。海德格尔认为,科学技术的发展基于这样的世界观:"人"被抽象为一个能思维的主体,"世界"则被看做这个思维主体的认知对象,即与人相对立的对象性实在。"在德文中,'对象'一词本身就包含着'对立'(Gegen-stand)的意思。这种对象性的世界观使人们把自己的生活世界变成了意欲探究、利用、占有的图景。"①习惯于工具性行为、技术化思维的人类,将自然视为达到目的的手段,自然不再是有意味的"家园",而是可以满足人的需要的原材料、能源、资源库,是一眼可以看穿的数学物理的世界结构,是一个严格按照因果关联起来的技术网络。可以说,人与自然的分裂、对立是技术发展的基础,由"对立"导致的天人之分是技术的"原罪"。试图以技术本身的发展、改良、革命来弥合人与自然的分裂,注定是一条无法畅通的道路。雅斯贝尔斯就曾指出:人类再也不能从技术中解脱而回到他诞生的状态去,由技术实行对技术祸害的技术控制,可能意味着将开辟通往灾难的新道路。

再看第二个倾向。20世纪中期开始盛行的"科技威胁论",批评所指主要是现代科技的应用尤其是工业化大生产对自然环境的破坏,如气候变化、水污染、沙漠化、物种灭绝速度加快,等等。绿色和平组织指出,人类中心主义倾向所支持的技术对自然的侵略,使得自然成为人类奴役的对象,因而提出要"保卫地球"、"维护生物多样性"等主张。实际上,技术的大规模应用不仅加剧了人与自然的矛盾,也导致了人与人、人与自身的分裂的加深,而这两种后果却没有受到足够的重视。

海德格尔等哲学家早在20世纪初就指出,人通过工具对于自然的

---

① 刘小枫:《诗化哲学》,山东文艺出版社,1986年,第215页。

座架,必将走向对人自身和他人的座架。海德格尔敏锐地看到,对于人而言,工具绝不仅仅是一个作为人工造物的"客观中介",它必将对使用者产生影响,这种影响概而言之就是使"物的尺度成为人的尺度",也就是马克思所说的"人的异化"。比如说,每天在流水线上进行机械的操作,我们的生命活动就简化为那几个简单的动作,我们就被机械化了。海德格尔认为,人通过将自然仅仅视为可以利用和操控的对象,极大地削弱了人自身存在的丰富性,在这一点上,现代高度发达的、成体系的技术系统,比传统的锤子、犁、斧头等工具对人的影响要大得多。现代技术系统将人的生命过程转变为技术化的生存,人们将自己的身体和生活都看成可以科学地掌控的对象,用各种仪器对自己的身体状况进行监测,"合理"分配自己的时间,对自身的"职业生涯"进行"科学规划"。同样,对于人与人之间的关系问题、社会问题,近当代西方的考察思路和解决思路也是沿着将社会整体看作类自然的"客体"来进行的,其中的关键词也是"控制"。

法兰克福学派哲学家霍克海默和阿多诺在《启蒙的辩证法》中指出,法西斯的出现不是现代化过程中偶然的一个不幸事件,启蒙、现代性本身就会发展出法西斯的倾向:"极权主义不是自由主义和启蒙价值的否定,而是它固有动力的发展。"①因为启蒙理性对自然的控制倾向,使启蒙理性在技术大发展的过程中不可避免地蜕变为工具理性,从而走向人对人的奴役:"人对自然工具性操纵不可避免地产生人与人之间的关系,启蒙主义世界观中主客体的无法沟通与现代极权国家中统治者和被统治者的相对位置相应,世界的对象化已在人类关系中产生一个相似后果。"②西方马克思主义者马尔库赛的弟子、美国哲学家费恩博格则认为,技术系统不仅成为当代人们交往和沟通的重要中介,还对人们形成道德共识起作用。也就是说,技术系统不仅改变了自然

① [美]马丁·杰伊:《法兰克福学派史》,单世联译,广东人民出版社,1996年,第297页。
② 同①。

界的面貌,而且还通过暗示人们什么是重要的从而对人们的道德行为起到了引导作用。

与现代科技对自然的座架、对自然生态的破坏相比较,日益膨胀的科技系统以"科学标准"对人的道德、价值、信仰领域的侵入,对社会关系和社会结构的改变更为隐蔽,对人类的影响更为深远。通过科学技术本身的发展是无法消除这种影响的,甚至情况还会变得更糟糕。对此,一些实践领域和理论领域的科技批判为我们提供了不同的视野,给现代人反思科学技术提供了启发。

## 对科技进行批判的几种路径

18世纪开始在西方主要国家相继爆发工业革命,带来了一场以技术革命为中心内容的巨大的社会变革,机器大工业时代到来了。机器轰隆隆地开进了洪荒远古的森林,揭开了人类征服自然的新篇章,但是同时也"杀死了森林里的小精灵"(荷尔德林)。纺织技术的革新使得当时英国的家庭作坊式纺织业面临崩溃,工人失去自给自足的生活方式,被迫进入机器装备先进的工厂做工,收入水平急剧下降。1811年,一名手工业纺织工奈德·勒德带头捣毁了织布机,并带领一批工人进攻毛纺厂和棉织厂,砸烂新机器。英国军队和这些反对新技术的工人之间展开了激烈战斗,很多工人被判刑、流放。后来,"勒德"(luddite)一词被用来指称那些认为机器是对个人自由的极大威胁、反对机械化和自动化大生产的人或组织。勒德派一直到今天仍然有很多拥护者,当代新勒德派(neo-luddite)同样反对科技产品,他们认为机器的使用加速了环境的恶化和道德的沦丧,因此抵制家用电器尤其是电脑,拒绝因特网,倡导绿色有机的生活方式。

勒德派的观念"正确"与否另当别论,在当代科技无所不在的大环境下,这种堂·吉诃德式的斗争是否有效也姑且存疑,但他们至少以自己知其不可而为之的精神,让人们从技术乐观主义者"科技必将带来美好明天"的盲目乐观中冷静下来,给人们提供了一个不同的视野和思考角度。在理论领域,浪漫派诗人、哲人、马克思主义者、现象学家和后现代思想家也对以科技为主要特征和动力源泉的现代性作了深刻反思,他们毫不留情地打破了科技的"神话",揭示了作为科技大发展基础的启蒙理性的"辩证法",使物质丰裕而精神匮乏的现代人能够对科技的幸福承诺进行冷静的审视,反思当科技的标准原则演变为人性压抑力量时,人类应当做什么以及能够做什么。

(1)浪漫派对科技的反思与批判。

工业革命在使西方国家生产力迅速增长的同时,也带来了社会面貌的急剧变迁和人们思维方式的巨大转变。从世界图景来看,城市大大扩张,大工厂、大机器取代了森林田园,轰隆隆的机器声驱散了牧歌与林中小鸟的歌唱,传统闲散的生活方式被严格的工厂劳动纪律所代替。从人们的思维方式来看,数学式、定量式的对待自然甚至社会人文问题的思维方式开始占据上风,人对待物的机械思维逐步演变为人本身的孤立化、碎片化。正如狄尔泰所发现的,以数学为基础的物理学方法和实在论甚至侵入了文学领域,"理想主义的激情失去了它激越人心的力量"。狄尔泰说,在科学与技术突飞猛进的时代,人们的思想被"科学模式"所浸没,已经无力去关照人的价值、人生的意义等问题,在这方面,现代人甚至还不如古希腊人。

对于诺瓦利斯等浪漫派诗人和席勒等美学家来说,工业革命之后的世界是一个冰冷的、异化的世界,充满了对立和对抗,在这样的环境中,人一方面就像动物一样机械地受自然因果律统治,另一方面又全面地盘剥和利用自然。面对技术革命所带来的巨变,法国的浪漫主义者卢梭发出了"拯救人的自然情感"的呼吁,对理性进行了质疑,主张人们回归自然淳朴的生活。德国的浪漫美学之父席勒则深刻地看到,技术的发展、大机器的普遍应用,使得现代人陷入了"物化"的深渊,并由整体的人变成了"碎片"(后来尼采进一步指出,作为整体的人已经消失了,存在的是"人的肢体"),知识和技术虽然能产生丰裕的物质,但不能为人生提供意义,因此终究不是人的安身立命之所。现代人的中心特征就是失落了自己的归属性。因此这些浪漫派思想家提出,要以美和诗来打破理性铁一般的律则,使人陶醉、升华,回到原始的、有灵性和"韵味"的整体状态中去。诺瓦利斯试图以"走向内心"的呼吁来唤醒功利化和技术化的人们,他认为,人不能生活在一个完全理性、算计、讲求效率的世界中,人内心中的情感和想象力才是人的全部生存的基础,而这一丰富的内心世界,是无法通过理性来分析认知的,只能通过个体的情感和对上帝的爱来向神性复归。

（2）马克思主义者对科技的政治批判。

众所周知,马克思认为"科学技术是第一生产力",他对科技本身持赞扬的态度。但马克思也注意到,在资本主义生产方式下,技术的进步带来的不是人的解放,而是人的普遍贫乏。在《资本论》中,马克思批评了技术的资本主义的应用,并展望了在社会主义条件下技术的解放力量。马克思本人和一些传统的马克思主义者认为,技术本身是中立的,通过推翻资本主义制度,就可以解决技术的发展使人贫困化、碎片化的弊端,解放了的技术必能造福于人类。

对经典马克思主义理论进行了反思和发展的法兰克福学派哲学家,如霍克海默、阿多诺、马尔库塞等人则对科学技术本身进行了思考。他们认为,技术不是人借以改造世界的简单工具,科学技术对世界进行了合理(工具理性)化的"解释",因而在某种程度上为人类"构造"出一个科技化的世界,也就是说,具有合理性和普遍性特征,以"效率"为准则的科技,是独立于政治和社会选择的,它本身就是一种意识形态。霍克海默等人认为,科技大发展的根源在于启蒙运动,造成科技统治世界的根源也在于启蒙的"统治计划"。在《启蒙的辩证法》一书中,阿多诺和霍克海默认为,启蒙对于"力量"和"控制"的欲望,就是神控制世界的世俗化版本,启蒙思想割裂了整体性,将世界看作是由无生命的原子组成的聚合物,其结果是不可避免地造成了人类主体与自然客体的对峙和对抗。在《资产阶级历史哲学的起源》中,霍克海默把启蒙的科技观与同一时期政治上的统治联系起来,指出:自然界作为人类操纵和控制的一个领域这一新概念,是与人自身作为统治对象的观念相似的,马基雅维利的政治学就是以类似的政治工具主义为基础的。霍布斯和后来的一些启蒙思想家也通过使人成为"对象",而将人与被作为科学研究对象和技术改造对象的自然相等同,在他们看来,自然也好,人也好,都是可以计算、筹划和改造的客体。也就是说,人对自然的工具性操控不可避免地使人与人之间的关系也产生了类似的变化,这是法西斯等极权主义形态产生的根源。霍克海默和阿多诺悲观地认为,社会革命解决不了西方文明的危机,人与自然的异化是不可逆转的。马尔库塞则更进一步指出,随着资本主义的发展,技术理性已变成政治理性,技术统治和政治统治成为晚期资本主义极权统治的两个方面,社会的统治通过技术"固化"了。

与法兰克福学派思想家相比,马尔库塞的弟子、美国哲学家费恩博格对于人类的前景要乐观得多。他指出,现代性是以合理性和技术进步为标志的,而技术或现代性没有"本质",它们反映了社会的权力结构,并且受特定的社会、历史、政治和美学文化的影响。他相信,人类的价值取向可以与技术结构结合起来,使技术结构获得民主的变革。其中的关键是要打破当前各个领域的技术"特权",通过人们的主动积极参与,实现技术领域民主化。那么,"技术民主化"具体如何实现呢?费恩博格提出:由于当前的技术合理性已经通过技术设计有效地固化到技术产品之中,要改变现有的技术合理性,就要改变技术设计。为此,费恩博格提出了"技术准则"(Technical Code)概念,技术准则作为技术设计标准,并非人们想象的那样独立于政治和社会影响,而是通过社会影响和冲突建立起来的。体现资产阶级价值观的剥夺自然的技术准则,可以经由"重新设计",由社会主义技术准则来代替。费恩博格以法国微电信(Minitel)为例来说明技术的使用者可以利用技术来为己所用以及技术准则转变的可能:20 世纪 80 年代,为方便法国公民获取信息,法国政府曾分派数百万的免费终端给电话用户,形成了一个名为"微电信"的系统。这一系统不久就被人们用来当通信工具使用,也就是说,本应是信息工具的微电信,被使用者"重新设计"成了通信工具。费恩博格由此看到,技术的使用者并非只能被动地接受技术的影响,他们也能够主动对技术进行选择、改造。在这一技术批判理论的基础上,费恩博格还提出了"可选择的现代化"理论。

（3）现象学派对技术的现象学反思路径。

以海德格尔为代表的存在主义者，敏锐地感受到科技进步与人的感受性日益匮乏之间的关联。海德格尔说，在前技术时代，物本身是有"意味"的，一口井不仅仅可以用来取水，一件斗篷不仅仅可以用来遮挡风雨，碗不仅仅是盛食物的工具，它们都具有人性的意味，对于不同的人来说蕴含着不同的意义。但到了技术时代，"有用性"、"效率"成为物的首要衡量标准，甚至成为唯一标准，"物"对每个人来说都只具有同一的功能化的意义，世界就被单一化了，从而造成了"意义"的匮乏。因此，现代科技发展固然令人眼花缭乱，但在技术产品极大丰富的今天，人们却往往感觉生活越来越乏味。以前，旅游能够使我们惊喜，因为到一个不同的地方，能够看到不一样的风景、不一样的社会风俗。然而，现在一方面是技术的普遍化与全球化相互激发，导致"千城一面"的单一化场景，另一方面，大众传媒、网络使得人们在家中就能够轻易看到全球各地的图景，"惊奇"与"惊喜"再难出现。人的多样性、生活世界的多样性就这样被技术所"拉平"了，技术统治下的世界出现了"意义危机"。

海德格尔认为，造成技术统治世界的根源是西方的形而上学迷误，"所谓形而上学的迷误就是，把存在当作一种认识对象、当作一个存在物来思考，误以为思维主体所认识、分析、把握的就是存在本身。但实际上，存在早已在这种主体—客体的对列图式中被彻底遗忘了。这种认识主体（思维）—认识客体（被认识的对象）的对列图式后来就在客观方面引起现代技术和科学的出现。"[1]人与生活世界本来是一体的，人和世界的"存在"本来都是一个活生生的过程，但是，人为了消除不确定性带来的"焦虑"，试图把活生生的东西变成可以拉开距离静观分析的"对象"，通过计算、整纳，把世界预先规划好，以此来获得可预测

---

① 刘小枫：《诗化哲学》，山东文艺出版社，1986年，第218页。

性、确定性。现代科技使人们对于世界、对于未来能够"一眼望得到头",世界在人类的眼中也失去了神秘感,但是与此同时,世界也失去了"韵味",变成了一个贫乏苍白的技术世界。所以,虽然表面上看是技术将现代人引入了一个意义单一的理性空间,但根源还在于现代人对于"力量"(power)的欲望,就像歌德在《浮士德》中描写的求知欲强烈的浮士德,把灵魂交换给魔鬼梅菲斯特以换取知识——而知识,在培根的意义上,就是力量的代名词。

美国哲学家唐·伊德在海德格尔等现象学前辈的研究基础上,着重考察了技术对人的知觉的改变。他认为,正如人通过眼睛所感受到的是视觉世界,耳朵所感受到的是听觉世界,触觉所感受到的是触觉世界,偏重哪一种感官,所感知到的世界是有区别的。可以说,感官"建构"了人的意义世界,而人还以为自己所感知的就是"真实"、"客观"的世界,于是,偏重于视觉、听觉的人,往往不能理解偏重于其他感官的人或生物,以为视觉、听觉的世界就是唯一真实的世界,这样就形成了"视觉中心主义",排斥了多样性和丰富性。由于我们从生下来起就时刻在运用各种感官,难以发觉感官的这种建构作用。

同样,技术作为人与世界之间的中介,也在人的意义世界建构过程中起到基础性作用,这种建构由于技术产品的隐蔽性,也常常被人们忽略。这种建构方式主要有两种,一种如透过眼镜看世界,或熟练的驾驶者开汽车,这就形成了"(我—技术)——世界"的格局;另一种如通过仪表板了解发电厂的状况,仪表板在此就与发电厂合为一体,类似的还有地图与真实的地理环境、大众传媒与现实世界,等等,这就形成了"我——(技术—世界)"的格局。我们所看见的并非直接就是外部世界,而是要经过"翻译"或解释,才能由直接所看到的符号转换为现实世界。伊德有一个著名的判断,就是"文化已经嵌入技术之中",这里的"文化"是把社会、政治、经济都涵盖在内的广义的文化,也就是说,整个生活世界各要素之间的关系都体现在技术之上了。如果我们不能充分意识到技术在我们与外部世界打交道过程中所扮演的中介角色,我们一旦习惯于经由技术中介的与现实打交道的方式,则有可能使我们将技术化的世界当作真实客观的世界,致使存在的丰富性大大降低。

加州大学伯克利分校的德莱福斯教授也多次指出,网络突出地体现了以技术为中介的生存体验的局限性。他指出,网络交流使得身体不在场的虚拟交往成为可能,而从人性的立场来看,这种抽离了身体的交流体验是一种贫乏的体验。习惯于虚拟交往的人们,逐渐遗忘了传统交往的丰富性。

(4)后现代思想家对科技的批判。

发端于20世纪中期的后现代主义(post-modernism)以反思和批判传统的现代性为标志,在许多后现代思想家看来,"技术"就是现代性的象征,因此,很多后现代哲学家都从技术批判入手,揭示当代资本主义的社会矛盾和文化矛盾。按照大卫·格里芬的说法,大多数后现代思想家反对的不是科学技术本身,而是"反对那种允许现代自然科学数据单独参与建构我们世界观的科学主义"。① 法国哲学家利奥塔尔在《后现代状况:关于知识的报告》中指出,20世纪以来,科技飞速发展,成为首要的生产力,在这种情况下,科学技术不仅成为经济发展的动力,还成为政策制定、价值判断的原动力,并进入了生活方式的安排等一切人类活动领域。但是科学技术本身还存在一个是否"合法"的问题,而为科学本身提供合法化证明的叙事机制,用科学的标准来看又是"不合理"的。当代科学认为,它不但能为自己的存在提供合法性证明(通过技术能力完成"举证"的任务),还能为人文、社会等其他领域提供合法性的证明。因此,以科学的衡量标准看来,凡是不符合科学价值的,都是无意义的,人类的道德、艺术、信仰都要向科学看齐,科学由此演变为"科学主义",它在将人类从启蒙之前的迷信中解放出来之后,自身又成为新的压抑和统治的力量。这就是法国后现代思想家福柯所说的"人之死":在启蒙理性和科学技术的统治下,活生生的、多样性的"人"已经不存在了,存在的只是可以控制的肉体、是与机器无别

---

① [美]大卫·格里芬:《后现代科学:科学魅力的再现》,马季方译,中央编译出版社,1998年,第21页。

的没有创造性的人。福柯通过对监狱的考察,追溯了现代社会如何在理性名义下用"规训"的手段完成对人的全面统治,以及整个社会的"监狱结构"是如何形成的。

法国社会学家鲍德里亚也描绘了高度发达的技术社会中人类被孤立、被囚禁的反面乌托邦情境,认为人类被技术系统"母体"所统治,技术系统独立自治,越来越决定我们是什么,而不是人类决定技术是什么,技术系统运转的唯一目标就是系统本身的持存。与前辈们认为技术使人"异化",致力于恢复被"扭曲"的真实世界,并且以"主人—奴隶"的二元对立方式看待"人—技术系统"之间关系的思维方式相比,鲍德里亚相信,现代人在技术系统的统治下陷入的是主体中心主义的困境。也就是说,他们走出了前人的奴役—反抗批判模式,提出了人在技术社会的"自拘性"概念。他指出,现代人患上了"技术强迫症":人通过技术的发展,对生存空间的不断改造甚至创造出一个"虚拟世界",来不断排除异己的他者,试图消除一切不确定性,这其实就是在排除和逃避那个对自己终有一死有所意识的自我意识。人不是面对终极的虚无思考人生的意义、人的价值,而是通过完美的技术系统来试图使自己获得救赎。于是,以电子信息系统为代表的技术体系就成为当代社会的"宗教":电视、电子游戏提供了一种表面上的完整性,一种非功利的、母性的关怀感,人们从电视中观看"实时"新闻提供的"全球一体"的社会景观,观看广告提供的"理想的"生活,从而获得了"救赎"。鲍德里亚曾说过,在当代的消费社会,人们每天看电视,就像以前人们定期上教堂做礼拜一样。

鲍德里亚认为,早期批判理论家所指认的现实世界和人的"异化"还没有动摇"真实法则",即真与假、现实与想象之间的界限还是泾渭分明的。但进入后现代社会,电子信息技术尤其是虚拟现实技术制造出的"拟像"却不能用"真假"的标准来判断,这种人工造物既不是真实之物,也不是虚构之物,而是"非真非伪"的存在物。鲍德里亚发现,从异化某物,到根本没有某物,只有关于某物的符号遮掩"此物不存在"这个事实,这是一个决定性的转折点,这个转折点发生在从工业化到后工业化、从竞争资本主义阶段到垄断资本主义阶段的过渡时期。一旦进入虚拟时代，即进入"拟仿物和仿像的时代"，我们就离开了真实的世界（而不仅仅是看到扭曲的世界）。此时，也不再存在主体与客体的对立，我们所面对的其实是一面镜子，所面对的其实是我们自己，这是一个主体吞噬一切的时代，也是人类空前孤独、空前丧失自由的时代。

## 电子信息技术对人的座架与工具理性新阶段

尽管按照海德格尔的说法，哪怕是锤子的使用都为人建构出了一个由工具"带出"的世界——当你作为一个锤子的使用者时，世界就是在你眼前的那个钉子——但是，启蒙时代之前的工具，与启蒙时代建立以理性为支撑、以人对于"力量"的渴望和征服自然为基本动力的技术系统，在人类意义世界的建构方面还是有根本区别的。并且，现代技术系统本身也经历了两大发展阶段，这两个阶段相互之间也有着重要的区别，这就是加拿大传播学者麦克卢汉所说的机械时代和电子时代的区别。

首先来看前启蒙时期的工具与现代技术系统之间的区别。在前启蒙时期，人们所制造和使用的是锄头、犁、渔网、剪刀等简单的工具，这些工具作用有限，只能对人的活动起辅助作用，不足以征服自然，也不足以使人颠倒成为工具的附庸。也就是说，组织起人们围绕着工具的生命活动方式。但是启蒙之后，随着工业化进程对于大机器发展的促进，现代技术成为具有普遍适用性、无所不包的技术体系，它直接主导了人的劳动。正如汉娜·阿伦特所说，机器不像前工业化社会的简单工具那样，在使用过程中始终能够为人服务。相反，"机器要求劳动者为其服务，劳动者需调整其身体的自然运动节奏以适应机器的运动。这固然不足以表明人们因而就成为其发明机器的奴仆，但是它确实意味着，只要人持续在机器上进行工作，机械的运动就会取代人体的自然运动。因此，甚至是最精密的工具，由于其无法操纵或取代人的双手，因而也不过是供人使用的奴仆；然而，即使是最原始的机器，也主导着人体的劳动,并最终取而代之。"①但是现代技术系统就没有这么简单了,它不仅试图全面控制自然、改造自然,使自然成为人化的世界,最终,它甚至试图构造出一个完全属人的自然。这已不仅仅是征服和改造自然的问题,而是要扮演上帝的角色,技术的功能在此被无限放大了。用现象学者的话来说,就是技术对世界进行了完全的"预制",一切都已经预先知道了,甚至一切都已经被预先安排好了。这样的世界中,哪里还能找到人的自由和独立性呢?法国哲学家雅克·埃吕尔(Jacques Ellul)就曾指出,当代的技术发展,使得技术系统化,成为具有"自治"功能的体系。无论是单个的人还是社会,在这一具有自我管理功能的技术体系面前都无能为力。

再来看高度发达工业化阶段的电子技术与传统机械技术之间的区别。正如晚期资本主义体系与早期资本家对人的剥削之间的区别在于前者具有很大的隐蔽性一样,电子技术与传统的机械技术相比,一个重要的区别就在于前者对人的座架难以觉察,但是这种座架更全面、更深入,被压抑的人更"无处可逃"。在机械化大生产过程中,冷冰冰的大机器与具有血肉和情感的人形成了鲜明的对比。人被机器的尺度所强制,是一个较为明显的事实。在机械时代,机器、技术对人的座架主要还是在生产领域,生活领域还是给了人们休憩与反思的空间。而到了电子信息时代,技术已经渗透进人类活动的方方面面,无论是在生产领域还是生活领域,仪表控制、电视、电脑、现代化交通工具、现代化医疗器械无所不在。并且,随着技术越来越向"人性化"方面发展,技术系统与人之间的对抗也越来越隐蔽,因此人越来越难以感受技术体系对自己的控制,只感觉到技术给自己带来的便利。但表面的舒适与便利并不能改变技术对人座架的事实,并且这实际上是一种更深的座架:通过隐蔽的技术系统,"功能化"、"标准化"、"效率"等技术的基本属性被强加于一切人的行为,并成为决定社会新秩序的主导力量,人在这样

---

① [美]汉娜·阿伦特:《人的条件》,竺乾威,等译,上海人民出版社,1999年,第144页。

的压抑下失去了原始的能动性和创造性,借用流行的一种说法就是,变成了"无梦无痛的橡皮人"。

当然,并非所有的学者都对技术的发展如此悲观。第一个提出"地球村"概念的加拿大传播学者麦克卢汉,就对机械技术(印刷时代)和电子技术(电力时代)的区别保持中立的态度。他认为,以机械技术为主导的工业文明,是一种空间性的、扩张的文明,建立在这一文明基础上的,是现代化早期阶段累积、堆聚的线性进步观,由此带来的是"外向爆炸"式的增长和扩张的过程。而电子技术则带来了这一体系的"逆转",电子传播媒介的出现,使信息瞬间传播成为可能,全球成为一个同步的"场",机械时代的"由中心向边缘扩张"的单向模式,就逆转为非集中化、"有机"取代"分割"的统一"场"模式,这是一种从"外爆"向"内爆"的逆转过程。麦克卢汉认为,这种"内爆"所形成的"一切同步"性,使人类走出机械时代知识无限扩张带来的保守、专门化以及每个人只局限于自己的一小块天地的局面,人们开始与更广阔的天地联系在一起,于是,"看得见的世界不再是真实,看不见的世界不再是梦想。"①在麦克卢汉看来,电子技术本身不是造成当代人精神混乱的原因,人同时在统一化的"场"中和分割化的理性状态下生活,这种身份冲突才是造成人不知所措的根源,人们的当务之急是要认清电子技术时代的特性和人在其中所处的位置,尽快适应新的技术环境,而不是沉溺于抱怨和怀旧情绪中。

然而,同样是面对一个新的技术世界,从电磁技术将事物转化为磁带上的电磁痕迹,到数码技术将事物转换为只由"0"和"1"来表示的数码影像,进而营造出一个"人工空间"——虚拟世界,鲍德里亚从中看到的,却是人的主体性膨胀到了登峰造极的程度,人对自然、对他人、对自身的背离,也到了一个极限的关口。与麦克卢汉一样,鲍德里亚将电子信息技术的出现,视为同时终结理性空间和开启一个新的文明形态

---

① [加]埃里克·麦克卢汉,[加]弗兰克·秦格龙:《麦克卢汉精粹》,何道宽译,南京大学出版社,2000年,第259页。

的重要事件。麦克卢汉说,两种文明形态的交汇将会产生巨大的"能量",造成社会思想的极大动荡。由于新的思维方式和旧的思维方式交织在一起,处于这个临界点的人们会产生"眩晕"感。麦克卢汉认为认清新形势是正确行动的前提,提出应"理解媒介",就是要使人们看清电子信息技术带来的社会和思想结构性的变化,摈弃不合时宜的"机械"思维。鲍德里亚同样认为,由于人们还没有意识到,电子信息技术带来了启蒙意义上的理性空间的终结,带来了非真非伪的"超真实世界",人们的思维方式中,二元对立的思维模式和"拟仿时代"非真非伪的思维模式纠缠在一起,"意义体系"和"模拟体系"这两种异质体系相混合,而这两种体系之间其实没有任何关系:"它们的数据无法从一个体系传送到另一个体系中,一个统计学的、以信息为基础的、模拟的操作系统,被投射到表现、意志和公众意见的体系之上。两者间的这种拼贴、这种勾连,引发了含糊的和无用的争论。"①这种在两个体系之间做无意义的投射,并由此引发的理论混乱,被鲍德里亚称为我们今天的"恍惚"状态。

鲍德里亚对这两种体系作了厘清,以此为基础指认:作为一个结构向另一个结构突变的临界点的电子信息技术系统,既是形成拟仿空间"符号统治"的原因,也是大众对抗启蒙理性中二元对立和主体中心主义的场域,"今天,评估这种双重挑战是非常重要的:大众及其沉默对意义的挑战(这并不总是消极的抵抗),对来自于媒介及其魅力的意义的挑战,所有在这两者之间选择恢复意义的努力都是次要的。"②他认为,大众通过沉默(不参与信息游戏)、模拟以及不要求媒介成为"真正的"传播知识和意义的媒介,对电子信息技术系统作了自发的全面抵抗。也就是说,当大众不去寻找"秘密"之下隐藏的意义时,体系的诱惑就落了空。

---

① Baudrillard J. In the shadow of the silent majorities. Columbia University, 1983.

② 同①。

这是对成为具有意志、欲望的启蒙主体的拒绝，即拒绝成为"生产者"。鲍德里亚在《生产之镜》一书中指认，这种独立的、具有权力和自由要求的启蒙主体，不过是西方自我中心主义的延伸。排除了所有意志力、知识和意志的大众的"沉默"，也许是对劳碌的、算计的、筹划的"理性人"的巨大嘲讽。鲍德里亚在虚拟世界"物我无别"的混沌状态中追问：人为什么一定要"做某事"（谋划），而不是什么都不做？他认为，这种对进步、改善、完美的追求，其实是对自我同一性的追求，是启蒙理性要摆脱对自然的依赖，实现自己的"完成"，这就是巴塔耶所批判的"谋划"的心理习性。

巴塔耶认为，"谋划"这一观念，一开始还仅限于人的生产性活动的范围内，但是后来它逐渐膨胀，人们开始相信，所有的行为、整个世界都可以用"理性"和"科学"来加以认识，可以对之进行算计、筹划、操控，而将人类认知所不能企及的领域视为"剩余物"丢弃和毁灭。在虚拟现实时代，凡是不能转化为用"0"和"1"来表示的，都将被丢弃，于是，人类的道德、爱、信仰等，都成了这样的"剩余物"，在虚拟世界中找不到自己的位置。鲍德里亚看到，启蒙时代的"理性人"对完全掌握一切、消除世界所有不确定性的渴望，使得他们竭力营造出一个没有"剩余物"捣乱的"完美世界"，而这就是一个彻底背离自然的技术强制过程。这一过程的最高阶段，就是企图用数据制造出一个"奇迹般成熟的世界"的"完美的罪行"："完美的罪行是通过使所有数据现实化，通过改变我们所有的行为、所有纯信息的事件，无条件实现这个世界的罪行。"①鲍德里亚在《完美的罪行》一书中说，我们对世界采取的这种"虚拟行动"是一种荒谬的空想：希望借助数字模拟出整个世界、活在一个数码世界中，以为人类借此可以彻底摆脱自然的束缚，这只是人为自己营造出的一个幻觉。

启蒙时期曾是空想的、宗教的、唯心主义思想的所有幻觉破灭的黄

① ［法］让·博德里亚尔：《完美的罪行》，王为民译，商务印书馆，2000年，第43页。

金时代,当关于头脑中空想之物的幻觉破灭后,人们相信自己所看到的,所能够对之进行划分、归类和操控的,就是物质世界本身和全部。鲍德里亚说,这才是一种根本的幻觉。这种幻觉,是相信"类"(不同个体的集合)绝对同一的幻觉,也就是人类中心主义、逻各斯中心主义的幻觉。鲍德里亚认为,人与人之间不可能"通约",即人际关系的全透明,也没有一个"普适"的客观标准。正是这种"客观性"幻觉使人在座架自然的同时,使得所有的人齐一化、功能化。鲍德里亚否认了麦克卢汉对电子技术的出现使文明回归到"非分裂状态"的乐观估计,他认为这种"主客同一"的状态是对"人"更为彻底的驱逐与取消,而不是解决了理性人的"灵肉分离"问题。因为,一切都可以"展示出来"(或可以用"0"和"1"的代码来编写),一切都暴露于昭昭白日之下,而不可以被展示、不可以被拿出来让人看的,就等于"不存在",那么,不可被通约、无法展示的"剩余部分"(相当于康德所说的"物自体"、巴塔耶所说的"圣性部分"),就会被否认、丢弃,而这个部分,正是人之所以为具体的个别的人、每一个别的生命之不同于其他生命的独特的部分,是个体的价值之源、意义之源。个体必须以放弃自己的这一灵性为代价,才能进入符号系统之中(就像浮士德与魔鬼梅菲斯特做的交易),才能够被承认"存在",这种存在恰恰是人本身的丧失(而不是工业化早期阶段的"异化")。1968 年在西方世界普遍爆发的学生抗议运动,正是这种"剩余物"的造反。然而,因为现代化过程的不可逆、技术系统膨胀过程的难以扭转,这种造反以失败而告终。鲍德里亚认为,面对这样的独立、强大的技术系统,任何试图使其"民主化"的尝试都是无用的,它只会因自身发展到极致而反转、坍塌。这个"完成",鲍德里亚认为就是虚拟现实技术的完成——那是人将自己"无化",交托给外在于自己的技术系统的极端。

## 结语:技术控制的可能性

第二次世界大战后,由于法西斯对西方知识阶层启蒙信仰的沉重打击，以及随着西方发达国家普遍进入高度发达资本主义阶段后出现的环境问题、核危机等，在电影、电视、科幻小说等大众文化领域，开始不断出现描述技术全面控制人类的恐怖情境的"反面乌托邦"。20世纪末，在电子信息技术尤其是虚拟现实技术飞速发展的背景下，人们对于"巨技术"（mega-technology）的恐惧焦虑情绪更是达到了一个高峰，以探讨人类未来命运的电影《黑客帝国》系列和黑色喜剧《楚门的世界》等为代表。

其实，这种对科技的恐惧与拒斥几乎与科技发展史一样长。对于工具尤其是具有系统性特征的现代技术造物，人们始终有一种"控制—反控制"隐忧，也就是说，人类发展科学技术、制造工具，本来是为了更有效地改造和控制外部世界，是为了使自己能够更强大，以获得独立自主和自由，但随着科学技术的发展，本应作为"人的延伸"的这一中介体系，越来越强大和难以完全驾驭（尤其是超越了单个人的驾驭能力），因此反过来控制了人，使人失去了独立自主和自由。卓别林的电影《摩登时代》就形象地展现了人被工业化生产的大机器吞噬、人成为机器的一部分的担忧，而20世纪末出现的《黑客帝国》等，则表达了电子时代虚拟世界与现实世界难以分辨、人被电子系统控制的恐慌感。

技术手段发展越完善、越"成熟"，人们就越担心对它们的控制问题。很多反对技术手段、提倡回归朴素生活的人，所拒斥的其实是技术对人的控制，如普遍认为反对现代科技的美国阿米什（Amish）人，其实并非拒绝一切科学技术，而是倾向于拒绝那些有控制人类生活可能的技术设备，以此来保持自己的独立自由。"控制"似乎是对技术进行反思与探讨时绕不开的一个词，事实也正是如此。"控制"是现代技术发展的原动力，自启蒙以来，拥有力量、获得独立自主的权力就成为科学技术发展的基本动机，培根所言"知识就是力量"就是这一思想的折射。在启蒙时代之前，人们臣服于自然的威力，不得不依附于自然、顺从自然（如我国古代所说的"靠天吃饭"），启蒙之后，人类将自然当作可以观察、计算、分析、控制的"客体"，试图尽量准确地把握自然界"构成"的最微小的细节,试图搞清楚自然运行的一切规律,试图对自然的一切可能性做出尽量可靠的预测。用一句话来说就是人类尽可能控制自然,把自然改造得尽量适合于人类的需要。科学技术成为人类摆脱自然压迫和统治的助手,但科学技术的发展又使人类在很大程度上依赖于技术系统,更深地丧失了独立性。这就是霍克海默和阿多诺提出的"启蒙的辩证法"。

有很多西方学者悲观地认为,技术的发展已经超过了人所能控制的范围,如海德格尔就曾在接受采访时表示,现在"只有上帝能够拯救我们"。但是,更多的人仍然相信,技术并非超越人类理性选择的异己力量,人类有对技术发展进行控制的能力。法兰克福学派哲学家弗洛姆提出,要发展一种"人性化的技术"来替代目前这种非人性化的技术,恢复技术服务于人类的使命。法国技术哲学家埃吕尔曾在《技术的社会》一书中提出"适当技术"(appropriate technology)概念,认为技术发展应增加个人对自由和人权的关心。美国学者德雷奇森认为,在经历了技术无政府主义、技术乐观主义和技术恐惧主义之后,技术哲学发展的第四个阶段是技术控制主义。对技术发展进行控制的思想,要求人类在开发技术时必须对之进行有效的控制,使人的目的和价值能够与技术相结合,使技术的发展始终不偏离人类的目的。环保支持者也提出,不顾自然环境的技术发展思路应彻底转变,发展适应自然环境多样性和人类能力多方面发挥的技术,尽量少地干扰环境,最小限度使用不可再生资源。

从近年来各领域学者所提出的"技术控制"思路来看,主要有两种技术控制手段,一种是通过技术本身的改进来进行控制,如发展绿色低碳的技术,发展技术预测方法,科学地规划技术的发展、对其后果进行计划和控制;另一种则是通过社会控制来使技术发展不偏离人的目的,体现人的价值。英国物理学家彼德·狄拉克(Peter Dirac)等认为,技术是人和人类社会的产物,如果人被机器所控制,那么最终应受到责备的也不是机器本身,而是制造和使用工具的人。因此,对技术的控制最后还是要归结到人和社会,要从人和社会内在的心理、文化尤其是政治的局限上找原因,通过改变人的行为来加以解决。费恩伯格等人认为,可以通过民主参与即人们广泛参与发展、实施和管理技术的社会过程来达到技术控制的目的。甚至还有学者提出,应修改宪法以保护公民脱离技术造成的危险,确保技术朝着有利于人类幸福而不是控制人类的方向发展。

笔者有感于当代科技在大众中仍然拥有"神话"般的地位,主要是从批判性视角对科技进行了审视。然而,需要说明的是,"批判"不等于"否定","反思科技"更不能等同于"反科技"。指出现代科技对自然、对人的座架,指出科技标准普遍化对人性的压抑性力量,并不意味着对科技本身的否定,更不意味着笔者主张人类放弃一切科技手段、回归原始生活,或是像某些极端的后现代思想家那样否定理性,认为"醉"优越于"醒",甚至把"疯癫"、"死亡"等作为对抗二元分裂的现代性的手段。

同样,笔者也不认为科学技术本身与生俱来就有"反人文"的本质。诚然,深受中国文化传统浸润、深具人文情怀的人,对于科技和理性思维方式多半容易持怀疑立场。早在春秋战国时期,庄子等思想家就曾意识到技术性的机械思维对人的自由、道德造成的有害影响,认为"有技巧者有机心",即认为偏好或倚重技术会使人走向机械化思维、从而损害人纯朴的道德情感。这一观念直接导致了中国古代对于科学技术地位的严重贬低,甚至影响到 17,18 世纪的清朝统治者,面对当时欧洲蒸汽机的发明、工业革命的浪潮,甚至直接面对西方各国赠送的各种技术器械,康熙、乾隆等却认为这些属于"奇技淫巧",锁之于深宫之中,从而致使中国错过了科技大发展的关键时期,这是几乎每一个熟悉近代历史的人都感到痛心的。

以科技为特征和核心的现代化浪潮,是任何一个国家都无法抵挡的,而就科技发展和现代化的历程来看,科技本身虽然不是人类幸福的保证,但它至少可以成为人类获得幸福的手段,并且有学者认为:"科学技术作为人类本质力量的物化形式和创造物,它提高了人们的经济水平,为人类创造了更多的物质财富,不断满足着人类日益增长的物质需要,同时它还把人类从繁重的体力劳动和脑力劳动中解放出来,减轻了人类的贫困、痛苦和灾难,提高了人类社会物质生活的质量,为人类更好地生存和发展奠定了坚实的物质基础,这本身就是一种道德之善。"①用英国著名科普作家马特·里德利的话来说,经济增长和技术进步反复扮演着社会救援角色是一个"不争的事实"。

然而我们也不能不看到,另一个"不争的事实"是,当代社会,人们记住的更多的是"科学技术是第一生产力",以及培根那句鼓舞人心的"知识就是力量",对于康德的"知识为信仰留余地"却知之甚少,或者是选择性无视、选择性遗忘。200多年前,在现代科技刚刚显露出其巨大威力时,康德就敏锐地看出了经验主义和人类中心主义无限扩张的倾向,并预见了如果人们只相信科学能够解释世界,如果信仰缺失,人类将会失去终极的自由、道德和灵性。的确,科技能够带给人类控制自然、征服自然的力量,科技还能控制社会和人自身,但是,我们所谓的幸福,是否就是生活在一个不会有无法预料和无法控制的错误,一切都井然有序的"完美"世界中呢? 有一些问题,是科技无论多么发达也无法替人类解答的,比如说人生的意义,比如说什么是"幸福",比如说,终有一死的我们,要怎样度过这短暂的一生,才算有价值。当代人在喧嚣的闹市中,在虚拟的网络世界里辗转浮沉的时候,有几个人会停下脚步想这些问题呢? 基于这些现实的状况,我想,在当今第四次技术革命浪潮②呼之欲出的今天,我们还是应该多听听对于科技的不同看法,从多个角度去看待科技的影响,在提高科技发展水平的同时,也想想人类自身的事情——毕竟,"人的力量的延伸"并不能等同于人本身。

---

① 李兰芬,王永明:《从人的全面发展看科技的伦理禁区》,《学海》,2007年第6期。
② 普遍认为,第一次技术革命是蒸汽机的发明,第二次技术革命是电力革命,第三次技术革命是电子信息技术革命,第四次技术革命是即将到来的新能源革命。

# 6

## 历史主义语境下中西文化对话的可能性

陆月宏 *

* 陆月宏,江苏省社会科学院哲学与文化研究所副研究员。

在德意志的民族史诗《尼伯龙根之歌》中，充满了对命运的悲剧、对罪行不可避免的报偿、对正义和光明与邪恶和黑暗力量无止境的力量交锋的描写。德国历史正是这样一部充斥着令人困惑的难解之谜和诸多不幸顿挫的传奇。

德国近代史肇端于路德的宗教改革。路德被称颂为近代德国的精神之父。他声称，每个人都可以直接面对上帝，从而既削弱了教会的权威，又推动了近代精神的崛起。路德的精神发展以恐惧为特征，自觉不自觉地体现了当时德国的普遍心理。德国在宗教改革运动前的 10 年，正经历着一场真正的、普遍的宗教兴奋，其根本动力似乎就是一种恐惧感。① 路德直觉地表达了围浸着德国心灵的恐惧。构成新教基础的，正是对人性的怀疑、对自我的否定与对上帝的虔敬。作为宗教哲学，它通过开显个体与上帝之间的巨大深渊，从而召唤人类进行精神上的终极追求。从政治角度来说，专注于内在精神和灵魂救赎的结果是把现实的生活世界托付给任何一种政治权威。禁欲自律的宗教伦理在社会实践中导致了世俗权威的恣意横行。天意信仰的强化，最终使得绝对服从上帝的意志与无条件地接受现状成为了一回事。这种认为世俗权威具有神圣性和崇拜权威亦是一种天职的观念，经过新教的洗礼已深深烙印到了德国人的灵魂之中。

虔诚而又独断的新教是和刚刚萌动觉醒的德意志民族意识共同成长起来的。路德宗教改革的初衷是反对罗马教廷的腐败荒唐，但是当批判的锋芒指向罗马时，德意志民族国家的意识便开始抬头了。德国新教徒把宗教信仰和狭隘的民族情绪联系起来，既导致了与西方天主教的对峙，也使得宗教事务受制于世俗国家。新教伦理在精神世界中培养了崇拜权威、鄙视世俗乃至残酷压制的观念，由此导致了思想文化上独特而怪异的封建性、神秘主义、浪漫主义和总体性的倾向，以及政治制度上的专制性。

---

① ［美］威利斯顿·沃尔克：《基督教会史》，孙善玲，等译，中国社会科学出版社，1991 年，第 377 页。

由此可见，路德的新教革命与文艺复兴的世俗取向、个人主义之间的深刻差别，使得德国以一种特殊的方式走向近代。因此严格地说，直到 18 世纪中叶，新教德国才开始出现了一种文艺复兴的文学艺术的余波。西方文化史上的第二次文艺复兴，就是以歌德和席勒为代表的德国古典文化。在温克尔曼的启迪和感召下，莱辛、歌德、席勒、荷尔德林等德国文化精英把目光从阴郁的德国转向了阳光明媚的古希腊，以自由的饱满人性为理想重建德国文化。与路德过于强烈的民族意识不同，他们都是世界公民，对德意志不屑一顾，而醉心于希腊—拉丁传统；与路德对感性欲望的谴责和压制不同，他们始终尊重感性。路德怀疑人性，不信任民众，而《欢乐颂》则号召大家相互拥抱。

古典文化是德国真正的文艺复兴，它追求的人性理想，与德国民族性中的阴沉、紊乱形成了鲜明对照。它对悲惨现实的无可奈何的回避则造就了超然而又内向的品质。如果古典文化能由审美向现实生活进行全面渗透，那么宗教改革所塑造的德国精神便有可能获得第二次文艺复兴的滋养，近现代德国拥有的很可能会是另一种命运。无怪乎在纳粹统治时期，有良知的公民都希望以歌德的德国对抗希特勒的德国，而二战后德国的文化重建确实也是以恢复古典人道传统为基础的。诚如雅斯贝斯所说，正是由于我们与古典时代相关，我们才成为德国人。如果我们抛弃古典时代，那么我们都将变成粗野无礼之人。①

德国的民族主义肇始于路德的宗教改革，而再次勃兴于 18 世纪末 19 世纪初与法国的民族斗争。在这次民族主义的再次勃兴中，对抗法国的政治反动伸展为对抗现代性的文化反动。可以说，法国大革命不仅是近代法国的转折，而且也标志着近代德国的一次重大转折。正是拿破仑对德意志土地的征服，使救亡压倒启蒙、统一取代自由形成了德国近代的主题。由于这种救亡和统一是针对法国而来的，因此在德意志传统中，自由主义被牢牢地等同于法国人，而政治保守主义和浪漫主

① ［德］卡尔·雅斯贝尔斯:《什么是教育》，邹进译，生活·读书·新知三联书店，1991 年，第 127 页。

义则被等同于较高级的德意志民族主义。① 因此,在近代化的关键时刻,德国又一次偏离了自由主义和民主的西方道路。

## 梅尼克生平及其思想道路

> 生活在世界历史中的人,
> 是否应以面对瞬间为准则?
> 惟有透视时代而奋斗的人,
> 才有讲话、做诗的资格。
>
> ——歌德

在 19 世纪 60 年代,俾斯麦的普鲁士通过对丹麦战争、对奥地利战争和建立北德意志联邦,正在日益接近统一德国的伟大目标;历史学派的精神领袖、被誉为"历史学中的歌德"的兰克,正在撰写《16、17 世纪英国史》;深具悲剧精神的布克哈特完成了名著;悲剧哲学家尼采正忙于发现荷尔德林、叔本华,谈论俾斯麦和普鲁士的民族主义。德国的历史画面正呈现出明暗交织的迷离特质。从宏观层面来说,西方资本主义文明正处于转入帝国主义阶段,亦即运行在下降轨道上;从德国的民族层面来说,作为后发的资本主义国家,其政治、经济和军事力量无不处于方兴未艾的振兴阶段,亦即运行在上升轨道上。对时代精神特别敏锐和具有知性真诚的尼采、布克哈特来说,西方文明悲剧性的风雨飘摇时代正愈行愈近、势不可挡;而对于主要关注政治事务的德国历史学派来说,德意志的命运正宛如朝阳初升,前景不可限量。可以说,西方文明总的阴郁主题和德意志民族恢宏自信的主题正在德国这片神秘奇幻的土地上交织着,注定将编织出一波三折的悲喜大剧。

作为历史学派的殿军,1862 年 10 月 30 日,梅尼克诞生于普鲁士

---

① [美]科尔佩·S·平森:《德国近代史》上册,范德一,等译,商务印书馆,1987 年,第 75 页。

的萨尔茨维德尔（Salzwedel），其时，兰克学派和普鲁士学派正如日中天。萨尔茨维德尔是一个充满了保守基督教气氛的小镇。梅尼克的父亲是邮局局长，是虔诚的路德派信徒，效忠于普鲁士王朝。母亲是勤劳的家庭主妇。他那时候面对的是一个新教市民的北德意志——普鲁士世界。在这个世界中存在着正统的虔敬主义、忠于王权的保守主义与基督教——社会主义信念。1871年，因为父亲遭到贬职，全家迁往了柏林郊区。小梅尼克爱好音乐和诗歌，醉心于玛丽亚特和瓦尔特·司各特的浪漫小说。正是在柏林，梅尼克发现了自己对历史的兴趣。历史成为了他以理想方式发现世界的途径。很快，在时代世俗化浪潮的冲击下，正统的虔敬主义在梅尼克的心中衍化成了泛神论。青年梅尼克虽然丧失了对圣经中人格化上帝的信仰，不过却依然信仰在理念世界中彰显出来的神圣的世界背景，并由此走向中世纪的泛神论派别，走向诺斯替主义，最终充满喜悦地探询了它们与新柏拉图主义之间的内在关系。

具有奇特意味的是，在19世纪70年代，许多敏感的哲学家和艺术家都直觉到欧洲现代文明正在走向一场危机，从而充满了悲观主义的预感。这种悲观主义表现在历史方面的有：叔本华认为从研究历史中得不到什么智慧，质疑历史对于生命的价值；瑞士的布克哈特反对黑格尔和兰克，而质疑世界历史中呈现智慧安排的可能性。但是与此同时，德国历史学家们并没有感觉到危机到来前"山雨欲来风满楼"的恐惧，而是正沉浸在德意志统一后高涨的民族主义情绪之中。

1883年，梅尼克进入柏林大学攻读日耳曼学、历史和哲学，受教于普鲁士学派三杰德罗伊森（Gustav Droysen）、西贝尔（Heinrich von Sybel）和特赖奇克（Heinrich von Treitschke）及布雷斯劳（Harry Bresslau）。德罗伊森是布吕歇尔军团一位随军牧师的儿子，最早的回忆正是宣布联军开进巴黎的隆隆炮声。他在《论民族解放战争时期的历史》的序言中声称，他的目的就是要表彰对祖国的热爱和信念，并表明这种感情是妥当的。① 他相信,一切事情都是由上帝引导的,而历史学的崇高任务就是证明这种信念的正确性。② 在石勒苏益格—荷尔斯泰因危机中,他呼吁德意志必须团结在普鲁士的周围,而普鲁士绝不应该满足于作为德意志二等国家的地位。他撰写《普鲁士政策史》的目的主要就是提醒普鲁士,只要它觉悟到自己的责任,那么帝国就会出现。这本著作的主导思想是黑格尔的哲学,不过他也强调自由意志和个人的责任。德罗伊森强调国家的权力,认为权力是国家生活的精髓。至于历史研究的作用,他甚至认为它是政治进步和文化教益的基础,而政治家正是实践中的历史学家。德罗伊森的"历史方法与历史百科全书"讲座对自由意志和人格秘密的强调,对梅尼克的个体观念产生了影响;对作为问题史的思想史的强调,对梅尼克后来的思想史研究倾向产生了深远影响。在青年梅尼克看来,在讲座中,伟大的德国唯心主义为科学事业投下了最后一抹温暖明亮的光辉。西贝尔厌恶法国和奥地利,也厌恶天主教,认为它们是反民族的势力,是自由研究的敌人。他是一个狂热的爱国主义者,以炽热的感激之心迎接 1870 年的德国统一。特赖奇克是普鲁士学派最年轻也是最伟大的成员,被称颂为"讲坛上的俾斯麦",在他身上最充分地体现了历史与政治的融合。他认为社会的科学不存在,唯一存在的只能是国家的科学。他相信德意志必将以普鲁士为核心而统一起来。③ 他声称,自由的获得有赖于民族生活的妥当安排和良好的行政。他在《联邦制与中央集权制》中甚至要求普鲁士进攻各小邦。德国的统一使他深信德意志前途无量,相信它的精神文明将使它成为各民族的老师。特赖奇克在早期论文中曾对战争大唱赞歌,认为消除战争的愿望不仅毫无意义,而且也不道德。认为没有了战争,世界就会蜕变得自私自利。他后来甚至认为战争是人类生活必不

---

① [英]乔治·皮博迪·古奇:《十九世纪历史学与历史学家》上册,耿淡如译,商务印书馆,第 257 页。

② 同①,第 257－258 页。

③ 同①,第 276 页。

可少的道德滋补剂,认为强者征服弱者是生活的法则。这种论调是与黑格尔一脉相承的。

1886年,梅尼克在赖因霍尔德·科泽(Reinhold Koser)的指导下完成研究普鲁士17世纪早期历史的博士论文。随后进入普鲁士档案馆工作。在西贝尔指导下,着手撰写并完成了大学教授资格论文《陆军元帅赫尔曼·冯·博延传》。在这个过程中,他产生了对于19世纪德意志历史的巨大兴趣。1893年,西贝尔推荐他担任《历史杂志》编辑。1896年,他继特赖奇克之后担任主编。此后直到1935年被纳粹政府解职之前,梅尼克一直主持《历史杂志》,对德国的历史主义和历史研究产生了巨大而又深远的影响。

正是在梅尼克担任《历史杂志》的编辑职务和撰写《博延传》的过程中,德国史学界爆发了兰普雷希特辩论。兰普雷希特主要从实证主义立场出发,批判了德国史学界个体化的描述性方法,要求代之以阐明一般发展规律的发生学方法。他认为兰克的观念论业已过时,要求德国历史学家放弃神秘主义的历史实在论,转而从事历史发展的经验性研究。虽然梅尼克在这场辩论中没有旗帜鲜明地站出来,不过《历史杂志》却正是批判兰普雷希特的大本营。传统历史学家们主要引证文德尔班和李凯尔特来批判兰普雷希特。辩论双方的一个基本分歧点在于,历史学应该专注于社会史还是政治史。兰普雷希特辩论的积极影响在于,它反映了从对政治史的专注向着对文化因素的思考的转移。梅尼克也敏锐地洞察到了兰普雷希特的贡献:对那些手艺人式的历史学家的狭隘和观念匮乏发出了警告,要求重新将观念和理论引入历史思想。梅尼克认识到,历史学必须恢复对国家和民族的具体实在的关切,必须恢复与哲学或哲学精神的交流。

《博延传》受到了德罗伊森和狄尔泰的影响,并受益于与友人奥托·欣策(Otto Hintze)和奥托·克劳斯科(Otto Krauske)的争论。梅尼克在《博延传》中为历史科学在文化整体中分派了一个崇高和无所不包的位置。他在博延的心灵中揭示了一种康德哲学与弗里德里克大帝思想的混合物,并发现了个体观念不再把自然科学的因果观念作为对手,而是把理性主义和自然法观念作为对手。同时,梅尼克也接受了有机发展的观念。他指出,博延的思想世界结合了目的观念和发展观念,结合了自然法思想方式和历史思想方式。博延的历史意识起源于民族观念、政治经验主义和个体观念的结合。事实上,博延预先宣告了在《历史主义的兴起》中活跃的具有同样思想主题形态的思想人物。

梅尼克不是绝对效忠于普鲁士的顽固保守派人士,而是温和的保守派人士。他很早就对普鲁士精神有所质疑,甚至撰文批判威廉二世的社会政策改革。1901 年,他获得了斯特拉斯堡大学的历史学教授席位,1906 年,又转任为弗莱堡大学历史学教授。这两所大学都属于"上莱茵文化圈",分别坐落于莱茵河的右岸和左岸,并都处于西南德意志文化圈之中。当时,新康德主义的西南学派正如日中天,马克斯·韦伯和特勒尔奇也正处于各自思想活跃的创造阶段。

梅尼克在这时期除了与上述诸人有密切交往之外,还结识了不少具有自由主义倾向的知识分子,其中就包括瑙曼。正是在瑙曼等人的影响之下,梅尼克开始致力于思考"德意志—普鲁士"问题,并撰写了一系列著作,包括《德意志的崛起时代,1795 – 1815 年》(*Das Zeitalter der deutschen Erhebung, 1795 – 1815*),《1914 年德意志的崛起》(*Die deutschen Erhebung von 1914*),《19 – 20 世纪的普鲁士与德意志》(*Preussen und Deutschland im 19. und 20. Jahrhundert*)。其中最闻名遐迩的当属 1908 年出版的《世界主义与民族国家》(*Weltbuergertum und Nationalstaat*)。这本著作要回答的中心问题乃是:德意志文化是如何形成的? 在结构上,它分为上下两编。上编区分了国家民族与文化民族,梳理了世界主义观念与民族国家观念之间相互交织的发展线索。梅尼克认为,德意志从文化民族向国家民族的转变,是通过逐步克服世界主义观念并逐渐建构民族国家观念而完成的。其中,在建构民族国家观念中居功至伟的是黑格尔、兰克和俾斯麦。黑格尔运用辩证法,将世界主义观念与民族观念交融在一起,并在历史哲学中将德意志民族推崇为世界历史民族。兰克进一步论述了民族特性、国家与民族国家观念之间的关系。俾斯麦则首先认识到特殊的普鲁士精神的现实意义,声称普鲁士应当肩负起统一德意志的使命。下编探讨了普鲁士—德意志问题。梅尼克揭示了普鲁士精神的两面性,揭示了普鲁士与德意志之间极其错综复杂的相互融合的历史进程。值得指出的是,早在这本著作中,梅尼克就洞察到了普鲁士统一德意志的方式掺杂着一定的毒性,认为普鲁士的三级选举制妨碍了普鲁士与德意志两大议会和睦相处的可能性。不过总的来说,梅尼克在当时对德国现状是心满意足的,认为在国家的权力和道德、在民族主义和个人之间不存在根本性的冲突。与西方的古典自由主义者不同,他相信只有一个强大而统一的民族才能在宪制政府内为人民带来自由。这时候的梅尼克尚未充分认识到普鲁士—德意志的军国主义传统对德国前途潜在的巨大危害性。当时的德国盛行着泛日耳曼主义的强权文化意识、混杂着种族主义的民族观念与唯意志哲学和生命哲学。与大多数德国历史学家一样,梅尼克没有充分意识到这些思潮下面隐藏的有害一面。同样,他也没有足够清醒和充分地意识到,就在以民族英雄俾斯麦为代表的"英雄时代"和以威廉二世为代表的"暴风雨时代"的下面,潜伏着威胁德国前途的阴暗根源。随着普鲁士对德意志的统一,随着统一所激发的民族主义和爱国主义狂热,普鲁士来源于古代条顿部落精神和中古日耳曼骑士文化的军国主义和民族主义思潮迅速向整个帝国渗透,日益壮大的资产阶级及其对财富和市场的渴望与容克贵族的尚武好战精神的结合,导致形成了帝国统治阶层独特的冒险和自大的倾向。

第一次世界大战的爆发,使德国人几乎全体卷入了不可遏止的激情之中。德国诗人们纷纷颂扬战争,当时从他们笔端涌流出来的诗歌竟然不可思议地达到 50 万首。高贵的神秘主义诗人里尔克,一向予人不食人间烟火的印象,此时也唱出了战争颂歌:"传说中的战神,遥远,难以置信,初视你的崛起。"德国教授们也踊跃表达了战争热情,在《德意志帝国高校教师声明》上署名的教授达 3 000 多名。哲学家舍勒发表了长篇论文"战争守护神"。特勒尔奇相信,战争引爆的激情意味着精神信仰的回归,是精神对金钱拜物教、对怀疑主义、对享乐主义和屈从于自然的规律性的伟大胜利。① 即使一贯清醒而克制的韦伯，此时也在诸多信件中大谈战争的所谓伟大和神奇。他认为，正是在现代政治共同体中，战争作为现实暴力的恐怖力量，创造出了激情和集体感，导致了献身精神，还往往把宗教引入到充满博爱精神的英雄团体之中。② 梅尼克与当时几乎所有的知识分子一样，卷入了战争的狂热之中。"我体验到了……我生命中最美好的片断之一，它猛然间恢复了我对我们民族的深厚信心。"③梅尼克在战争期间发表了大量政治性著述，清晰地表现出了思想的演变过程。一开始，梅尼克自信地认为德国民族观念的性质本身，使德国不会采取冷酷的帝国主义政策，因为在德国，权力和精神、国家和文化是交织在一起的。1915年，他还不相信第一次世界大战意味着欧洲文化衰落的开端。到了次年，他首度承认，德国民族文化或许比西方功利主义更倾向于滥用精神价值而为权力效劳。1917年，当德国败局已定时，他悲哀地意识到，国家和民族之间的权力斗争是人类的一种悲惨处境。就这样，战争粉碎了梅尼克在《世界主义与民族国家》中所表达的客观唯心主义，粉碎了他对精神与权力、非理性与理性之间和睦相处的乐观假定。④

魏玛时代是一个充满幻灭、失望和矛盾的动荡时代，是一个德国民族自俾斯麦统一之后又陷入民族屈辱的时代。这时候的文化领域盛行以斯宾格勒为代表的悲观主义。许多知识分子变成了韦伯所谓的"书斋先知"，急于把被近代理性祛魅的世界重新浸泡到形形色色、光怪陆离的世界观中去。这也是一个圣徒贬值的时代。在大街上，在小树林里，在集市上，在马戏团的帐篷里，在小酒店乌烟瘴气的暗室里，到处都

---

① [德]萨弗兰斯基：《海德格尔传》，靳希平译，商务印书馆，1999年，第84-87页。
② [德]汉·诺·福根：《马克斯·韦伯》，刘建军译，河北教育出版社，1999年，第110-111页。
③ [美]伊格尔斯：《德国的历史观》，彭刚、顾杭译，译林出版社，2006年，第274页。
④ 同③，第276页。

看得见他们所声称的拯救德国或拯救全世界的活动。救世主、先知和代神降福者们,犹如雨后的春笋,到处出现。①

对梅尼克来说,这种战后的幻灭感集中表现在 1924 年出版的《国家理性的观念》之中。这本著作研究的对象是国家问题,是权势政治,亦即马基雅维里主义。不过,梅尼克在撰写这本著作时,显然还有一个未曾言明的动机,那就是向全世界表明,德国不是现代史上贯彻权势政策的唯一国家。关于权势政策,欧洲现代史上一直并行着两种理论:一种理论谴责国家及其所有活动,认为它们都是恶的,它的源头在于斯多亚派和早期基督教神学,梅尼克把它称之为道德主义的;另一种理论起源于马基雅维里,对国务活动家秉持同情和理解的态度,认为国家的权势欲是一种实际存在的纯粹自然的现象,梅尼克认为这种理论是现实主义的。在梅尼克看来,道德主义者孜孜以求的是最好的国家和自然法之类的东西,从而不啻于生活在一个梦想世界之中。现实主义者则关注现实和实际推动政治的力量。梅尼克认为,国家理性原则的一般实践,尤其是权势政治的目的,是介于因果关系与价值、自然与精神、实然与应然之间的中间领域的典型现象。他有时把国家称为两栖动物,其中混合了崇高因素与卑鄙因素。② 他甚至说国家受到生存斗争的自然法则的支配,在国家理性的实践后面隐藏着自我保存的追求。不过梅尼克也确实认为国家理性的实践具有道德的层面。国家犹如一层保护性的外壳,保护在其中进行的所有较高尚的活动。马基雅维里式君主的狡黠驱使他压抑情感而诉诸理智,从而得以在实践中以目的来控制手段。国务活动家们也可以为较崇高的价值、为促进公共福祉而追逐权势。梅尼克还认为国家理性是国家从自然向精神发展的命脉,甚至认为它是一种孕育于因果关系并从中破土而出、指向价值天堂和自

① [德]萨弗兰斯基:《海德格尔传》,靳希平译,商务印书馆,1999 年,第129 页。

② [德]迈内克:《马基雅维里主义》,时殷弘译,商务印书馆,2008 年,第30 页。

由王国的崇高现象。他在这本著作的结尾对国务活动家发出的呼吁是：在心中既想着国家，也想着上帝。在《国家理性的观念》这本著作中，梅尼克在谈到兰克时，就涉及了他的历史主义的宗教基础。梅尼克认为，对兰克来说，上帝在历史中彰显为神圣的象形文字，通过历史研究解读这种象形文字，正是他的神圣使命。① 在谈到国家理性在兰克那里的进展时，梅尼克指出，兰克新的历史主义不再从孤立个人出发，而是从整体的生活出发。这种历史的普遍生活潮流以不断更新的个体表现自身，始终将较卑下的因素混合进较崇高的精神实体之中，从而将自己设想为一种最高的整体性的个体。② 在为国家理性进行辩护时，梅尼克对历史主义也有所反思。他认为，国家理性的力量已经获得近代经验上的承认，并且获得历史主义的首肯。但是，由于导致了与西方各民族持有的自然法观念的决裂，导致了德意志的思想孤立，历史主义有责任进行深刻地反省。在指出自然法观念的深刻缺陷时，他也指出了德意志历史思想的缺陷，那就是它倾向于声称权势政治合乎一种崇高道德，谅解权势政治并将其理想化，从而在实践中有可能纵容一种粗野的自然主义和生物式的暴力伦理。

梅尼克在 1936 年出版了《历史主义的兴起》。二战后的 1946 年，他撰写了《德国的浩劫》。这本著作从长达两个世纪的德国历史文化背景入手，阐述了导致纳粹专政的原因，简要评论了自歌德时代的古典自由主义直至纳粹覆亡的德国思想文化。他在谴责纳粹的同时，竭尽全力为以歌德为代表的德国古典文化进行辩护。

### 历史主义的兴起：从沙夫茨伯里到伯克

在 1936 年出版的三部曲的压轴之作《历史主义的兴起》中，梅尼

① ［德］迈内克：《马基雅维里主义》，时殷弘译，商务印书馆，2008 年，第527 页。
② 同①，第 538 页。

克声称,历史主义的兴起乃是西方思想中所曾发生过的最伟大的精神革命。① 历史主义不仅是一种历史观,而且是一种生命观和世界观。这种生命观是经由从莱布尼茨到歌德为止的德国运动获得的。历史主义的实质是一种个体化的观察,而个体的本质在于,它只有通过一种发展的过程才能显示出来。

这本著作分为两部分。第一部分是"预备阶段与启蒙运动史",第二部分是"德国运动"。第一部分分为6章,分别是"先驱者"、"伏尔泰"、"孟德斯鸠、布兰维利耶和迪博"、"在伏尔泰和孟德斯鸠之旁和之后的法国历史思想"、"英国启蒙运动史"与"英国前浪漫派、弗格森和伯克"。首先讲到的是先驱者们:沙夫茨伯里、莱布尼茨、阿诺尔德、维科及拉菲陶。梅尼克指出,在历史主义的产生过程中,充满了与自然法观念艰苦卓绝的搏斗。历史主义的萌芽有赖于打破僵硬的自然法观念及其对于至高人类理念和人性齐一性的信念,并将生命的流动性注入其间。② 在这个萌芽阶段,这些先驱者们作出了重大贡献。沙夫茨伯里通过剑桥大学的哲学流派接受了新柏拉图主义,得以从人类灵魂中汲取更深的力量。他认为,我们人格中的理念统一性产生于内在形式。他心目中的宇宙基本上是一个审美式的宇宙,是统一性与多重性处于圆满和谐之中的令人狂喜出神的宇宙。同时在这之中,沙夫茨伯里表达了对个人主义原则最早的承认。③ 他对历史思想的贡献在于:他经验为原初的与深邃的普世基督教与新柏拉图主义;他那与新柏拉图主义的宇宙构想密切相关的审美才能。它们开启了历史观照的新的可能性。他对历史思想的贡献还在于他所教诲的热情。历史学家的热情对于他们更深刻地直观与理解历史事件是必不可少的,是一切高尚精神——道德生活的氛围。沙夫茨伯里在柏拉图—新柏拉图主义的思想

---

① Friedrich Meinecke. Die entstehung des historismus. R. Oldenbourg Verlag, 1959:1.

② 同①:13.

③ 同①:21 – 22.

土壤中建构起来的新自然法,也在一定程度上松动了旧自然法僵硬的观念,从而有利于历史主义的产生。

莱布尼茨是一位对德国运动享有持久影响的思想巨人。他的格言是"精神,就是在多中热爱着一。"①在他的单子学说和"前定和谐"体系中也渗透着新柏拉图主义世界观。他声称,个体是通过其本性的完整无缺而成为个体的。灵魂单独地依赖于神和它自身,而神也是在无穷无尽的不同个体中表现其自身的。个体在自身中就包含着无限性。单子和宇宙,个体和无限是相互归属的,每个单子都是宇宙的一面镜子。②梅尼克指出,莱布尼茨是以发展观念为代价而对个体观念进行提升的。他为历史知识赋予的目的是功利主义和道德的,同后来的伏尔泰一样,他也是文明史研究的先驱者。正如他那伟大的单子学说,他设想的人类进步是朝向无限的过程。值得注意的是,在莱布尼茨身上体现了后来德国思想者典型的双重生活形象,亦即在运用自由的普遍精神的同时,以最狭隘的方式卷入于小邦的琐事之中。③阿诺尔德的唯心主义软化了奠基于自然法之上的思想,使经由神启示出来的灵魂的绝对价值成为世界历史的奠基石。他是第一位将人类灵魂摆放在历史舞台中心的历史学家。④梅尼克认为,我们在阿诺尔德身上识别出了德国思想史上最奇特和最重要的现象,识别出了虔敬主义对历史主义的伟大影响。虔敬主义在对个体施加严厉限制的同时,在灵魂的最幽深处强烈激发了生命活力,由此滋养了个体的苏醒,从而实际上成为新个体主义的先驱,并进一步成为了历史主义的温床。⑤虔敬主义及产生于它之中的神秘主义,被梅尼克赞赏为德国的首要精神力量,为对于人性和历史世界的新颖洞察做好了准备。

① Friedrich Meinecke. Die entstehung des historismus. R. Oldenbourg Verlag, 1959:28.
② 同①:31.
③ 同①:43.
④ 同①:49.
⑤ 同①:50.

意大利的维科也是宽泛意义上的柏拉图主义者,这在他的"形而上学顶端"学说中是显而易见的。维科最著名的观点是:人们只能理解自己创造的东西。① 维科关于民族历史无所不包的叙述,把人类历史划分为不同阶段的方式,对历史事件根基的探索,都深深影响了现代历史思想。② 维科认为,人们在创造公民秩序和文化时并不知道自己在做什么,而只不过是在追随着他们那狭隘、自私和感官的利益。梅尼克指出,这种观点具有一种深刻的解放性影响。③ 维科突破了古代观念的限制,重新解释了荷马,把荷马看作整个民族的反映,认为整个民族才是荷马史诗的真正作者。但是,维科总是把典型与完全的个体混合在一起。梅尼克认为,维科教导了种类的发展和民族的发展,却没有教导个体的发展。维科仅仅是在允许种类发展的程度上,才是历史主义的先驱。④ 总的来说,沙夫茨伯里和莱布尼茨综合了新柏拉图主义和新教的思想,获得了个体观念,不过由于至善论理念而未能获得发展观念。维科以巴洛克和天主教的方式获得了发展观念,却没有获得个体观念。梅尼克意识到,这4位杰出的思想家共同表现了历史主义将奠基于其上的基本因素:新柏拉图主义,虔敬主义和新教;新颖的审美感受能力;对与原始人类相联系的崭新和深刻的感受。

启蒙运动在历史领域中的巅峰成就表现在伏尔泰的作品中。它犹如一面镜子,以那个时代带有局限性的清晰性,反映了时代的政治、社会和知识因素。它支配性的确信感,使整个历史舞台服从于其自身的标准。伏尔泰的历史观念受到了3种特殊倾向的规定。首要的倾向是满意于当下生活的新感受;其次是自然科学和数学发现带来的强烈印象;第三是他的道德主义倾向。正是伏尔泰首先铸造了历史哲学这个

---

① Friedrich Meinecke. Die entstehung des historismus. R. Oldenbourg Verlag, 1959:56.

② 同①:58.

③ 同①:60.

④ 同①:65.

名词。不过,对他来说,历史哲学的作用无非是从历史事件中抽绎出有用的真理而已。在伏尔泰的历史世界中,表现出了理性和非理性之间的矛盾。① 在他解释历史现象的方式中,表现出了机械主义和道德主义之间的矛盾。梅尼克认为,伏尔泰对历史思想的贡献就在于,使西方人确信,每一个伟大的新观念都必须奠定在历史的基础之上,从而迫使互为对手的新观念和老观念受到历史天平的审查。② 伏尔泰偏爱的历史主题是时代精神、民族精神与历史构成物的精神。他决定性地激发起了历史对于较低的中产阶级的兴趣。梅尼克意味深长地指出,伏尔泰是从剧院走向历史的,这决定了他对戏剧性历史场面的偏爱,对历史生活绚丽形态的偏爱。他激发起了对所有与历史相关事物的好奇心。从这个角度来说,他走到了历史主义的门槛上。留给历史主义的任务,就是在他收集的大量历史素材中注入生命。③ 他发现了历史中意见力量栖居于其中的习俗领域,认为它是历史中多样性的源泉。伏尔泰以道德主义的形式,从精明的现实主义立场出发,承认了历史生活中政治力量和国家的重要性。他以清醒实际和粗犷的精神,在历史著述中应用了国家理性学说。梅尼克指出,伏尔泰通过理性的完美理想,唤起了人们对于总体的世界历史的感受,特别是对它的个别表现的感受,从而有助于把西方历史看做一种向上的缓慢攀升。这种攀升趋向于获得至高无上的利益,尤其受到了国家力量与人类意见和观念的激励和制约。与历史兴趣的普遍化一道,这种观念构成了伏尔泰历史方法中最有希望的因素。但是,伏尔泰既在个体问题上没有找到令人满意的解决办法,也没有提供关于个体的发展观念,而仅仅提供了关于完美状态的机械论替代品。④

---

① Friedrich Meinecke. Die entstehung des historismus. R. Oldenbourg Verlag, 1959:81.

② 同①:83.

③ 同①:108.

④ 同①:114 - 115.

梅尼克认为,启蒙运动根据理性标准来判断历史世界,这种理性摆脱了一切宗教和形而上学的因素。在历史领域中,在自然法精神和丰富的经验材料之间横亘着一道鸿沟。而在实际现实活动的观点与自然法的普遍国家理论之间,也横亘着一道鸿沟。① 在一定意义上,启蒙运动正是对来自 17 世纪的权力政治的抗议。在孟德斯鸠的历史思想中也相应存在着深刻的矛盾:一方面,他具有慷慨激昂的道德主义,批判马基雅维里和近代政治人物的思想世界和政治活动领域;另一方面,他又具有对因果性思想的迫切渴求。在国家理性方面,孟德斯鸠要追问的是:一个特定的国家拥有什么样的特定利益;需要什么样的策略安排来实现一种特定的政治价值,亦即政治自由。梅尼克指出,孟德斯鸠最伟大的成就在于,为政治人物提供关于国家生活最彻底的知识及奠基于这种知识之上的治国格言。② 孟德斯鸠的思想统一了自然法—理性思潮与经验—现实思潮。孟德斯鸠认识到,普遍和个人、环境和个体总是存在于相互作用的状态之中。他的历史解释的一个特点是:将个人的实用主义和制度的实用主义,并且和所有其他的超个人原因结合起来。梅尼克认为,孟德斯鸠确实成功地描绘了关于历史因果关系的宏伟画卷,不过却未能从内部出发把这幅历史画卷融会贯通成一个生动的整体。他的政治功利主义,既可能是其历史洞见的源泉,又可能是限制。他的因果关系理论最成熟的声明是:事物的基本原则伴随着所有的特殊情形。梅尼克声称,孟德斯鸠的历史观念仍然深受机械式因果论和历史循环理论的影响,不过它也许代表了这个阶段的启蒙运动所获得的最高程度的历史意识。孟德斯鸠的政治相对主义对未来的历史主义而言是一块里程碑。③ 梅尼克相信,在孟德斯鸠的著作中可以体会到他对历史宇宙的敬畏,对受到基本法则主宰的历史戏剧的敬畏,这

---

① Friedrich Meinecke. Die entstehung des historismus. R. Oldenbourg Verlag, 1959:119.

② 同①:127 – 128.

③ 同①:148.

些法则产生了所有的多样性,却没有与它们相矛盾。① 在孟德斯鸠理性主义的思想外壳之下,正在生长着一种新的生命感受的胚芽,活跃着一种原始的历史感受因素,活跃着一种对于繁复的多样性个体的喜悦感受。他最钟爱的 3 个历史性世界是:罗马共和国、立宪制的英国和中世纪的日耳曼—法兰西。在法国的社会和政治生活中存在着法兰克—日耳曼源头和高卢—罗马源头,倾心于前者的是布兰维利耶,倾心于后者的是迪博。梅尼克指出,孟德斯鸠未能实现超出政治功利主义和理性主义的新的与历史之间的关系,除了一个特殊的历史领域即中世纪之外。在对中世纪的研究中,有着个体观念和发展观念的苏醒。梅尼克指出,虽然孟德斯鸠使历史研究更彻底地深入到了历史的个体现象之中,但是他尚未能感受到历史中的个体形式和个体结构的创造性。在发展方面,孟德斯鸠过于关注类型和可比较的事物。他所描述的事件过程可以理解为进行改变或调整以适应于不断变化的环境,而不是真正的发展。但是,孟德斯鸠对后世包括对德国运动的影响是强劲有力的。他使人们产生了对历史创造物新的尊敬,并且发现了迄今未曾注意到的事件的意义和结构。

在法国,除了伏尔泰、孟德斯鸠及其他思想家对历史主义兴起所作的贡献之外,还存在着其他 3 种有益的思潮:对如其所是的古代的兴趣;对中世纪世代传承的贵族的兴趣;一种大约在 18 世纪中期新兴的对几乎整个欧洲的兴趣,对各民族最初历史的兴趣。同时,也出现了对中世纪骑士制度的热爱,这种热爱表现于文学和艺术趣味之中。

休谟是一位极具知性真诚的哲学家,他既信仰理性,又怀疑理性。他进行了 3 项著名的批判:对实体概念的批判、对因果法则的批判和对自然神学的批判。这 3 项批判不仅动摇了理性主义的支柱,而且也影响了历史思想。② 休谟认为,历史研究的利益在于愉悦想象力,在于改

---

① Friedrich Meinecke. Die entstehung des historismus. R. Oldenbourg Verlag, 1959:155.

② 同①:195.

善理解力和强化美德。梅尼克认为,他可能是第一个意识到现代学习就最好的方面来说正是历史学习的思想家。① 休谟认为认识历史所需要的是关于人性的类型化心理学。他把整个生命和世界历史转变成了无数受普遍法则支配的心理情结。因此,休谟被恰当地称之为现代实证主义之父。但是,梅尼克也指出,休谟作为18世纪的英国公民,具有伟大的真实经验,他的随笔和《英国史》充满了丰富的具体经验,渗透了个体的独特感受。休谟在《自然宗教史》中提出了人性中宗教起源的问题,他认为多神教或偶像崇拜必然是最早和最古老的宗教。休谟的宗教史研究打击了基督教对耶稣基督启示的信仰,也打击了古典世界对人类理性的信念,认为人类是从低级阶段通过缓慢的发展上升到高级阶段的。② 但是,休谟不能以任何的彻底性贯彻发展观念,因为在他身上还存在着循环理论这样的自然法观念的残留物。休谟关于国家起源的自然主义学说打击了社会契约论。可以说,他在不具有个体观念和个体的发展观念的情形之下,就拥有了新的历史意识。正是对历史中政治权力因素的深刻理解,第一次使新的历史意识圆满形成。③ 休谟认为,在每个国家对权威的需要和对自由的需要之间存在着永久的斗争,并进而指出,两者之中,权威是更重要的考虑对象。不过梅尼克认为,在《英国史》中,个体业已就位,因为它就是英国人民。④ 休谟历史研究的目的在于揭示出,人性能够实现多大程度的完美状态。因此,英国历史被表现为一个吻合于心理法则和政治经验的发展完美状态的过程,被看做一种缓慢和困顿的发展。休谟的缺陷在于,他对历史运动背景的理解极不充分,缺乏对那些导致历史变迁的隐藏着的倾向和运动的感受。休谟的历史研究中也充满了有关精神的表述,比如:中

---

① Friedrich Meinecke. Die entstehung des historismus. R. Oldenbourg Verlag, 1959:197.

② 同①:207.

③ 同①:211.

④ 同①:216.

世纪的浪漫精神、迷信精神或偏执精神、时代精神。作为道德主义者，休谟认为政治计谋压倒真理、法律和习俗是人类不幸的最大源头之一。但是作为经验主义者，他把这种历史现象看做长期存在和世界性的邪恶，他理解它的流行和力量。与伏尔泰一样，休谟认识到历史中能产生结果的主要因素就是国家和宗教。不过由于机械心理学的限制，他没有能够把这两种因素带入任何有机的联系之中，也缺乏将给它们带来与整体联系的纽带。最重要的是，休谟未能为历史生命提供内在的灵魂。①

《罗马帝国兴衰史》的作者吉本为历史主义传递了两项遗产，并直接在兰克那里获得了最高的发展。第一项遗产是吉本对材料世界历史式的把握，是他深入材料和将不同部分结合起来的能力。② 第二项遗产就是民族共同体即西方基督教民族的观念，它将启蒙运动与历史主义联系了起来。③ 吉本欢迎这个民族共同体繁复的多样性，也欢迎它的共同性格。在罗宾逊的历史著作中贯穿着普遍历史的线索，表现出了对处于运动之中的世界现象的高度尊重，对世界的特殊和个体的性质的高度尊重。

梅尼克指出，历史发展的本质在于，只有通过极端对立的过程及对立倾向之间的张力，才有发展的可能。伟大的精神运动甫一兴起，通常会采取一种绝对的性格以期战胜所有反对的力量。但事实上，在这种精神运动的旁边和背景之中，总会有一些不同方向的精神力量在起着作用。④ 同样，从一开始，在启蒙运动和理性主义的内部就孕育了浪漫主义、非理性主义和历史主义的思想胚芽。英国人在采取启蒙运动的经验主义和感觉主义形式的同时，也发展出了共通感，亦即对浪漫和美

---

① Friedrich Meinecke. Die entstehung des historismus. R. Oldenbourg Verlag, 1959:227.

② 同①:229.

③ 同①:231.

④ 同①:243.

的需要。这种需要表现在对英国花园和哥特式建筑的寻找之中。在洛特的《论希伯来的神圣诗歌》中,出现了一种纯粹的虔敬与新颖的、初生的和创造性的趣味的结合。梅尼克指出,洛特的著作也许是英国整个前浪漫派运动中最重要的产物。它通过表现单纯的人和历史的内容与圣经的价值,间接有助于历史研究摆脱神学的束缚。① 西方文化中的两部经典作品,《圣经》和《荷马史诗》被布莱克威尔、洛特和伍德重新阐释,在一定程度上摆脱了自然法观念。人们开始陶醉于人类原始时期和早期的非理性现象所提供的差异之中,尤其陶醉于他们自己特殊的民族性和早期的种族成分之中。

梅尼克认为,有两位思想家对休谟所获得的进展和英国前浪漫派所获得的进展进行了综合。他们就是弗格森和伯克。弗格森致力于既经验主义又创造性地将人类社会形式的发展从原始水平追踪到高度文明的水平。② 他强调了社会成长中本能的力量,认为社会制度起源于自然的冲动,认为原始种族的语言证实了人类天生就是诗人。他全面肯定了古代因素对现代文化历史及其发展的重要性,同时也强调了中世纪生活和习俗的重要性。弗格森意识到了人类精神在民族和国家的历史中是决定性的因素。他赋予了国家和维持它的内在力量以恰当的重要性。③ 伯克把前浪漫派以更为个体化的方式理解艺术和历史的新原理应用于国家。④ 就关注国家和历史而言,休谟的著作是伯克的重要先驱。在伯克眼中,国家呈现出了美好和仁慈的一面。尤其是在法国大革命期间,出于对法国的憎恨,他把英国虔诚化和勇武化了。梅尼克认为,在伯克所有的价值、政治和历史判断中,存在着一种世界性虔诚。这种虔诚意味着,伯克准备如其所是地接受世界,包括所有深不可

① Friedrich Meinecke. Die entstehung des historismus. R. Oldenbourg Verlag, 1959:251.

② 同①:262.

③ 同①:265.

④ 同①:268.

测的深渊和缺陷。这种世界性虔诚代表了未来历史主义所需要的重要态度,以便可以从非理性发展着的历史世界中抽绎出合理性。梅尼克指出,沙夫茨伯里已经抱有这种世界性虔诚,而歌德对它进行了最深刻和最丰富饱满的表达,兰克则把它最普遍地应用于历史世界。在沙夫茨伯里和歌德那里,这种世界性虔诚返回到了新柏拉图主义的世界观,在伯克那里则返回到了一种肯定性的基督教观念。在赫尔德的历史主义中,它同时扎根于新柏拉图主义和基督教。在兰克身上,这些精神资源全都不可分割地统一在了一起。梅尼克认为,伯克的世界性虔诚通过使历史中更高的力量领先于人的理性意志,而撤走了奠基于自然法观念的根基。① 在伯克这里,已经存在一种日益明显的内在和超越的综合。这是关于世界进程内部的神圣力量的意识,是关于此世和彼岸具有密切联系的意识。② 但是,伯克的思想还不是历史主义,而是一种复活了的传统主义,是对于启蒙运动的强烈抗议,代表了传统方法所能达到的最高阶段。在伯克的著述中,国家的生命力和历史的生命力达到了极高的程度。他那伟大的政治热情使他远远超出了英国前浪漫派。伯克表达出了关于生命连续性的内在感受,关于过去和现在一体化的感受。国家内在的生命力,是伯克对新历史观所作出的最伟大贡献。③

## 历史主义的兴起:从默泽尔到歌德

第二部分"德国运动"包括 4 章,分别是:"对德国运动的初步考察;莱辛和温克尔曼"、"默泽尔"、"赫尔德"与"歌德"。在梅尼克看来,历史主义注定将在德国运动中获得最初的恢宏表达。这场运动在

---

① Friedrich Meinecke. Die entstehung des historismus. R. Oldenbourg Verlag, 1959:274 – 275.
② 同①:275 – 276.
③ 同①:281.

较晚的时候来到德国,却获得了迅速的发展并臻于成熟。① 在孟德斯鸠和西欧启蒙运动历史学家的激励之下,与英国历史学家的世界历史联结在一起,德国思想转向了普遍性领域,开始拥抱整个人类。② 梅尼克把德国运动中的伟大人物分为两类,第一类包括莱辛、温克尔曼、席勒和康德,是较为理念化的,他们由于提高了德国精神生活的水平而为历史主义作出了准备性贡献;第二类包括默泽尔、赫尔德和歌德,是较为个体化的,他们是历史主义较早形式的直接鼓动家。

梅尼克认为,在莱辛的《智者纳旦》中,表现的不是一个个体的人,而是一个理念化的人。莱辛关于生命和历史中最高价值的思想,都受制于他对人性中的基本伦理动机的探索。在他的思想中,上帝在世界中并伴随着世界而发展。正是发展观念使他与斯宾诺莎区别了开来。不过,梅尼克指出,莱辛的发展观念不是历史主义的,而是莱布尼茨所表达的规范观念和启蒙运动的完美主义观念。③ 在温克尔曼对一系列艺术风格的发现中,对艺术生活与民族的整体生命尤其是与政治命运之间联系的发现中,新的历史意识已经呼之欲出。④ 但是,在艺术史研究中,温克尔曼按照基督教的绝对价值来衡量所有事件,认为唯有希腊艺术达到了艺术美的顶峰。因此,他的发展观念也束缚于完美观念。他错误地认为,希腊艺术的卓越性在于,它追寻的是理想,而不是个体。但是,梅尼克仍然认为温克尔曼在历史主义的前史中是一块里程碑,认为他最重要的成就是他对艺术创造物的历史世界的全身心投入。温克尔曼预感到了对于历史创造物的精神移情。⑤ 他对艺术中的整体有一种强烈的感受。温克尔曼正统的古典主义追随柏拉图的理念,教导人们要超出个体领域而进入纯粹的理念气息之中。梅尼克在此指出,德

---

① Friedrich Meinecke. Die entstehung des historismus. R. Oldenbourg Verlag, 1959:285.

② 同①:286.

③ 同①:289 – 290.

④ 同①:291.

⑤ 同①:299.

国运动最激动人心的部分正在于,观察柏拉图主义和新柏拉图主义的生命态度产生的理想化和人格化影响是如何肩并肩地作用的。直到歌德那里,这两种影响才交融在一起。①

伏尔泰、孟德斯鸠和休谟都认识到了历史中理性和非理性的混合现象,但他们没有认识到,用机械式方法是无法理解这种现象的,而只有通过追踪个体生命的过程才能理解。② 梅尼克认为,默泽尔历史意识的基础是他对家乡历史和古文物的热爱。默泽尔是通过与启蒙运动思想家友好—敌意的接触,才从对古文物的热爱中找到通向历史主义的道路的。他的总体印象学说可被称之为进入历史主义大门的钥匙。③ 这种学说认为,整体是公正美好的,而织成它的个别线条却可能极其丑陋。它的结论是应该遵从整体,并陶醉于其中。默泽尔的另一种认识方法是全神贯注地深入到主题之中进行体验,以便接近对象,亦即"切入"事物。④ 正是他,使得人类看到了围浸着人与事的总体。默泽尔的方法就是集中力量研究个别的微小细节,吸收原原本本的历史现象,运用类比以直觉地引起一种对普遍现象的洞察。他在撰写《奥斯纳布鲁克史》时,把整个德国民族放在了心中,从而实际上描述了一个民族完整的政治发展。⑤ 他创造了一幅描绘这个世界的温馨景象,其中充满了多样性,却形成了一个全面的整体,其中的个体性和类型丝丝相扣。在这里出现了对于个体的新意识。⑥ 默泽尔认为,国家也应该按照特殊的个体性法则生活,从而提出了作为个体的国家观念。他提出了"地方性理性"观念,并以诗意的爱充满了它。"地方性理性"意味着人类对生命的繁复多样和不同需要的适应。在这种观念的背后,

---

① Friedrich Meinecke. Die entstehung des historismus. R. Oldenbourg Verlag, 1959:302.

② 同①:303.

③ 同①:310.

④ 同①:312.

⑤ 同①:315.

⑥ 同①:319.

有着遵循自然必然性的信念,因为自然就是神圣理性的一种体现。默泽尔把古老的自然法重塑为新的自然法,获得了把历史个体感受为源出于神的事物的能力,准备了通向黑格尔宇宙理性的道路。① 他洞察到了自然和必然性,使人们看到了导致历史变化的内在原因,为一种真正的起源学理解准备了道路。他将史诗原理应用于历史分期方法之中,导致形成了超个体的历史单位,促进了对同时代风格的深刻认识。他对历史材料的选择和归类,是以政治史为中心,而以文化史为边缘的。不过他是在紧密的结构联系中研究它们的。默泽尔通过运用归纳及专注于历史材料,获得了关于个体发展的概念,获得了关于个体发展的内在目标和观念的概念。他认识到了事物不断地变动,并在自然和必然性的力量面前俯首称臣。② 相比于启蒙运动,默泽尔的"自然与必然"通常上升为一种对于历史命运的深沉领悟,并与有关国家理性和国家利益的古老观念交融在一起。③ 他持有这样的观念,即国家更高的必然性决定了个体和群体的生活。他更加接近了关于国家起源的纯粹历史观念,设想了一项由最初的土地占有者及后来和晚来的移民协商达成的社会契约。梅尼克指出,默泽尔关于国家的股份理论暴露了功利主义倾向。在他对宗教的态度中也表现了其历史理解中的局限性,存在介于理念与国家必然性之间的二元对立状态。默泽尔认为神在这个世界上贯彻了一种带有智慧目的的策略。事实上,这种对历史中非理性事件的目的论解释是基督教救赎方案的一种残余。同样,他认为宗教的历史多样性也得归因于天意的作用。他具有一种实际的宗教理念,一种浸透了政治动机和愿望的理念。他认为保持不同阶级的不平等是国家所必需的,因而怀疑基督教乃是平等观念的源头。但他并没有发动反基督教的斗争。因为他认为传承了千年之久的基督教,

① Friedrich Meinecke. Die entstehung des historismus. R. Oldenbourg Verlag, 1959:322 – 323.

② 同①:336 – 337.

③ 同①:339.

已经成为了地方性理性的一部分。这表明他充分认识到了非理性力量对于国家、社会和个体生命的价值，不过却未能感受到宗教的特殊价值。梅尼克指出，默泽尔缺乏伟大的批判能力，使得他在形成饱满的历史主义方面功亏一篑。虽然他由于与国家的职务联系，在进入历史世界方面要大大优越于歌德和赫尔德，能够迅速理解政治生活中的强烈激情，但是他缺乏一种卓越的创造性个体所具有的激情之冲击，从而无法探索历史世界最深沉的幽深之处。他的国家理性主要关注内部事务，虽说他也理解了德国内部事务的发展与战争和武装力量构成中的变化之间的联系。默泽尔倾向于像传统主义者那样接受所有历史制度，这一点预示了后来的历史主义的不足之处。他的另一个弱点是相对主义。他认为世界上的万事万物只是相对的美妙和高贵。①

赫尔德拥有的是一种纯粹学者类型的片面性格，他那难以协调一致和令人迷惑不解的个性令人惊讶不已。相比于默泽尔和歌德，他明显缺乏在具体特殊的特性和实际性中观察生命和历史形式的感性力量。他的想象力缺乏节制，他的概念清晰性和逻辑连贯性付之阙如。但是，赫尔德能够以真正天才的灵感发现总体历史生命中的新领域，是"移情认同"方法的创始者。他运用这种方法探索了自己没有涉及的历史领域。② 他是凭着美学的感受性进入历史的心理现象的。梅尼克把赫尔德历史观念的发展划分为 3 个阶段。第一个阶段从 1764 年至 1776 年，包括里加岁月、旅行岁月、与歌德在斯特拉斯堡的相遇以及比克堡的宗教法院委员会时期。赫尔德在这个阶段创作了他最卓越的历史著作《关于人类发展的另一种历史哲学》。第二个阶段包括在魏玛的最初 15 年（1776 年—1791 年），撰写了《人类历史哲学大纲》，其中出现了美学沉思与伦理立场之间的裂缝。第三个阶段，赫尔德撰写了《论人类进展的通讯》和 *Adrastea*，伦理标准在其中最终占了上风。梅

---

① Friedrich Meinecke. Die entstehung des historismus. R. Oldenbourg Verlag, 1959:354.

② 同①:357.

尼克认为,对考察历史主义的兴起来说,第一个阶段是主要的。

赫尔德主要受惠于启蒙运动、虔敬主义和柏拉图主义。① 在启蒙运动方面,他接受了孟德斯鸠、休谟和卢梭的影响。他在里加岁月中把孟德斯鸠尊崇为卓越的大师,热情地汲取他的思想。休谟推动着赫尔德在内在精神过程的领域中寻找因果联系。休谟从原始人类的思维模式和意见出发,提出他们从低级向高级水平上升的问题,激励了赫尔德的进一步探索。赫尔德借用和深化了卢梭的自然状态学说,从而认识到了人性中的多样性,导致了对自然法教义的怀疑。通过哈曼,赫尔德接受了虔敬主义的深沉影响。哈曼在感性冲动和激情之中辨认出了一种神秘幽隐的力量源泉。他关于神赐的灵肉统一体的意识,把非理性的价值提升到了新的水平。他用这种新意识来考察历史世界。他那受到了英国前浪漫派影响的所谓诗歌乃人类母语的格言,成为了赫尔德的重要观念。在年轻时,赫尔德受到了新柏拉图主义的影响。莱布尼茨和新柏拉图沙夫茨伯里,对他产生了深刻的影响。温克尔曼同情式接受艺术的方式,激励赫尔德成为一个"致力于学问的温克尔曼"。莎士比亚对他产生了极其深刻的影响。他把莎士比亚的诗歌看作历史世界的象征。可以说,他是通过习惯于柏拉图主义的眼睛来看待莎士比亚的,认为莎士比亚的每部作品都洋溢着宇宙的灵魂。② 此外,还存在着一些来自英国前浪漫派的次要影响:原初的诗歌,民间诗歌,荷马,旧约,种族尤其是北欧种族的个体性,中世纪。③ 在里加,赫尔德获得了产生原始诗歌和民间诗歌解释的直接经验,导致了民族性新思想的产生。在拉脱维亚和波罗的海的德国人中间,赫尔德见证了两个世界的冲突,亦即自然生命和文明之间的冲突。在卢梭、哈曼和英国前浪漫派的影响之下,赫尔德深入了人类最早的时期和人性中最原初的因素。

---

① Friedrich Meinecke. Die entstehung des historismus. R. Oldenbourg Verlag, 1959:359.

② 同①:363 – 365.

③ 同①:365.

他通过移情而深入其中。童年和历史的黎明意象,对赫尔德的历史思想和作品来说,几乎成为了一种象征。① 赫尔德因为颂歌研究而洞察到,不同形式中存在同一的生命,而每种形式都是不可模仿的。这使他获得了一条运用于历史整体的原理。赫尔德在考察人类的原始阶段时运用了起源原理。他的发展观念的最早形式是植物性和生物性的。② 显然,赫尔德早期的思想与自然法观念正相反对,后者是从事物的完美形式中得到其本质的。梅尼克认为,在哈曼和赫尔德的心灵深处隐藏着富有创造性的深刻思想,形成了欧洲思想发展中的冲锋部队。③ 赫尔德的目的是从人类灵魂出发理解世界。他解释说,理性是人类所有力量的一个方向。发展才能产生奇妙的事物。他声称一个处于人生不同时期的人不是同一个人,在学会不同的感觉之后,他就会不同地思考。梅尼克指出,这是个体观念和发展观念的相互综合所产生的最高结果,是对个体微妙差别的感受。④ 在青年赫尔德看来,对他人的理解只能来源于自我理解。⑤ 只有在存在的内在一致性和整体齐一性的意义上,才能理解他人。这种理解方式来源于柏拉图主义和新柏拉图主义的生命哲学,并进而把人类历史理解为交织着生命力和必然性的统一体。赫尔德在一神论起源的研究方面,追随的是一条虔诚的道路。他追溯高级的文化形式在民族之间的变迁。但是,由于他描绘的几乎总是源自原初启示的发展之中的衰落史或混乱的生长,因而削弱了他的发展观念。可以说,赫尔德为他的作品带来了 3 种主要观念或倾向。首先是发展观念,被扩展到了一整个系列的民族,从而产生了一个普遍的人类发展观念。其次是最古老的把发展看作衰落的观念,在卢梭和哈曼的影响之下,以非理性的人类力量来反叛启蒙运动的理性和机械

---

① Friedrich Meinecke. Die entstehung des historismus. R. Oldenbourg Verlag, 1959:370.

② 同①:373.

③ 同①:376.

④ 同①:377.

⑤ 同①:378.

化的文明倾向。再次是深化了的和更富有创造性的灵魂力量复活后的产物。① 在宗教方面,它宣称神在每个时代都在启示着自身;在美学方面,它代表了向所有人类事务中个体的多样性、美和生命力的开放。他由此发展出了一种普遍的历史整体意识。

在 1774 年的《关于人类发展的另一种历史哲学》中,赫尔德的位置介于自然神论和天启基督教的中间。他把自己的教育学伦理和时代的伦理投射进了上帝观之中,世界历史被他看作一座剧院。② 正是他的发展观念,使他洞察到了每个民族中间善与恶、行动与结果之间的内在联系。③ 他在阐明阶段理论的观念中,触及了历史辩证法。赫尔德感受到了文明发展的相互依赖性,认为它起源于古代近东,而伸展到西方世界。他提出了命运观念,以粉碎启蒙运动对理性的自以为是的骄傲。他认为,与其说是理性,不如说是命运塑造和主导了历史事件的进程。他相信,我们既是目的又是命运的工具。认为我是微不足道的,而整体却是一切。他的著名口号是:"偶然性,命运,神!"④他的命运观念结合了因果关系和目的论意识。他相信在成千上万种偶然性之中隐藏着高深莫测的因果关系。在他看来,只有通过观察整体和超个人的判断才能解释历史。梅尼克指出,如果没有对历史中神圣天意的信仰,赫尔德的发展观念就可能会屈服于一种毫无希望的相对主义。⑤ 在赫尔德这里,个体对总体历史进程的依赖,是以一种依赖于上帝的宗教意识表达出来的。⑥ 他的自然意识,把理性和非理性力量交融成为一个统一体。他与启蒙运动针锋相对的口号是"心灵! 温情! 热血! 人

---

① Friedrich Meinecke. Die entstehung des historismus. R. Oldenbourg Verlag, 1959:386.
② 同①:390.
③ 同①:391.
④ 同①:395.
⑤ 同①:397.
⑥ 同①:399.

性！生命！"赫尔德最深刻的结论是：个体是无限的。① 他对古希腊文化及其发展的个体性的承认，粉碎了温克尔曼的古典理想。他对于个体精神同情式重估的最伟大贡献是在中世纪领域。他认为中世纪具有自身的特征，在其中洞察到了一种联结一切事物的精神纽带。与浪漫主义不同的是，他以动态的方式评判中世纪。赫尔德的这本著作被称誉为"历史主义辉煌的篇章"，是对他的历史思想的最高综合。在其中融合了对发展和个体的审美移情与伦理和教育目的。② 但是，梅尼克指出，他的伦理观念妨碍了他彻底实现历史意义。

在20世纪80年代的作品中，赫尔德倾向于把整个人类历史解释为一部关于人类的力量、冲动和行动的纯粹自然的历史，把每种历史现象看作一个自然事件。在这个阶段，相对于1774年更为基督教和超越的目的论，他提出了一种更加世俗化的目的论原理。他认为历史发展的意义和目的在于实现人性。③ 过去，他信赖天意在历史中的作用；现在，由于失望，他超出了历史而进入了形而上学和宗教的领域。他的战争观念也倒退回了自然法观念和卢梭的立场中。他提出了有关历史中力量平衡的学说。这种学说在最后阶段成为了他历史思想中最重要的主题。④ 事实上，这种学说可以说是满足他伦理要求的产物，很容易变成对世界进程进行道德判断的举动。梅尼克指出，从历史主义起源史的立场来看，这是一种倒退。他提出了民族间连续性的问题，认为人类历史产生于普遍的宇宙生命。赫尔德首次把东亚民族带入了整体景观中。他的民族精神学说关注各民族中间的个体性，由于增加了起源这个词语，获得了进一步的特殊含义。起源代表了发展观念，不仅包括历史中特殊的和不可重复的发展，而且包括生命原初的创造性源泉，包含

---

① Friedrich Meinecke. Die entstehung des historismus. R. Oldenbourg Verlag, 1959:401.

② 同①:408.

③ 同①:417–418.

④ 同①:423.

了整个系列的宏伟和微小的因果关系。① 在他看来,集体性演变过程的承载者始终是民族和超出于其上的整个人类。赫尔德精致化了气候和地理环境影响的学说,洞察到了所有生命形式之间的共生现象。事实上,它成为了一种奠基于形而上学——新柏拉图主义的生机论。赫尔德提出了天才的伟大洞见:一切事物中闪闪发光的上帝形象,与物质形式结合在一起。② 但是,梅尼克指出,赫尔德没有把这个观念成功地渗透于整个历史世界。赫尔德所有著述中的矛盾在于:它们不仅适合于对历史作历史化的解释,也适合于作道德化的解释。

在第三个阶段,赫尔德受到了法国大革命的支配性影响。首先是伟大的激情,紧接着的却是失望和恐惧。他禁不住声称,我们正站在野蛮深渊的边缘。他抨击历史是一种邪恶的混乱,除非为理性所开化,为道德所教化。显然,他如今求助的是启蒙运动的理性和道德。早期的命运观念萎缩成了平衡学说。它也是复仇女神的学说。他现在认为,历史要么是由偶然性事件产生的非理性循环,要么是为复仇女神所统治的世界。③ 梅尼克指出,在迄今为止的历史主义先驱中,赫尔德也许是作出了最显著贡献的人。但甚至他也在同时代的政治世界高墙面前停顿了下来,而没有彻底克服自然法的束缚。他的人性理想和复仇女神观念仍然只是一种精致的自然法观念。赫尔德所产生的 4 种伟大影响是:对浪漫主义的影响、对斯拉夫民族性的影响、对总体上的人文科学和自然科学的影响与对歌德的影响。

梅尼克把"歌德"这一章分为 3 个部分,即"导言"、"发生部分"和"系统部分"。他满怀激情地声称,倘若没有歌德,我们应该不会是我们现在所是的样子。歌德无比深刻地同时抓住了思想和感情,抓住了内在精神生命的整个领域。在他看来,生命和自然是一体的,它们组成

---

① Friedrich Meinecke. Die entstehung des historismus. R. Oldenbourg Verlag, 1959:427.

② 同①:428 – 429.

③ 同①:435.

了活的自然,一个涵盖了整个历史世界的领域。① 如果说赫尔德是用耳朵倾听世界的,那么可以说,歌德是观入世界的。只有通过观察、感觉与反思的三位一体,历史感觉才能完成,而这种三位一体正是在歌德这里发展为充分的历史观的。②

在"发生部分"中,梅尼克首先谈到了歌德所受的影响。他认为歌德最卓越的天才体现在:将一种无止境的接受性与一种重铸接受物并把它转化的力量结合起来。他所接受的影响包括:来自过去时代的《圣经》、荷马和莎士比亚;同一世纪的莱布尼茨、沙夫茨伯里、伏尔泰、卢梭、哈曼、赫尔德和默泽尔;古希腊文化;启蒙运动和新柏拉图主义;虔敬主义。③ 童年歌德着迷于古文物。他的性格中有一种对权威恭敬的倾向,他后来把它提升为3种伟大的恭敬:对高于我们之上者的恭敬,对与我们同等水平者的恭敬与对低于我们之下者的恭敬。在斯特拉斯堡,赫尔德告诉歌德,莎士比亚戏剧必须被理解为历史。歌德接受了这种观念,他认为在莎士比亚戏剧中,世界历史在我们眼前奔腾而过,为隐匿的时间之绳约束在一起。整体的历史包含无数的个体,而历史是自然的一个分支。④ 梅尼克指出,这种关于自然和作为自然一部分的历史的狂想曲式概念,可以融会贯通历史的实践力量和特殊现象。在歌德1771年—1772年的斯特拉斯堡大教堂经验中,迎来了德国思想史的伟大时刻,在这其中,新的德国认同感已经昭然若揭了。在有关日耳曼建筑的作品中,出现了个体观念,并且认为真实个体的现象也孕育着某种特定的形式,形成了一种充满意义的整体。⑤ 梅尼克认为,歌德有关整体的信念来源于对个体权利的抗争和肯定。

到了狂飙运动末期,歌德开始意识到伟大的个人是在社会生活与

---

① Friedrich Meinecke. Die entstehung des historismus. R. Oldenbourg Verlag, 1959:446.
② 同①:448.
③ 同①:450 – 451.
④ 同①:453 – 454.
⑤ 同①:456.

环境之间的相互作用中成长起来的。① 终其一生,歌德都与 16 世纪之间具有一种密切的关系,这是因为那个时代与他自身所处时代的相似性。事实上,16 世纪在 18 世纪仍然有所表现,童年歌德曾以强烈的好奇心吸收了它们。他后来说过,这是一种过去与现在同一的感受。这种感受也表现在 1774 年的科隆大教堂经验和雅巴赫经验中。在前者中,一体中的"幽灵"因素主宰着他;在后者中,一体中的"仁慈"因素占据了主导地位。梅尼克指出,这种一体感受将我们带到了历史主义最深刻的问题之中。② 这种过去现在一体的感受将歌德提升进了超时间的和永恒的世界,并对歌德产生了一种心理学上的决定性影响,有时是一种幽灵般的恐惧,有时是一种高度的活力感。这种一体感中的超时间因素指示了歌德世界观中更高的高度,亦即养育了其历史概念的源泉。③

歌德人生的第二个时期始于 1775 年,终于 1789 年。就与历史世界的联系来说,它不如之前和之后的时期那么丰富。歌德意识到,个体化观念是开启整个世界的钥匙。个体是无限的。④ 他确信,在所有力量之间存在一种相互作用和合作,为的是形成整体。他洞察到了自然中的两种轴性力量,即极性和等级。在《哲学研究》中,歌德提出,衡量活的事物的标准应该来自事物自身,而甚至最简单的生物体也是无限的。在 1786 年—1787 年的意大利旅行中,他发现了植物的原始形式及其变形。歌德进而指出,在所有生物种类中都可观察到超感觉的原始植物形式。由此,一种有关统一性和多样性的新模式建立了起来。歌德在这里一度接近了发展观念,但是完美理念束缚了它。在谈到威尼斯时,他把它的崛起、兴盛和衰落看作一个单一的现象,用一种过去

---

① Friedrich Meinecke. Die entstehung des historismus. R. Oldenbourg Verlag, 1959:459.

② 同①:464.

③ 同①:466.

④ 同①:468.

现在一体的情感来观察它。在罗马废墟的经验中,他的过去现在一体感受中较为明亮的一面达到了最高潮。总之,在这次意大利旅行中,在植物学研究中表现出来的类型始终与个体交织在一起,而只有通过发展观念才能理解这种交织。歌德认为,一切事物都在发展。在这里,个体观念和发展观念不仅承担起了历史的重量,而且承担起了整体的世界生命的重量。①

歌德人生的第三个阶段是从法国大革命到去世。法国大革命的无政府状态使他深为反感,在他与历史的关系中制造了一道永久的裂缝。大约在签署巴塞尔和约的 1795 年,歌德以一种更大的兴趣进入了历史课题。1806 年之后的时期,在深刻的历史判断方面是尤其丰富的。它们表现了广泛的历史兴趣。《诗与真》代表了歌德历史思考和写作的最高峰。在浪漫主义潮流的影响之下,歌德不仅进入了日耳曼——北欧世界,而且进入了作为一个整体的历史世界。《西东集》是他对 1813 年—1814 年的答复,是他最伟大的历史事业。他选择了东方,为的是更一般地掌握历史生命中原始的形式和变迁。②

一般来说,启蒙运动在许多方面影响了歌德的历史思想。两者都关注在历史中寻找人性。区别在于,随着人生阅历的增多,歌德日益发现人性中的历史因素。使他变得更为深刻的是他世界主义的感情,他相信存在一个有关善和美的共同世界。他甚至谈到过自然宗教的真理性和原始宗教。事实上,在歌德历史思想中表现出来的生命哲学,其中综合了启蒙运动和新柏拉图主义。③ 可以说,歌德在哲学中的最高成就是对于赫拉克利特和埃里亚思想的综合,是持存于变化的中间。歌德谴责启蒙运动的知性文化,谴责它寻求永恒法则的自以为是的聪明。对他来说,理性是所有高级灵魂力量的大全,趋向神性的理性仅仅关注

---

① Friedrich Meinecke. Die entstehung des historismus. R. Oldenbourg Verlag, 1959:484 – 485.

② 同①:494.

③ 同①:501.

于发展之物和有生命之物。梅尼克指出,歌德在自身之中达到了生成和存在之间、变化和持存之间、历史和超历史之间的平衡。①

在"系统部分"中,梅尼克谈到了歌德与历史之间的消极关系。他认为,歌德之所以不满于历史,首先是因为他对迄今为止的历史写作怀有敌意,因为它们以实用主义方式对待伟大的政治事件。其次,他不信任主观因素,因为他要求的是一种客观化思维。他的天性以及与神圣事物紧密相连的情感构成了他思想的伟大源泉。在《意大利游记》中,他曾声称自然是唯一的书,而普遍历史则是最荒唐的存在。再次,他极其厌恶历史中的偶然性。歌德没有能够将国家间的权力斗争解释为生命的有机进程,没有能够揭示政治上以典型和个体形式存在的生命中心和规律。这使得他从成熟的历史主义中分离了出来,也是他不满于普遍历史的主要原因。这也是因为歌德是和平之子。不过他也认识到政治现实主义的重要性,他相信实行国家理性的权力是对的。在晚年,他甚至乐于将国家理性的权力给予君主,不仅是为了维护国内秩序,也是为了完成外交的要求。但是,歌德对战争和骚乱的厌恶使他无法作出完整的历史判断。他对基督教的态度犹如一个椭圆,在青年和老年时最接近它。在中间的古典时期,古代世界的人类地位相对较高。在歌德看来,在意义现象和无意义现象之间还存在着魔性的神秘领域。他看到魔性不仅作用于个体,而且作用于整个自然。歌德最终认为,至高存在是不可把握的,是不可理解的。②

梅尼克接着谈到了歌德与历史之间的积极关系。他指出,歌德对历史主义领域的创造性贡献的中心在于,他认为只有所有的人才能一同构成人性,单个的人的快乐在于与整体内在的共鸣和和谐。人性本身才构成了活力整体和生活流,而个体正是通过发展自身的活力和规

---

① Friedrich Meinecke. Die entstehung des historismus. R. Oldenbourg Verlag, 1959:504.

② 同①:523.

律性,才从原始形式进入生命的完整流动的。① 歌德关于自然和历史的基本观点是:一切存在的生命流都浸润着个体性和潜能。由此,个体性在历史领域中首次有力地表现了出来。他声称,生命中最重要的事情是生命本身,而不是它的结果。这样一来,就应该以作用着的力量来解释历史现象,而不是以结果来解释。歌德观看历史的方式因此截然不同于启蒙运动的实用主义和功利主义。他认为,不能从道德立场来谱写普遍历史。梅尼克指出,歌德对历史主义的贡献甚至高过了赫尔德,因为他更有力量从根基处重塑人类的思想与情感。② 这种源自更深洞察的理解力,带来了人类的休戚与共感,以及一种远察命运与必然性的能力。歌德的世界理解和历史理解的 3 个伟大因素是:生命流的新观点,从爱的产物来全新地理解爱,赋予事物流变以新形态。③ 他洞察到了所有存在物的原始极性,认为从神秘的宇宙的心脏收缩和舒张中,发展出了所有现象。④ 新柏拉图主义者和赫尔德也曾触及了这种观念。歌德由此将自己存在的脉搏变成了自然的脉搏,自信地观看生命和历史。他因此相信,整体和多样性、自然和文化相互隶属,神圣的自然主宰着一切。极性观念使歌德有可能与隐蔽的二元论因素达成妥协,有可能忍受历史中的魔性。梅尼克在此指出,歌德对历史的态度可以被视为两极和钟摆的摇摆,由此,对历史的不满可能会转化为对历史的最深的满意。⑤ 歌德渴望根据植物的变形规律来塑造他的生命故事,这为未来的历史哲学提供了传记呈现及其可能性的决定性原型。

歌德在历史中寻找的是实现最美好的可能性。他乐意在历史中发现的是充满精神和生命的个体,是历史的精神创造者。在歌德看来,这些个体是与世界的客观生命联系在一起的。他认为,联系就是生命。

---

① Friedrich Meinecke. Die entstehung des historismus. R. Oldenbourg Verlag, 1959:527.

② 同①:529.

③ 同①:530.

④ 同①:532.

⑤ 同①:533.

歌德要求从个体出发上升到普遍,首先在个体的具体特征中寻找普遍性。这也是历史主义的基本要求。① 梅尼克认为,歌德以质的个体主义克服了启蒙运动的量的个体主义。在他的个体中包含了一个能够发展的内核。他甚至将类型看做一种更高的个体性。② 他将内在的必然性视作神圣自然的象征。歌德诗歌中的人物更深地结合了内在和外在的必然性。他认为,大众是必然性运作的领域,重要个体是自由的领域。歌德要求在形式中寻找特殊的具体性,在历史中看到个体,在独特的个体之上和之外意识到个体的超个体性。他强调了民族对个体成员的塑造力量,同意民族精神学说的核心思想,认为整个民族的内在天性,正如个体的人,无意识地起着作用。世界历史中被歌德最热烈地推崇为个体结构的时期是古希腊。他在晚年认识到,古希腊时期正是政治历史、艺术和文学紧密交织在一起的时代。他乐于承认中世纪的合法性,但希望与它保持距离。不过他也认为,为了理解德国的古代建筑,有必要将中世纪的一切看作为一个伟大的整体。16 世纪光明与黑暗交织的气息渗透进了《浮士德》之中。17 世纪给他的印象是混乱。不过他也看到,17 世纪晚期是通向 18 世纪的桥梁。18 世纪被看做为一个独特的现象:启蒙运动对所有永恒和普遍性东西的坚持,对运动和进步的颂扬。歌德认为,19 世纪将是一个新时代的开端。终其一生,歌德保持了对早期《圣经》时代的热爱。在这种热爱中,交织着宗教渴求与看到人性的需要。他关注的是在族长制时代和东方发现原始的形式。他相信,东方的价值不能与其缺陷分离开来,它正是这些同样的缺陷的果实。③ 梅尼克指出,这种要求在因果关系总体中观察和理解所有现象的思想,对未来的历史观具有强烈影响。对歌德来说,东方首先是发现原始形式和类型与变形的地方。他预见到了人类从最低级的野

---

① Friedrich Meinecke. Die entstehung des historismus. R. Oldenbourg Verlag, 1959:538 – 540.

② 同①:540 – 541.

③ 同①:557.

蛮状态向上的真实发展。歌德的发展观念具有难以言喻的生命力和深度。对他来说,有时向相反方向拉扯、有时又协调一致行动的力量的极性,心脏收缩和舒张的节奏,构成了缓慢生长实际运作的方式。通过把所有个体元素编织进整体的生命流,歌德的发展观念避免了萎缩为进化观念的危险。① 他不仅发现了普遍法则的运作,也揭示了特定现象中个体的自主。梅尼克认为,歌德对历史主义作出的伟大贡献是:在兰克之前就突破了对普遍历史的目的论理解对历史思想所施加的禁令。② 歌德的世界宗教相信,神不仅在历史终点存在,而且在一切地方都圆满地实现了出来。对他来说,循环和螺旋是描述历史性人类运动的正确方式。歌德最终也进入了宇宙性思辨。他认为此时此地的世界就是一个道德的世界秩序的足够证据。歌德相信,世界和人类历史最深刻的主题是信仰和非信仰之间的冲突。对他来说,历史是永恒戏剧的一部分,历史中的时间进程是朝向永恒再生的创造之目的的工具。③歌德与历史世界之间奠基性的关系是原始形式及其变形。他首要地通过将过去当前化来克服过去,并在更高的阶段中,在自身中超逾过去和现在,将它们经验为神圣自然的象征。他能够在事实与理念之间建立平衡。他在《诗与真》中把直观的对个别事件的叙述与普遍的仰视和鸟瞰交织在一起的描述方式,正是未来的历史主义所需要的。他让理念从现实中生长起来,并且与现实一起运动和变化,相信人类在一切事业中都在追随着理念。④

梅尼克认为,历史主义兴起中的所有主要线索,都在歌德思想中汇聚了起来:首先是前浪漫派,教会了人们如何更加温情地感受过去;其次是虔敬主义运动;再次是温克尔曼与古代艺术之间新颖的精神关系;

① Friedrich Meinecke. Die entstehung des historismus. R. Oldenbourg Verlag, 1959:558 – 560.

② 同①:564.

③ 同①:571.

④ 同①:572 – 575.

最后是古老的柏拉图主义—新柏拉图主义的理念世界。① 正是在柏拉图主义—新柏拉图主义的引导下,由这些线索汇聚成的综合体系,在歌德这里达到了最高的圆满形态。

梅尼克在"附录"中指出,在兰克的历史作品中,事件叙述与对它们发表的崇高沉思总是相继而起,批判与直觉共同起着作用。在兰克力图达到的自我忘却中,隐含着一种牧师式的意味。② 他认为,他把事物提升进入的更崇高和更美好的世界,也是真实和本质的世界。他把特定的国家理解为独特的个体,其中有一种特殊的精神原则起着作用。他同时把国家称为上帝的思想。兰克认为,一切事物都是精神生命普遍性的和个体性的表达,一切精神事物都是与现实结合在一起的。个体观念和个体发展观念在兰克的成就中达到了顶峰。③ 他具有对于普遍的强烈意识,对于世界历史总体的个体性的意识。他认为每个时代都直接站在上帝的面前,它的价值依赖于它内在的存在及独特性。在上帝面前,人类的所有世代都是平等的。兰克结合了对历史及其背景的形而上学的崇敬,与一种经验式的和批判的审查及其对历史进程的艺术化欣赏,同时也结合了宗教。这种宗教不仅仅是灵知式宗教或思辨式宗教,而且是结合了现实主义的实际宗教,是全然个体化的。④

梅尼克相信,德国伟大的精神革命在歌德这里达到了最高峰,这场革命进而影响和造就了兰克。历史主义诞生于柏拉图精神的持续作用,并受到了德国新教的内在化原理的滋养。新教为个体观念和发展观念赋予了崭新的意义,为历史主义奠定了基础。

---

① Friedrich Meinecke. Die entstehung des historismus. R. Oldenbourg Verlag, 1959:581.

② 同①:587.

③ 同①:595.

④ 同①:598.

# 历史主义的危机化过程

历史哲学是一种现代创造,正如诸多其他事物一样,也是 18 世纪之子。① 可以说,是历史和批判瓦解了支配性的宗教。② 历史主义从属于现代性洪流,是现代性的表现形式之一。所谓现代性,施特劳斯把它理解为对前现代政治哲学的激进变革。据施特劳斯申言,现代性具有 3 次浪潮。第一次浪潮的代表人物是马基雅维里和霍布斯。第二次浪潮开始于卢梭。他进一步重新解释了德性。在施特劳斯看来,历史概念正是卢梭把霍布斯自然状态观念彻底化的结果。第三次浪潮的代表人物是尼采。它的基本生存情绪是恐惧与焦虑,是悲剧性的历史性生存情绪。在施特劳斯看来,卢梭与尼采之间的世纪充满了历史意识。

从发生的角度来说,历史主义的兴起受到了普鲁士民族解放战争的影响。历史主义本质上具有保守主义的根源,它反对与过去进行革命性的决裂。当历史事实不是被用来反对当前事实时,当事物的变化过程本身被敏感地体验到时,历史研究就转向了历史主义。③ 在 19 世纪初期创办的柏林大学及其以柏林大学为蓝本的其他大学的历史专业中,出现了一种变革,它强调历史学的学术方面,在民族解放战争的背景下,明确地为公共需要和政治目的服务,致力于塑造大众的历史意识。在兰克的历史研究中就已经存在一种紧张的对立关系:一方面要求排斥一切价值判断和形而上学思辨;另一方面实际上存在主导其研究的哲学和政治前提设定。1848 年以后,大体以德国模式为方向,历史研究经历了专业化。事实上,这种专业化过程始终是与民族主义交织在一起的,因而与民族主义存在深刻的关系。由此产生的结果自然

---

① Ernst Troeltsch. Der historismus und seine probleme, Tuebingen Verlag von J. C. B. Mohr(Paul Siebeck),1922:11.

② 同①:164 – 165.

③ 同①:142.

是,专业化过程与所谓科学精神的发展却伴随着民族主义的意识形态化。历史学家到档案馆中孜孜不倦地爬梳资料,却主要是为支持各自的民族主义偏见,并为这些偏见穿上科学权威的外衣。主要由兰克及其门生创建的普鲁士学派就表现出了这样的倾向。

狄尔泰终生致力于撰写"历史理性批判"。他认为,不存在先天的东西,一切思想无不是某个历史语境的一部分,因此哲学问题不可能具有先天的解答,而只可能具有发生论的解答。他要解决的一个矛盾是,客观知识可能性与一切认识的主观起源之间的矛盾。他解决矛盾的方法就是把主体和客体摆放在一个共同基础即生命之上。这就是他著名的生命自身认识自身的生命哲学。可以说,19 世纪成为认识论世纪的原因,是由于黑格尔哲学的崩溃所导致的逻各斯和存在之间的自明的符合关系最终遭到了摧毁。① 对唯心主义基础的批判和否定危及到了对历史发展统一性和方向性的信奉,因为唯心主义事实上是历史主义观念的基础。狄尔泰为自己提出的任务就是:在历史学派的历史经验与唯心主义的遗产中间建构一个新的认识论基础。用来完成这个任务的就是历史理性批判。狄尔泰摆脱了先验论,认为认识的出发点是:生命自身在可理解的统一性中展现自身和造就自身。表现概念和对表现的理解概念在他的认识论中处于核心位置。历史中的人由个性和客观精神的关系所决定。个体在历史实在里表现自身和重新发现自身。历史实在乃是生命的客观化物。狄尔泰改造和扩展了黑格尔的客观精神概念,使它包括语言、习俗与各种生命形式,包括家庭、市民社会、国家和法律,而且包括艺术、宗教和哲学。这种改造是意味深长的,因为它不再把在黑格尔那里作为绝对精神的艺术、宗教和哲学看作直接的真理,而是看作生命的表现形式。在这种改造中显然潜伏着走向相对主义的可能性。从根本上来说,狄尔泰用历史意识取代了绝对精神在黑格尔那里的核心地位。历史意识把历史世界的所有现象看做精神藉此

---

① 〔德〕伽达默尔:《真理与方法》,洪汉鼎译,上海译文出版社,1999 年,第285 页。

更深刻认识自身的对象,使它们返回到它们由之而来的精神性的生命中。历史意识进行精神自我认识的对象就是客观精神的诸种形式。历史意识把历史的一切所与理解为生命的表现。在狄尔泰看来,这乃是生命对生命的认识,是人类精神的自我照面。历史意识在所有事物中都看到了历史精神,以往居于王位的哲学也只被看做生命的表现而已。① 历史意识事实上取代了形而上学。

德国的历史研究曾经在处于民族上升期的 19 世纪成为民族和社会认同感的中心。但是,特勒尔奇坦承,历史研究倾向于表明一切价值的相对性。一战后,历史主义的危机在德国被感受得越来越深刻。不仅根植于德国古典唯心主义中作为世界观和生命哲学的历史主义面临了危机,而且德国市民阶层文化教养的理想也面临了危机。②

伊格尔斯认为,一战后德国历史思想中引入的两种最重要的新因素,包含在梅尼克的《国家理性的观念》与奥托·辛策 1920 年和 1930年早期的文章和书评中。梅尼克在《国家理性的观念》中再次重申了德国唯心主义的个体性观念,继续把国家视为一个个体。不过他不再认同于乐观的唯心主义国家观把国家看作道德建制的观念,而认识到了国家权力与精神之间悲剧性的两歧。③ 辛策则认为国家并不具备神圣性。

一战的失败带来了强烈的相对主义和悲观主义论调。如果说梅尼克和特勒尔奇试图从历史主义信念的废墟中拯救出一些东西来,那么在斯宾格勒、海德格尔和施密特这些较为激进的思想家看来,人的历史性则意味着价值的无政府状态。

海德格尔《存在与时间》中的历史性概念的诞生,标志着对古典历

① [德]伽达默尔:《真理与方法》,洪汉鼎译,上海译文出版社,1999 年,第296 页。
② [美]伊格尔斯:《二十世纪的历史学:从科学的客观性到后现代的挑战》,何兆武译,山东大学出版社,2006 年,第31 页。
③ [美]伊格尔斯:《德国的历史观》,彭刚、顾杭译,译林出版社,2006 年,第319 页。

史主义的否定。他认为,历史性扎根于操心。此在向来是本真的或非本真的历史性此在。此在并非因为处在历史中而是时间性的,相反,只因为它是时间性的,所以它才并能够历史性地生存。① 海德格尔指出,他的历史性研究是建立在狄尔泰研究的基础上的,是为了进一步推进狄尔泰研究任务的完成。海德格尔声称,首要地具有历史性的是此在。世内照面的东西则是次级具有历史性,包括上手用具与作为历史土壤的自然的周围世界。非此在式的存在者由于属于世界而具有历史性,可以把它们称之为世界历史事物。流俗的世界历史概念的源头正是依赖这种次级的历史事物而制定方向的。② 此在的历史性,根本上就是世界的历史性。历史学在生存论上来源于此在的历史性。历史学是从本真的历史性中生长出来的,它有所重演地就可能性揭示曾在此的此在,因此它也就在一次性的事物中把普遍东西揭显出来了。历史学的课题和对象不是一次性的事物或事件,也不是普遍的东西,而是实际生存曾在的可能性。海德格尔认为,历史学的重演是客观的,因为一门科学的客观性取决于它能否在其存在的原始性中领会存在者。"'历史主义'问题的兴起倒是再清楚不过的标志,说明历史学致力使此在异化于其本真的历史性。本真的历史性不一定需要历史学。"③生命在存在的根子上就具有历史性。约克认为"不再有任何现实的哲学活动竟会不是历史的。系统哲学与历史表现的分野从本质说来就是不正确的"。④

二战后的断裂意识导致了对德国哲学、政治和历史学传统的重新审视。人们第一次对历史主义的立场进行了挑战,试图回到类似于自然法的东西那里去。洛维特相信,现代人可以从古希腊的历史观中获

---

① [美]伊格尔斯:《德国的历史观》,彭刚、顾杭译,译林出版社,2006 年,第 426-427 页。
② 同①,第 431-432 页。
③ 同①,第 447 页。
④ 同①,第 454 页。

得教益。古希腊人认为,历史是一个非理性的、缺乏终极意义的领域,只有转向自然才能获得意义。人们应该把世界历史的观念从神学起源中解救出来,以便重新获得有关世界的自然观念。

20世纪60年代,历史学家们重新审视了德国政治的历史。德国的"独特道路"不再被看做一项特殊的成就,而是被看做一桩悲剧性的遗产。在采取新取向的历史研究中,政治依然占据中心位置,但是不再被看做完全是伟人和观念的产物,而是社会和经济力量与人物、传统和意识形态相互作用的结果。

## 历史主义中的相对主义幽灵与施特劳斯的历史主义批判

历史主义是在与自然法的不断搏斗中才逐渐萌生和兴起的。与主要强调彼岸性和永恒性的各种版本自然法不同的是,历史主义主要强调此岸性、现实性,要求在实际的历史进程中如实直书,并呈现出内在和超越的神圣性。如果说糟糕的自然法容易变得僵硬、教条,容易脱离现实而成为空中楼阁的理想主义,成为镜花水月,那么杰出的历史主义却可以结合内在和超越,可以即体即用,可以紧密地结合理想与现实,可以知行合一。事实上,在梅尼克看来,历史主义的精神根源与思想秘密源自于柏拉图主义和新柏拉图主义,也就是说是拥有超越性的神圣根源的。但是在实证主义时代,在自然科学思维日益侵蚀人类思想的时代,历史主义容易自觉不自觉地忘却这个神圣根源,而倾向于此世,倾向于此世的国家和民族、权威和浪漫主义。在被实证主义和自然科学祛魅了的此世,浪漫主义一定会应运而生,起先是作为抗议,作为对过去乡愁式的怀念或对未来粉红色的祈望。接着,在现实的社会、文化和政治生活中,在特定条件下,它就可能会对现实政治、国家理性、权力甚至战争大唱颂歌,为它们赋予精神的加冕,甚至披上道德和公正的外衣。我们知道,历史主义与浪漫主义颇有渊源,历史主义也难免会染上浪漫主义的痼疾。

我们先来谈谈历史主义的相对主义问题。20世纪思想史抨击历史主义的立场,主要是认为它与相对主义有着难以理清的纠葛。施特劳斯就认为,德国思想在抛弃自然权利观念的同时,并且通过抛弃这种观念,创造了历史意识,最终走向了漫无节制的相对主义。① 一个弃神的物质主义时代充满了相对主义恐惧症,这不知道是一种讽刺,还是表明一种觉醒了的寻求救赎的渴望。事实上,梅尼克极其清楚历史主义与相对主义之间的复杂关系,并屡屡在其著述中涉及。甚至在谈到历史主义的两个支柱观念即个体观念和发展观念时,他就坦率地表示在它们之中就存在相对主义的倾向。他质问道,如果一切都是遵循自身法则的个体,一切都是相对的,一切都在流动着,那么如何才能摆脱价值的无政府状态呢? 如果不再承认历史中绝对的东西,而宽容一切个体的生命倾向,那么一切是否将陷入信念的无政府状态? 从他的著述来看,梅尼克解决相对主义问题的方式是或明或暗地求助于柏拉图主义和新柏拉图主义,是求助于形而上学的世界,最终可能是某种真诚的不可知论立场。他在评论特勒尔奇的文章中说道,历史学家只把形而上学的世界性慰藉保留给精选的文化精英。他认为,只有无信仰的虚弱心灵,才会被相对的历史主义的负担压垮。对不可知的绝对者的信仰,是不会由于相对主义而动摇的。在个体性的价值表达中,历史学家可以洞察到历史中的绝对之物、神圣之物和永恒之物。梅尼克承认,由于粗糙成分渗入历史主义思想,可能会使人们认为它正在蜕化为相对主义。然而遗憾的是,真正的历史主义只有精选的文化精英才能聆听得到,却无法吸引大众。

在梅尼克看来,相对主义早在历史主义兴起之前就存在了。显然,一直存在着政治家的政治相对主义。倾向于怀疑和宽容的启蒙运动,也具有相对主义倾向。莱布尼茨对历史主义的兴起具有深远影响。莱布尼茨认为,神是在无穷无尽的不同个体之中表现自身的,而个体在自身中就包含着无限性。从这里显然可以得出积极的相对主义结论,因

---

① [美]列奥·施特劳斯:《自然权利与历史》,彭刚译,生活·读书·新知三联书店,2003年,第1-2页。

为每个单子都是宇宙的镜子,所以通过每个单子不同的角度,就存在不同的表现宇宙的图像。伏尔泰本来是可以运用积极的相对主义观点的,这种相对主义观点与历史主义一道发展,表现出了对历史结构中个体生命的尊重。但是,梅尼克认为,启蒙运动的相对主义只能以一种来自于机械式因果关系的外在方式运作,从而缺乏内部基础也就是形而上学基础。孟德斯鸠也接触到了相对主义问题。他认为,在政治领域,考虑到时间和所有的条件,政治人物的目标不应该是绝对和永恒的最好,而应该是相对的最好。梅尼克相信,这种政治相对主义对历史主义而言是一块里程碑。但由于这种相对主义是满足于实际解决方案的,所以它无法打破自然法观念的权势。在谈到赫尔德时,梅尼克认为,如果赫尔德没有对历史中神圣天意的信仰,那么他的发展观念就很可能会沦为一种毫无希望的相对主义。赫尔德正处于摆脱自然法观念束缚而进入个体和发展世界的阶段,他面临的问题是:如何为直接产生于历史主义的相对主义设置限制,如何在流变之中保存不变的东西?

特勒尔奇认为,价值相对性不是相对主义、无政府状态、偶然性、任意,而是意味着持续不断的运动和新创造。[1] 毫无疑问,历史主义的个体观念及其无限的多样性,为相对主义提供了更深刻的基础。[2] 在这一点上,历史主义与相对主义是相互依赖的。歌德在狂飙运动时期就发表了倾向相对主义的判断,认为善与恶必然相互依赖。梅尼克认为,歌德最内在的本质注定了他会倾向于相对主义,因为他身上的浮士德是与魔菲斯特互为根基的。歌德时代的德国思想革命也主要相对主义地进行。由于释放出更加深刻的主体性,它就动摇了一切对于绝对标准的教条化信仰,既动摇了基督教信仰,也动摇了自然法观念。歌德的相对主义是一种根基深厚的、积极的相对主义,因为它是通过对终极的绝对者的信仰而进行的。因此,梅尼克指出,相对主义要么进入最伟大

---

[1] Ernst Troeltsch. Der historismus und seine probleme, Tuebingen Verlag von J. C. B. Mohr(Paul Siebeck),1922:211.

[2] 刘研:《迈涅克及其历史主义》,《学海》,2008 年第 2 期。

的深度,如果在它背后有一种终极性的富有创造性的信仰的话;要么流于最肤浅的表面,如果没有这种信仰的话。真正历史主义的积极相对主义,必定会在世界的不可知现象面前保持谦卑和敬畏之情,而不是只看到价值的混乱状态从而丧失这种谦卑和敬畏之情。梅尼克认为,我们最好把自身的个体性和人性看作神意设定的相对的生命任务,从而把它理解为绝对的。历史主义的任务应该是运用相对化的世界理解,同时认识到自己的有限性。历史主义不会因这种对有限性的认识而离开幽深的力量源泉。正是从这种力量源泉中产生了对终极性的绝对价值的信仰,对所有生命由之发源而出的终极源泉的信仰。梅尼克相信,这种绝对者既无法被展示出来,也无法受到定义。正如歌德所声称的,绝对者的本质是永远无法被认识的。因此,歌德在实际上比自然法和基督教所做的,把绝对者推移到了思想完全无法达到的更崇高的区域。梅尼克认为,歌德达到了相对和绝对、理念和个体思想方式之间的或许唯一可能的理想综合。

众所周知,早在第一次世界大战之前的四分之一世纪中,欧洲思想界就爆发了一场危机。它起源于对意识的自我审查,标志着传统哲学的终结。它对理性局限性的认识,很容易就会触及极端相对主义的立场。这场危机在历史学中的表现就是对历史研究方法和认识论原则的重新审视。这种审视主要由哲学家进行,并为历史学家所追随。柯亨比康德更为彻底,甚至拒斥了物自体概念,认为惟有意识才是真实的,整个世界都内在于这一先验的意识之中。在柯亨哲学中,我们可以聆听到与佛教唯识论和胡塞尔现象学的某些相通之处。柯亨认为,使历史科学区别于自然科学的,是前者不仅涉及自然或逻辑的规律,而且还涉及价值问题。柯亨实际上否定了兰克学派对价值判断的回避。作为西南学派的后起之秀,文德尔班和李凯尔特要比他们的前辈柯亨更加关注价值问题,更加关注社会科学的方法论和认识论问题。文德尔班把自然科学看做是制定规律的,而把历史科学看做是描述个别的。他认为,历史科学之所以可能,是因为有一种理性的意旨支配着历史,有一种逻各斯使得历史世界成为了一个和谐的实在,是因为人类是一个价值实体。文德尔班对欧洲文明所面临的危机具有更深的感受。他恐惧于现代技术性大众社会对传统价值的侵蚀。李凯尔特认为历史科学与自然科学共属于一个实在,它们的区别只是方法上的。他的内在价值论声称,一种文化所表达的价值是永恒有效的规范的体现。他认为,包括历史科学在内的文化科学必须假定绝对和普遍有效的价值。这些规范和价值是纯粹形式化的。李凯尔特相信,只有历史性的研究方法才是研究文化价值的正确方法。但是这样一来,他就很难逃脱历史相对主义的指责。这场危机在韦伯身上获得了更充分的体现,因为他斩断了伦理、价值与理性之间的脆弱联盟,而呈现出了一个二元化的断裂世界:理性的认知世界和非理性的价值世界。韦伯深受自然科学和实证主义的影响,而缺乏对于超越性的宇宙实在的信仰。无疑,在韦伯看来,上帝死了,历史不再有意义,而是一个充满无法解决的价值冲突亦即诸神之争的领域。

施特劳斯认为,德意志思想是由于抛弃自然权利观念即自然法观念而走向历史主义,并最终滑入虚无主义的。事实上,梅尼克在阐述历史主义的兴起时,始终清醒地意识到,在历史主义的兴起中,与自然法观念的斗争起到了至关重要的作用。显而易见,这两位思想家的观点初看起来恰恰正相反对。梅尼克承认,类似施特劳斯的理想主义观点,是应该予以认真聆听的,并且怀着一种世界不可能被它改变的悲哀感。即使抱持这种观点的激进主义,也有内在的正确性,因为它至少激励了良知,使人注意到单纯相对主义的缺陷。梅尼克坦承,由于与自然法观念的决裂,导致了德意志思想的孤立,历史主义的确需要进行深刻反思,需要反躬自省。但这显然不意味着是要放弃历史主义,而是要清醒地认识到历史主义的限度,认识到历史主义应该警惕的相对主义甚至虚无主义问题。

施特劳斯指责历史主义者把自然乃是规范这一前提当作神话而加以拒斥,他们相反地把人及其产物看作与其他一切实在事物同等地自然,指责他们认为人的世界、人类创造性的世界要比自然高超得多。施特劳斯进一步谴责说,按照历史主义者的看法,所有人类思想都是历史性的,因而无力把握任何永恒的东西。施特劳斯甚至不无刻薄地说,对古典派来说,哲学化就是要走出柏拉图所谓的洞穴;而对历史主义者来说,所有哲学本质上都属于某一历史世界、文化或世界观,也就是属于洞穴。显然,在他看来,历史主义者是在愚蠢地开历史倒车。① 事实上,梅尼克和历史主义确实抛弃了僵硬的自然法观念,但他们包括赫尔德和歌德在内是把自然看做是神圣自然的,是把人及其产物看作是从属于神圣自然的。某种意义上,梅尼克和历史主义在终极问题和信仰上是更加谦卑的,他们事实上持有的是一种交织了高贵的不可知论和敬畏于绝对者的信仰。他们绝不认为自己是在开历史倒车,而是更加精妙地在事实与理念之间建立平衡,是在具体的相对性中彰显那绝对者,是在历史中追寻神圣者。

在施特劳斯看来,历史学派由于否定了普遍规范的意义,也就摧毁了所有超越现实的努力的唯一根基。因此,历史主义可以被看做比18世纪法国启蒙运动远为极端的现代此岸性的形式,它的所作所为仿佛是要使得人们在此世就有完全的家园之感。② 梅尼克和历史学派并没有一味地否定普遍规范,而是认为抽象的脱离实际的普遍规范是毫无意义的,必须在具体情境中去认识普遍规范。当然,他们也没有摧毁超越现实的根基。他们的精神根基和思想秘密本就是柏拉图主义和新柏拉图主义,这是西方思想中超越现实的努力的大本营所在,又何来摧毁呢?! 所谓的极端此岸性和完全的家园之感,也不尽然如此,无非是对历史学派和历史主义在内在和超越的新柏拉图主义引领下的深厚根基感的一种错位判断。

施特劳斯确信,历史主义就像是实证主义的一种特殊形式,由于历史主义认为自身超越了实证主义,所以它现在就认为只有它才提供了唯一经验性的可靠的有关人之为人的知识。由此,摆脱了所有可疑或

---

① 刘研:《迈涅克及其历史主义》,《学海》,2008 年第 2 期。
② 同①。

形而上学假定的历史学就成为了最高的权威。① 在梅尼克看来,历史主义恰恰是在与自然法观念、与实证主义思维方式的搏斗中才形成和兴起的,它当然不是实证主义的某种特殊形式。历史主义是一种认识历史的方法,也是一种生命哲学和世界观,它当然不是经验性的知识。历史主义的历史学自有其形而上学的幽深背景,它一直对自己可能的相对主义倾向保持警惕,自然不会认为自己就是现成的最高权威。

对施特劳斯来说,历史指示的标准终归是含糊不清的,历史过程是一张毫无意义的网,纯粹由偶然织成,宛如一个白痴所讲的故事。历史标准纯属主观性的标准,除了个人的自由选择外别无依据,因而在好的与坏的选择之间的分别并无客观标准可言。施特劳斯最激烈的抨击就是,历史主义的顶峰就是虚无主义。② 施特劳斯在这里充满了历史悲观主义的论调,就像一个看破一切的虚无主义者。也许,这种激烈的指责很难说没有表现他自己的某种虚无主义的自我投射。事实上,他在这里的后半段话是对所谓海德格尔式生存论历史主义的谴责。即使生存论历史主义的背后也不是没有根基的,在海德格尔来说就是基督教的神秘主义传统,与后期对东方古老思想犹抱琵琶半遮面的隐秘呼唤。施特劳斯的确是一位极其敏锐的思想批判大师,但他有时候是否有点为批判而批判,而在不自觉的抽象化的批判之舞中,偏离了批判的初衷? 真正的批判乃是为了澄清思想、深入思想的根基,而非为了在批判中压倒思想对手并完全压制对手。如果是这样,那就是思想和语言的暴力和暴行,而不是海德格尔所谓的为了澄清和深化思想的亲密的争执。

在施特劳斯看来,历史主义批判的结论就是,一切的人类思想包括一切的哲学思想,关切的都是相同的根本主题或者说问题,因此在人类知识的一切变化中都潜藏着某种不变的结构。由此,人类思想就有可

---

① 刘研:《迈涅克及其历史主义》,《学海》,2008 年第 2 期。
② 同①。

能超越历史局限或把握到某种超历史的东西。① 看来,这就是施特劳斯历史主义批判的底牌了。从本质上说,这也是梅尼克和历史主义所承认的。在某种意义上不如说,历史主义是改头换面过的形而上学和信仰,是相对和绝对、事实和理念的一种动态平衡,是在流变的可能性中追寻绝对者的不懈努力。它恐惧和反对的是僵硬的、现成的、静态的东西,它渴望和肯定的是充满可能性的生动的生命。在根源性的意义上,施特劳斯与梅尼克和历史主义是有相通之处的。诚如海德格尔所言,一切伟大的思想都是在思那同一个东西。

为了更好地理解施特劳斯对历史主义的批判,我们最好记住他的多重身份:哲学家、犹太人、德国后裔与美国公民。他的青年时期生活在最终失败和无能的魏玛共和国,中年时期目睹纳粹的上台和对犹太人的疯狂迫害,经历了两次世界大战,焦灼地感受到希特勒暴政和斯大林暴政对西方文明和宗教传统的威胁。他批判历史主义的一个重要原因,显然是因为他认为历史主义没有能够足够深刻地把希特勒政体理解为暴政。

施特劳斯确信,认为所有人类思想本质上是历史性的信念,已经削弱了政治理论真正目标的合法性,这个目标就是寻找有效的准则。② 施特劳斯极其严肃地对待历史主义挑战,他坚决主张政治哲学与历史主义是水火不相容的。他认为,政治哲学的重大对手不是实证主义,而是历史主义。

在施特劳斯看来,伯林由于把他赞成的准则的盛行程度夸大到几乎必然的程度,从而掩盖了准则的普遍要求与对准则的纯粹历史有效性的信念之间的紧张关系。这样一来,他就模糊了我们拥有的自由。伯林的思考方式携带着这样的危险,亦即绝对化当前流行的观点,假装人们生活在历史中的绝对时刻,从而可以拥有在历史性上相对的却有

① 刘研:《迈涅克及其历史主义》,《学海》,2008 年第 2 期。

② Nasser Behnegar. Leo Strauss, Max Weber, and the scientific study of politics. The University of Chicago Press,2003:29.

效的规范判断。同时,由于未能建立理性的道德和形而上学,现代精神只有局限于容易获得其方法解决的问题上,才能支撑它的问题—解决定位。① 但是,只有当人们不再把形而上学和道德问题承认为问题时,这种对它们的漠然置之才是可能的。因此必然会出现的结果就是:"消灭我们不能解决的问题,声称例如像那些关注上帝、灵魂和正义的存在和性质的问题不仅是不可解决的,而且是毫无意义的。"但是,施特劳斯的这种伯林批判显然并不适用于梅尼克和他所阐述的历史主义。因为从梅尼克的立场来看,历史主义甚至可以被看做形而上学的某个现代之子。

施特劳斯洞察到,主张尊重多样性或个体性的自然权利观念,承受着内在的紧张关系,因为"在对多样性或个体性的尊重与对自然权利的承认之间存在紧张关系"。② "当自由主义者不满于甚至是为自然权利最自由主义的版本对多样性或个体性所施加的绝对限制时,他们就必须在自然权利与无拘无束地栽培个体性这两者之间进行抉择。他们选择了后者。"③

在我们的道德和政治需要与对自然权利的现代拒绝的合乎情理的结论之间,出现了深刻的冲突。施特劳斯认为,这种冲突的必然结果就是狂热的蒙昧主义。狂热的蒙昧主义首先是存在命题,它断言世界之根不可理解。狂热的蒙昧主义是这个命题的必然结果,这个命题认为真正的选择是坚定的决定。这种坚定的决定是唯一具有建构相对主义标准的潜能的观点,是惟有海德格尔才充分地将之实现的观点,因为他是惟一的以彻底方式建构历史主义的思想家。

对现代自然权利的拒绝会导致狂热的蒙昧主义。施特劳斯声称,

① Nasser Behnegar. Leo Strauss, Max Weber, and the scientific study of politics. The University of Chicago Press,2003:34.

② Leo Strauss. Natural right and history. The University of Chicago Press, 1953:5.

③ 同②。

尽管康德和黑格尔努力恢复古典政治哲学的高贵道德,但是他们却接受这种错觉:通过"盲目的自私的激情"可以实现道德秩序。① 这充分表明了以康德和黑格尔为代表的那些哲学家的人义的、理性自主的、自我掌握命运的和建立人间天堂的基本思想倾向。

施特劳斯通过指出现代自然权利在狂热的蒙昧主义中达到了顶峰,从而促使我们思考:如果人们无法根据认为自然始终是个体的那种自然理解来确立自然权利的话,那么唯一潜在地向我们敞开的自然权利学说无疑就是古典自然正确学说。

相对主义主张规范知识是不可能的,由此导致的绝望甚至使解决相对主义问题变得更加困难重重。对获得有效道德知识的绝望,已然促使历史学家在解释文本的时候,与其说他们关注的是论证的合理可靠性,倒不如说他们关注的是文本的历史情境。"在最激进的历史主义中,也就是说,在对遗忘永恒的观念的明确无疑的谴责中,现代思想达到了顶点,达到了最高的自我——意识。因为遗忘永恒,或者换言之,疏远人类最深沉的渴望并随之疏远原初问题,是从一开始——现代人为了努力成为绝对的最高统治者、成为自然的主人和所有者与为了征服偶然性——就必须付出的代价。"②我们在这里可以清晰地聆听到海德格尔有关存在之遮蔽与技术之胜利的论述。

施特劳斯在《自然权利与历史》中曾经进行了韦伯批判。他认为,由于历史主义拒绝了充分意义上的哲学的可能性,从而拒绝了自然权利的可能性。与此相反,作为事实和价值之间分野的基础的立场虽然拒绝了自然权利,不过却没有拒绝哲学的可能性。他们拒绝自然权利的原因,是他们主张在最终价值之间存在着永恒的冲突。

我们面对社会现象产生的问题,依赖于我们兴趣的导向或我们的观点,而这些又事实上依赖于我们的价值观念。但是,由于价值观念根

---

① Leo Strauss. What is political philosophy. The University of Chicago Press, 1959:53 - 54.

② 同①:55.

据历史性来说是相对的,所以社会科学的内容就在根本上是历史性的。事实与价值之间的分野,是一种把科学的客观因素或超历史因素与它的主观历史性的相对因素区分开来的努力。

但是事实上,韦伯对历史主义的存疑是半心半意的。韦伯之所以无法全心全意地献身于科学观念或经验科学观念,是因为他领悟到,所有科学都预先假定科学具有价值,而这种预先假定从历史上来说是相对的。如果科学价值是某种超历史的事物,那么献身于科学观念也许就是可能的。韦伯实际上主张,具体和历史的价值观念包含着超历史因素:"根本价值就像逻辑原理一样是永恒的"。①

施特劳斯早在《自然权利与历史》中就指出,历史主义是现代政治哲学危机的结果。

施特劳斯的现代历史解释,削弱了倾向于历史主义的历史证据,这样一来,就使我们注意到了施特劳斯指认为真正问题的东西,亦即激励现代历史和激励世界历史的东西。因为如果现代世俗世界是世俗思想家所发动的努力的果实的话,如果我们有理由不满于这种努力的果实的话,那么我们就必得追究这种努力是否是公正可靠的。为了恰当地提出这个问题,人们首先就得再次展示启蒙运动与正统学说之间的争执,再次展示更一般层面上的哲学与神圣启示之间的争执。理所当然地认为客观价值判断不可能的历史学家,不可能极其严肃地对待过去的思想,这种过去的思想是基于认为客观价值判断是可能的假设的,也就是说,事实上不可能极其严肃地对待所有较早时代的思想。②

韦伯认为,科学虽然无法为我们提供关于大全的知识,但是它能够为我们提供关于人之为人的处境的清晰性,关于重大问题的清晰性。

---

① Leo Strauss. Natural right and history. The University of Chicago Press, 1953:39.

② 同①:61 – 62.

这种清晰性对人类有益,因为它使人类摆脱错觉,因此是自由生活的基石。① 韦伯"倾向于相信二十世纪的人已经吃了知识树上的果实,或者说能够摆脱使所有早期人类盲目的错觉:我们毫无错觉地领会了人的处境;我们摆脱了魔法"。② 这首先意味着,韦伯倾向于相信,我们在由于基督教道德而失明了千年之后,重新恢复了古老的智慧,因为具备知识诚实的我们再次看到了伟大的问题,看到了诸神之间的永恒冲突。人之真实的处境是:没有神圣的引导,每个人在其中都不得不通过在不可调和的永恒价值中间进行选择,而选择自己的命运。③

韦伯受到历史主义的影响,怀疑与人类社会同时代的伟大问题的存在,对这些伟大问题的无神论理解对泛神论理解或有神论解决方案的优越性,提出了质疑。韦伯的立场摇摆于把祛魅概念视为人之处境的真理与历史主义之间。他感受到了等待新先知的倾向,因为"他确信所有对事业或理想的献身都在宗教信仰中具有根源,因此,宗教信仰的衰落最终将导致所有事业或理想的灭绝"。④

## 中西对话的可能性

梅尼克赞赏伏尔泰的历史研究,认为在他的作品中可以看到启蒙运动在历史领域中臻于一流的巅峰成就。⑤ 正是在伏尔泰思想中,中国留下了浓墨重彩的烙印。伏尔泰是从中国开始展开《论各民族的风俗和精神》的论述的。当时基督教传教士对中国的发现,给欧洲知识

① Nasser Behnegar. Leo Strauss, Max Weber, and the scientific study of politics. The University of Chicago Press,2003:126.

② Leo Strauss. Natural right and history. The University of Chicago Press, 1953:73.

③ 同①:127.

④ 同②:73 - 74.

⑤ Friedrich Meinecke. Die entstehung des historismus. R. Oldenbourg Verlag, 1959:73.

分子留下了深刻印象。中国成为了经典古代和基督教世界的一个比较对象。欧洲的成就第一次受到了一种非基督教文明的衡量。从此,欧洲人必须学会从外部来看待自己和评判自己。① 在伏尔泰看来,中国的历史比《旧约》中的犹太历史更加古老和文明。他强调了中国历史相较于犹太历史的优越性,认为孔夫子作为真正的智者要远胜于先知。

自伏尔泰之后,东方成为了西方即欧洲文化的一个重要他者。哈曼曾经激励人们要通过向东方朝圣,以便将"消失了的自然语言"带回到生命中来。赫尔德感受到了东方的吸引力。浪漫主义者接着继续向东方投注新的目光。歌德早在年轻时就寻求与东方发生联系。② 法国大革命及其接踵而来的动荡,驱使他在东方的纯粹性中寻找避难所。歌德关注在东方寻找原始的形式,认为东方的诗歌具有独特的价值,"它只是与自身作比较,只是在自身的世界中享受荣誉;在欣赏它的时候,我们必须忘记罗马人和希腊人曾经存在过。"③歌德在《西东集》中要求西方在东方寻找它的家园,向"永恒不变的东方"发出了吁求。

在海德格尔看来,西方哲学、西方形而上学和西方存在论已经或正在终结。正如斯宾格勒《西方的没落》一样,海德格尔以隐晦方式揭示了西方文明的思考方式和生活方式在可能性上业已走到了尽头。他曾经怀着希望至为荒唐地欢迎纳粹的上台。幸运的是,他很快清醒地认识到,这是一种不折不扣的幻想。自此以后,他对希望敬而远之。在他看来,二战后的世界不管是受到华盛顿的宰制还是莫斯科的支配,都是无关紧要的,因为这样的世界无非就是"世界的黑夜"。

现代技术世界毁灭倾向的根源在于古希腊哲学中的宰制倾向。正是这种在无限面前的自我控制和自我保护倾向,最终导致了现代人的

---

① [德]洛维特:《世界历史与救赎历史》,李秋零、田薇译,生活·读书·新知三联书店,2002 年,第 123 页。

② Friedrich Meinecke. Die entstehung des historismus. R. Oldenbourg Verlag, 1959:555.

③ 同②:557.

堕落。在海德格尔的前学生施特劳斯看来,"因是(东方式的存在领悟)之故,东方并无主宰意志。仅当我们变得能够向东方特别是中国学习,我们才能希望超越技术性的世界社会(即海德格尔所谓的'世界的黑夜');我们才能希望一个真正的世界社会。"①但是这种学习,这种东西方之间的对话必须是来自两方至深根源的对话。施特劳斯是有洞察力的,他大胆地指出"能够帮助我们克服希腊理性主义的不是作为圣经的圣经,而是作为东方之书的圣经"。② 施特劳斯认为,西方与东方尤其是东亚的最深刻思想家之间的对话可以通向所期待的圆满,伴随着对话或对话之后而来的将是诸神的回归。③

　　事实上,各种考古学、考据和语言研究等已然表明,西方文明两大来源中的希伯来传统不仅来自广义上的东方,而且受到了东方的强烈影响,甚至作为另一大来源的古希腊文明也受到了东方的深刻影响。相较而言,东方文化包括印度文化和中国文化,在对宇宙人生真谛的沉思上具有极其深邃博大和宏阔的性质。如果说西方传统所思考的存在者甚至存在是偏向于物的,那么东方传统沉思的则是无比深邃的必须以身亲证的心,这个心是人之心、天地之心,甚至可以是物之心。因为东方传统中最深邃的圣哲向来认为心物一元,而非像西方传统那样总是倾向于心物二元。事实上,西方对东方或隐或显的呼唤一直在历史星空中回荡着。我们完全可以这样说,西方物的文明、向外支配型的文明,割裂所谓此岸和彼岸其实就是割裂物和心的文明已经穷尽了可能性,如果再不断然转身,那么在其根据律支配下所制造出来的各种各样高科技产品包括大规模杀伤性武器真有可能强行结束其文明。真正的上帝、真正的绝对他者、真正的超越者,也就是天地万物的本源和创造者,恐怕不是西方存在者和存在类型的文明所能轻易接近的,或者说,

---

①　贺照田:《西方现代性的曲折与展开》,吉林人民出版社,2002 年,第131 页。

②　同①。

③　同①,第108 页。

这种类型的文明对那个上帝的呼唤愈是迫切愈是焦虑,就愈可能只会产生陀思妥耶夫斯基的宗教大法官所说的那种宰制型文明。重要的是学会敬畏,学会恰当的沉默与警觉,学会虚怀若谷的谦卑与聆听。事实上,所有真正伟大的思想和信仰总是在思想和信仰那唯一者,那绝对的他者,那彼一,那太一,那最终不可言说者。

在此,让我们聆听古代圣贤的稀世大音:

"师问南泉:'如何是道?'

泉云:'平常心是。'

师云:'还可趣向也不?'

泉云:'拟即乖。'

师云:'不拟,争知是道?'

泉云:'道不属知不知,知是妄觉,不知是无记。若真达不疑之道,犹如太虚,廓然荡豁,岂可强是非也?'师于言下顿悟玄旨,心如朗月。"①

"(黄檗希运禅师)示裴公美曰:'诸佛与一切众生,惟是一心,更无别法。此心无始以来,不曾生不曾灭,不青不黄,无形无相,不属有无,不计新旧,非长非短,非大非小,惟此一心即是佛。佛与众生,更无别异。若观佛作清净、光明、解脱之相,观众生作垢浊、暗昧、生死之相,作此解者,历河沙动劫终不得菩提,为着相故。惟此一心,更无微尘许法可得,即心是佛。如今学道人不悟此心体,便于心上生心,向外求佛,着相修行,皆是恶法,非菩提道。'"②

"陆亘大夫,与南泉语话次,陆云:肇法师道,天地与我同根,万物与我一休,也甚奇怪。南泉指庭前花,召大夫云:时人见此一株花,如梦

————

① 普济:《五灯会元》,中华书局,1997 年,第 198 – 199 页。
② 雍正:《雍正御制佛教大典·御选语录》,中国社会科学出版社,2004 年,第 751 – 752 页。

相似。"①

"僧问大龙：色身败坏，如何是坚固法身？龙云：山花开似锦，涧水湛如蓝。"②

"盖天地万物与人原是一体，其发窍最精处是人心一点灵明，风雨露霜、日月星辰、禽兽草木、山川木石，与人原只是一体。"③

---

① 弘学，正信，清禾：《圆悟克勤禅师——碧岩录·心要·语录》，巴蜀书社，2006 年，第 101 页。

② 同①，第 178 页。

③ 王阳明：《王阳明全集》，吴光、钱明、董平、姚延福编校，上海古籍出版社，1997 年，第 107 页。

# 7

## 中国哲学研究中的当代文化认同现象

余日昌*

---

* 余日昌,江苏省社会科学院哲学与文化研究所研究员,副所长。

　　不论当代中国哲学研究着重于重新发掘中国传统哲学的文化资源性，还是研究中国传统哲学在当代全球话语背景中的对话主体性，近10年来，当代中国哲学研究首先对其文化性进行了深刻的反思。这种反思，是一种历史性的反思，它缘起于近代以来，西方哲学解释学逐步将中国传统哲学引入方法论的樊篱之后，中国哲学研究的一种自觉挣脱和中国传统文化振兴。本章通过回顾当代中国哲学研究的这个历史过程，归纳出了这样一种趋向：当代中国哲学研究已经开展了"从哲学走向文化"的实践活动，对其文化性所进行的反思已经发挥出了一种"承前启后"的历史作用，而且为刚刚开始的中国哲学"修缮工程"指明了基本方向。

## 哲学的现代性及其合法性

　　中国哲学向来被习惯地称之为传统哲学，它包含了儒家思想和中国佛学及传统道家等宗教理论中的哲学成分。

　　近20年来，中国哲学界所关注的，却是"现代中的传统"和"传统哲学中的现代性"。实际上，我们通常所说的"传统"，乃指中国传统文化精神，这是一种在泛义层面上哲学思想得以存在的历史氛围，它由历史长河中的多种思想流派及其影响下的社会文化形态所构成。我们认为，进入20世纪90年代之后，中国哲学研究更加关注的是以下几种形式的区分及其内在的联系。它们是：从文化到思想，再提升到哲学，这是理论深度的区分与关联；又有从古学到今学、从中学到西学，这是时空角度的区分与关联。因此形成了从文化史研究到思想史研究，再从思想史研究到哲学史研究的理论研究诸流派。

　　所谓"现代"及"现代性"，就是这种关联性发展在今天全球话语背景中的体现形态及其意义所在。所谓"现代化"是"近代化"的演进。虽然，"近现代"或"现代化"不一定是每一个身处21世纪90年代的知识分子的终极关怀，但是，中华民族的国家"近代化"或"现代化"则是19世纪以来绝大多数中国知识分子的基本共识。因此，在当代哲学研究领域中,中国哲学的"现代性"与"传统性"两者之间表现出了许多微妙关系。这个源头应当追溯到当年冯友兰哲学思想的特征上。

冯友兰晚年的哲学思想,主要反映于他1992年在香港中华书局出版的《中国现代哲学史》中。冯友兰在其《中国哲学史新编(第7册)》"中国近代化时代的理学"两章中谈到过所谓"中国哲学"与"哲学在中国"这两个既有区别又有联系的概念。他认为,到19世纪末,中国哲学的发展史已经完结了经学时代,进入了近代化的新时期。冯友兰的意思是:随着19世纪末中国社会形态的转变,中国哲学的形态和内容也发生了转变,产生了脱离"古代"形态的近代化哲学。他认为,应当是"近代化"的哲学,而不是哲学在近代。这样就提供了一条基本的思路,以至于从现代的角度去考察中国哲学的发展,同样形成了"现代化"的中国哲学与中国哲学"在现代"这样的意义区别。"中国哲学的近代化"只是学术的转型,而"中国哲学的现代化"则有更广泛的现实意义。成中英指出:"中国哲学的现代化不完全指理性的方法和知识形成形式去更新中国哲学的本质,也是指中国哲学能够对人类目前和未来的生活提供一些积极的智慧。"①

因此,在当代中国哲学研究中,出现了两种"讲"法:一种是在传统性中"接着讲",另一种是在现代性中"接着讲"。"接着讲"的理路是接中国传统哲学向下讲,而不是接着西方哲学向下讲。这两种讲法彻底地摈弃了19世纪中国哲学史一贯遵从的那种"照着讲"的传统研究方法。"照着"传统哲学的经典研究学理,固然可以正本清源,可以最大限度保持中国性,但仍然属于经学的研究范式。而"接着讲"实际上已经有了理论学的实质了。早在三四十年代,冯友兰就指出:"欧洲哲学理念得到中国直觉和体验的补充,中国哲学观念得到欧洲逻辑和清晰思想的澄清。"②而且"未来世界哲学一定比中国传统哲学更理性一

① 成中英:《中国哲学的现代化》,《知识与价值》,中国广播电视出版社,1996年,第366页。
② 冯友兰:《三松堂全集》第11卷,中华书局,1992年,第267页。

些,比西方哲学更神秘一些"。① 这样的预见,终于在 20 世纪 90 年代以后成为了现实。

我们可以发现,当代的中国哲学预见,实际上还正在做这样一种探索和厘清,正如金岳霖 1930 年在为冯友兰《中国哲学史》所写的审查报告中指出的那样:中国哲学史究竟是中国哲学的史呢? 还是"在中国"的哲学史?

很明显,前者写的是中国文化产生本土思想智慧,并进一步提升为哲学理念或哲学体系的历史发展过程,而后者则是公义的、普遍的哲学义理在中国社会历史环境中得到以附着生根发展的历史。在某种意义上可以说:前者是就民族文化讲哲学及发展史,后者则是描述外来哲学形态在中国历史环境中的适应性。因此,中国哲学研究进入 21 世纪之后出现了这样一种基本样式,即以传统哲学为素材或质料,而以西方的分析方法为形式,这也就是"接着讲"与"照着讲"的综合模式,也是"中国哲学史"与"在中国的哲学史"的结合。

这样的开端,来自梁漱溟早年以本能、理智、理性论述其哲学,熊十力大谈宇宙论、宇宙生命和宇宙实体。而且发展至今,几乎每位中国传统哲学研究者都无不论及"本体论"或"本体意义"。很明显,这实在是一条从文化到思想,再从思想到哲学的中国哲学研究史。特别是当代哲学研究精英和主流学派,已经将中国哲学的研究又一次推上了"形上构架",与魏晋玄风形式比照。

我们认为,当代中国哲学仍然沿着"五四"时代中国哲学发展的主流方向推进,并没有发生质的跃变。在多元文化受到日益肯定的今天,中国文化底蕴所托起的中国传统哲学不可能依然一枝独秀,而只能是一种更为"资源化"的存在形态。大多数的中国哲学研究者选择了"文化观"、"心物论"、"形上学"等作为自己研究中国哲学的基本视角,大都以融通中西为己任,这也许就是当代中国哲学研究的主流形态吧。

---

① 冯友兰:《三松堂全集》第 11 卷,中华书局,1992 年,第 517 页。

由上所述明显可见，"什么是中国哲学"已经必然成为了当代中国哲学研究者首先考虑的一个重要问题了。这里就逻辑地产生了以下4个连环的问题与思考：从"何为中国哲学"到"文化学还是国学"，再到"文化断层是否存在"，再归结为"中国哲学合法性讨论"。

## 哲学的文化性与文化的哲学

从西方文化对哲学的定义来看，一般认为中国传统哲学几乎没有完整的概念体系。它的许多概念（范畴）、判断（命题）和一系列推理，常常不是不在同一层面，就是缺乏逻辑关系，彼此游离但又概念交叉，不构成一个相对殷实的理论体系，所以，发问"何为中国哲学"的中国哲学研究者，大多具有创造或建构中国哲学完整体系的初衷，如同西方哲圣亚里斯多或康德那样。但是，中国文化的底蕴限制了他们。因为中国传统文化，是直觉和体验的文化，这也促成了中国传统哲学特有的风格，即中国哲学追求的主题是人生境界，而不是知识化、结构化的概念系统。然而，当代传统哲学研究者在与世界哲学诸体系的对话中发现了"概念体系"的缺失，他们开始努力冲破20世纪90年代以前那种集中讨论唯物与唯心、反动与进步等苏联哲学模式的樊篱，而认为"哲学史的研究最终要解决的问题，应该是揭示历史上哲学思想发展的逻辑必然性"。①

关于"什么是中国哲学"的讨论，不是一个具体的学术讨论，也没有形成特定形式的学术运动。它像中国传统文化和哲学思想发展的基调一样，在社会的各层面散在地自发地生成和深化。在哲学思想研究层面，它已经表现为一系列中国传统哲学基本命题的推理、归类、证明和修正。比如，当代哲学研究对"天人合一"、"知行合一"、"心物合一"、"情景合一"等的关注；比如近10年以来中国哲学研究者对各种

---

① 汤一介：《非实非虚集》，华文出版社，1999年，第302页。

哲学体系建构的尝试。

有趣而且引人深思的一个情节是,在当代世界文化趋向全球意识下多元文化发展的前提下,西方哲学体系正在解构,西方中心主义正在消解,呈现为一种西方中心发展史中的"后现代征兆"。与此同时,中国中心却不是在解构,而是在重建完整体系。这并不是中国中心的一种对世界中心发展潮流的发动,也不是一种发展的落后或时差。它恰恰说明了一种中西文化的交融,也就是说,是"国学热"渐渐取代了"文化热"的结果,也是文化底蕴与文化的冲击"浮出水面"的开始,当代中国哲学研究开始呈现为一种"文化的哲学"了。我们可以将这两种"热"的交替看成是一种中西文化的"双向选择"。从中国哲学研究发展的角度看,它选择了西方的方法与构架模式去整理自己过去已有的繁杂。实际上,魏晋时期玄学对印度佛学思想体系吸收和鉴取,已经是一次比较成功的尝试了,其结果是引发中国传统文化思想中生成了佛教的天台、华严和禅宗佛学思想体系,而且引发了理学体系的深化过程。

回顾所谓"文化热",它始发于20世纪80年代的北京地区,首先由"走向未来丛书"推动,中国文化书院、《文化:中国与世界》杂志等学术团体参与。但到了1992年,"国学热"却悄然兴起,《国学研究》等刊物的出版成为了比较明显的标志。我们考察这两种"热",可以发现它们有着不同的社会时代背景。所谓"文化热"伴随着"四个现代化"的理论讨论,科技现代化必须与文化(政治)的现代化相适应,当时倡导的"两个文明建设"就突出地强调了文化建设。20世纪80年代的"文化热",实际上是对文化现象中的哲学理念或观念系统所进行的一次较为深刻的反思,它是重新一轮从文化回归思想再走向哲学的开端。观念系统即意识形态,它长期游离于形而上学层面之外,而"文化热"反思的恰恰是文化与意识形态背后的东西,这也许就是所谓的"哲学的沉思"。

汤一介先生分析1992年开始的"国学研究热"可能有两种不同的走向:一是真正把中国传统文化放在整个世界文化发展的总趋势中,使整个文化的真精神和现时代的时代要求接轨,这将是整个文化走出困境,得以复兴的文艺出路。另一种可能的趋向是中国传统文化的研究也许会离开学术的轨道而意识形态化,从而背离某些学者热心"国学"的初衷。他指出:有人认为"不排除有人企图以'国学'的观念,来达到摈弃社会主义新文化于中国文化之外的目的"。① 然而,这种论点实际上已经将社会主义新文化与中国传统文化(国学)相对立了,它企图将学术研究重新纳入意识形态。实际上,当代中国哲学研究者所关心并致力奋斗的乃是将学术研究重新拉回到远离意识形态极"左"思潮的传统哲学轨道。而如此奋斗的起点,已经转换到了文化方面,也就是从"社会的哲学"转向了"文化的哲学"。

然而,对"文化"下一个较为贴切的定义是比较困难的。梁漱溟先生曾经认为:"文化就是人类生活的式样。"显然,这是一个从社会学角度对文化的定义,它强调或突出的是人类的生存结构与彼此之间的社会关系特点,比如西方文化、中国文化、印度文化、印第安文化等。其中,至少有3个层次是大家可以认同的:一为物质文化,一为制度文化,一为精神文化。可见,这3个层面实际上将由物质、制度和精神3方面构成的人类社会进行了文化抽象,这是形成"哲学的沉思"的第一步。孤立或静态来讲,这3方面并不是文化的基本特征,因为文化的基本特征在于扬弃地沉淀和发散地交流。当代有人将思想观念的现代化归结为一种文化的创新或一种文化的哲学提炼。② 这也是一个误区,因为在社会层面,"思想观念"一旦形成定势并系统化之后,就形成了所谓的"意识形态",同时它便离开了纯哲学的轨道。

现在的问题是,如何反审或重新定义"哲学"?尤其是定义"文化的哲学"这个范畴,而后再去揭示"自尊心的文化性"。我们认为,"哲学"实际上是人们对自身生存根据所进行的一系列反思过程。一定是"反思",而不是"展望"或"创新";是找到人类生存的内在根据,而不

---

① 汤一介:《非实非虚集》,华文出版社,1999年,第224页。
② 同①,第227页。

是建设人类生存的外部环境或指明新的生活样式。所以，在当代中国哲学研究发展方面，人们基本倾向于从传统的中国文化和哲学思想中，重新挖掘中华民族生存的内在根据，并以此不断地兴起了多种形态的"文化的哲学"研究热。它的一个明显标志就是，从社会角度产生的"文化热"研究终于转向或进入了哲学层面或角度的"国学热"研究。

## "国学热"基调与中西方对话

在当代"国学热"研究中，哲学研究界存在着一个基本共识，就是要在全球意识中发展自己的传统文化及其哲学研究。这不仅是指在研究方法上的中西交融，也是研究视角的重新立定。汤一介指出，如果没有全球意识，发展自己的传统文化社会就会发生两个问题，一是导致狭隘的民族主义，产生强烈的排外心理，使中国文化的发展和研究游离于当前世界文化的总趋势之外，形成一种闭关自守的状态。二是必须充分考虑文化学术发展和研究的目的究竟是什么？是追求真理。因此不应该过分意识形态化。换句话说，它与政治之间应当有一定的距离和一定的界（限）线，不应当仅为当前政策的真理性做论证。①

我们注意到，以全球意识去防止文化发展和哲学研究的意识形态化，这是一种较新的思路。这种思路是在充分考察了1993年以亨廷顿为代表的美国"西方中心论"观点及其理论总的消退趋势之后形成的。如果当代的全球意识主流表现为人类和平，那么中国传统文化及其中心思想中的儒、佛、道三家中心思想就可成为一个值得重新发掘的文化资源了。

然而，在全球意识的视野中看当代中国文化发展，则是人们常说的所谓"转型期"，同时存在着激进、自由与保守这3种文化思潮对中国传统文化与哲学的冲击，引出了一个更为深刻的"反思"，这个反思直

---

① 汤一介：《非实非虚集》，华文出版社，1999年，第229页。

接的对象并不是传统文化,而是"中国哲学"本身。我们称之为"中国哲学的合法性反思",它关注的焦点是如何更为合理地呈现中国思想的历史,而不是仅仅以西方自尊心的范式去剪裁中国文化的传统思想资源。解决或解释中西文化在思想或哲学方面交流融合的形式,恐怕需要重新厘清关系并换成某一新的角度了。

中国的传统哲学思想一直被解释或标明为所谓的"道学"或"德学",这里有其历史文化渊源和民族意识根基。但是 19 世纪初西方哲学体系化程式引入之后,就有梁漱溟、胡适、冯友兰等哲学大家为中国传统哲学体系化的建构倾之以心血。一旦从"道学"或"德学"的地方性局限中独立自主地迈进全球哲学框架并求共存,"中国哲学"就能以其真实内容符合其名了吗?① 这个问题至今仍然没有彻底解决。我们在全球性意识或视野中,仍然无法判定中国哲学是否是所谓"普遍的世界哲学范式"中的一种特殊本质。但是,引起我们更多的联想与疑问是:是否确定存在一种"普遍的世界哲学范式"? 尤其在当代多元化文化及哲学思想共存共演的现代与后现代过程中。对此,所得到的也许将是一种否定的答案。多元文化及其哲学共存共演的大趋势,实际上已经对中国传统哲学重新发掘文化资源,尽快促成自己独立的理论体系提出了迫切的要求。否则,中国哲学的个性将会随其文化性的淡化而渐失世界地位。

由此看来,对"中国哲学"在全球性意识下能否占有世界独特一席的"合法性"反思,最终还是会落实到对中国传统哲学的"文化性反思"上去。在这里要引起注意的是,文化性与民族性之间尚存一线根本的区分,前者所突显的是交流的方式,后者所突显的是根基性;前者是开发性的,可以顺应全球性意识与视角,后者则有较强的自我保护意识。然而,引起我们注意的是,现在被讨论的哲学尤其是中国哲学的所谓"合法性",仍然大多只是在方法论上兜圈子,表现为中国哲学对西方

---

① 干春松:《中国哲学和哲学在中国——关于中国哲学"合法性"的讨论》,《江海学刊》,2002 年第 4 期。

哲学诠释学的引入,或西方哲学对中国哲学进行诠释性的创意及完善,却不愿或很难进入中国传统哲学体系深层进行内在性的文化梳理。因此,对中国哲学的这种反思而进行的各种努力,仍可归结为一种"文化认同"的危机问题。令人欣慰的是,当代中国哲学界已经萌发了如此深刻的"问题意识"。

当然,有一种误区仍然存在,它源自胡适、冯友兰的哲学观:中国传统文化中产生的中国哲学思想,在世界哲学思想框架之中一直是所谓"弱势"的哲学。说白了,这种观点表明中国文化是一种弱势的文化。这大有以"方法论"(逻辑的方法)的完善与否去涵盖或抹杀本体论哲学体系之嫌。实际上,中国传统哲学在本体论与价值论和人生观方面的讨论是异常深刻的,而且儒、佛、道三家思想已经形成了"三足鼎立"的构架。意识形态的干扰,使得哲学的研究演变成了社会学研究或意识的佐证。因此,在当代开放的学术环境下,各种过去潜藏的冲动和沉思都跃然而出,他们旨在丰富与深化"中国哲学"诸范畴,而不是如同20世纪80年代之前那样,无限制地扩大它们的外延,甚至是迎合西方文化与哲学的"交流"。这样一来,必然有人认为,这也许会变成一种"中国古学"的复苏或高潮。我们认为,这种担心是不必要的。张祥龙曾经提出过,可以直接用"中国古学"或"中学"去命名现在"中国哲学"所包含的内容,其初衷显然是为了强调并强化"中国文化本位的哲学研究"。①

然而,"哲学的文化性"讨论所引出的"中国文化本位的哲学研究",最终目的仍是为了使"中国哲学"能够被"西方哲学"承认。这是一个可悲的目标。我们深究下去则有这样的追问,即"中国哲学"的重新发掘、整理或建构,其最终目的是什么?恐怕不能只为赢得西方首肯吧。文化托起了哲学,哲学提升了文化,这应当成为一种历史与逻辑相统一的辩证发展关系。

---

① 张祥龙:《从现象学到孔夫子》,商务出版社,2001年,第190页。

对"文化的哲学"与"哲学的文化性"的反思,真实地反映了文化断层之后,哲学的历史责任和哲学研究者的历史责任。当代哲学研究者们真正开始接转新儒家"从文化走向哲学"的历史责任,同时又进一步实践了以张岱年为代表的"从哲学走向文化"的理论。当代中国哲学的研究者们又是如何面对哲学发展的文化断层,并如何分类地开展"哲学修缮"工程的呢? 这是本章另一个要深入考察并讨论的问题。

## 中国文化断层与哲学研究板块

对中国哲学研究发展趋向进行充分的估计,首先应当承认这样一个事实:经历所谓"文化断层"之后,当代海内外中国哲学研究群体沿着"哲学的反思"走向"哲学的回归"这种共同的主体思路,基本上形成了以"底蕴论"、"资源论"和"诠释论"为主要特征的三大研究板块。不难看出,这"三大板块"的理论目的及其方法论特点,实际上已经揭示了今后一段时期中国哲学立足于中国传统文化求发展的大趋向。

当代中国"文化断层",是由傅伟勋先生在思考"文化中国与中国文化"课题时提出并于1987年之后正式见诸海外学术界的。当时是围绕海峡两岸地理位置上的横向断层,从政局对中国文化与哲学研究延续性产生负面影响的角度提出的这个概念。然而,"文化断层"这个问题却在时间的纵向角度引起了国内外中国哲学研究者更深的思索。

当代的中国哲学研究者所继承的中国传统哲学,究竟是一脉相传、延绵发展至今的一种思想体系,还是过去与现代之间已经存在了一种"时代的文化断层",以至于中国传统哲学至"五四"之后,被意识形态所中断? 这就是傅伟勋等一批海外中国哲学研究者们研究的内容。这实际上反映了当代中国哲学在什么样的理论基础、文化条件和组织结构上"重新"继往开来。

为什么海外的第三期第三代儒学研究群体大力倡建"文化中国"? 其意义也就是突显中国当代文明的文化性,而且着手从哲学的层面,而不是从社会学的层面突显并提升中国的文化性。因此,我们首先要弥补、衔接或逾越的,正是"文革"以来出现的所谓"文化断层"。严格地说,"文化断层"的产生,是以将中国传统文化及其哲学思想在形而上层面区分为唯物论与唯心论开始的。这是一种用西方马克思主义哲学的方法论框架对中国传统哲学的重新诠释,有其特殊的时代背景。

在这种"洋为中用"的过程中,我们的哲学研究不知不觉采用的是前苏联哲学的方法论模式,而并非是原本的西方哲学方法论或德国社会本体论的马克思主义哲学。这是当代中国时代进步中社会客观要求的历史产物。因此,传统的儒、佛、道学则几乎被视为文化糟粕而被封杀,或者说,它们都被冠以唯心论的帽子而被驱逐出当时的哲学舞台。然而,当代中国传统哲学的继往开来工程,其突破点正反映在对唯物论与唯心论作为真理划分标准的淡化上。这也许是许多人所不敢正视的事实。

我们现在所考察的中国传统文化及其哲学,已经开始突破某一种思想理论体系的限定,允许存在或出现更为宽阔的视角和论域。当代不少的中国传统哲学研究者依然习惯鉴用唯物论与唯心论相对立的这种方法论范式,去重新解释中国传统哲学。但是可以看到,近 10 年来,国内的学术群体已经对此淡化了。当代中国哲学研究的核心问题,也已经从以"存在决定意识"这种世界观为基点的社会学讨论,转向了对"人本主义"层面中人生价值的讨论。可以说,这期间的后期,曾经作为"欧洲共产主义幽灵"之灵魂的马克思主义哲学思想中的人本主义基石,至今终于被托出了水面,开始支撑起当代共识的哲学理论话语体系。

这样一来,许多中国传统哲学研究中至今未尽其意的课题,都可以以平等公允的真实身份被提到继续研究的桌面上。这是一种世界多元文化共存、共演大趋势对中国传统哲学研究的一次思想解放。由此,近 10 年来逐渐形成了一大批学术流派。我们认为可以统称为将中国哲学重新回归中国传统文化的"回归派"。按他们着力点或突破点的不同,可以分为"文化论派"、"中西论派"、"体用论派",等等。其中,季羡林先生代表着当代中国哲学界将中国传统哲学在新文化背景下进行"话语重释"的基本向度,成为使"哲学走向文化"的意义力量。当然,具体的研究流派此起彼伏,构成了一种千帆竞发、百家争鸣的学术氛围。

## 碰撞与消解

应当说,对 20 世纪 90 年代前后中国哲学研究沉静板块做出历史性撞击较强的是以《河殇》为代表的自由主义问题意识。对《河殇》本身的是与非已经有过一些历史的评价。我们所关心的是,它对中国哲学研究者群体所产生的思想冲击。这次冲击使得已经冰封的哲学研究断层出现了意想不到的碰撞。这种碰撞开始消解了"断层"之间的彷壁,为彼此之间的连接创造了条件。这也是一种哲学文化性的具体体现。文化冲击了哲学使之重新迸发出活力。哲学曾经是对时代的思考,今天又进一步提升为深刻的反思。尽管《河殇》及其作者是"西化论者"或者是"中国文化与哲学弱势论者",但它毕竟激发了人们对中国传统文化与哲学存在意义的重新思考。

"文化"的基本特征是能够交流,并且具有比较完善的交流机制。所谓"强势说"或"弱势说",仅表现为交流与对话双方的力量对比,并不说明各自哲学意义的是非、彼此之间的高下。文化可以作形式上的比较,但不可以作意义大小的比较或价值取向优劣的比较。因为,在两种文化及其哲学之间,并不存在另一个公正的第三评判者。任何文化及其哲学的良性发展程度,只能以它的发展与培育它的民族文化基础的相适应程度作为衡量标准。因此,当代社会人文价值观念的混乱,实际上反映出中国传统文化及其哲学的现代意义的缺失。这引起了绝大多数中国哲学研究者的关注。他们首先面对的问题,与其说是进一步弄清文化与哲学从传统向现代转换的动因、条件和方式,还不如说是重新厘清"什么是中国传统哲学的精髓?"以及"什么是中国传统哲学中真正的文化性?"这些都以"哲学的回归"作为主体思路。为此,就产生了诸多当代哲学研究群体。

以上提到过"文化论派"、"中西论派"和"体用论派"这种分类,都是在"哲学的沉思"之后,去努力实现"哲学的回归",但彼此选择了不同的路径。

所谓"文化论派",实际上是一批"底蕴论"的主张者,代表人物有季羡林、张岱年、李泽厚、陈鼓应等。他们主张中国哲学应当建构在传统文化底蕴上,从底蕴上表现出哲学的民族主义。所谓"中西论派",实际上是一批"资源论"的主张者,代表人物有汤一介、杜维明、陈荣捷、余英时、刘述先、黄俊杰等。他们主张中国哲学应当以自己丰富的对话资源,担当世界文化与哲学对话的主角。所谓"体用论派",实际上是一批"诠释论"的主张者或当代中国哲学体系的构建者,代表人物有成中英、葛兆光、张立文、唐力权、傅伟勋等。他们主张本体论、主体论、方法论的有机统一,并形成相对稳定的哲学体系,使中西对话有对等的理论结构条件。

以上分类的板块,并不包括中国传统哲学研究中的一个重要分支——宗教哲学研究。这是一个十分特殊、又颇具中国特色及文化性的分支。我们就上述三大板块的研究动态进行一定的历史回顾,目的在于揭示当代中国哲学研究的基本走向和具体进程。

在一份专题研究报告中,郑家栋有一个基本判断,即"九十年代的儒学发展和儒学研究,虽然空前繁荣,但此所谓繁荣更多的还只是一种'史'的繁荣,而远远没有真正进入一个思想上、哲学上多元创造的时期;虽然开辟了一些新的研究方向与研究领域,如儒学与少数民族、儒学与区域文化、儒家管理哲学,等等,但主要的还是围绕儒学与现代化、儒家与后现代、儒学与马克思主义、儒道之争、儒家与宗教的关系等几个重大问题而展开的。"这是上述三大板块现状中的共性特征。他同时也认为,就大陆儒学自身的发展而言,主要体现出两个方面的走向:"一是缝补了一段断裂的历史,使五十年代之后中断的那条融会中西、谋求儒家思想之现代化的历史线索能够接续下去;二是引进了一套话语系统和诠释模式"①,以便使中国传统儒学能够尽快加入到国际学术论坛进行交流与对话。

## 钩沉与趋探

从初步梳理的线索来看,当代中国哲学研究板块的学术表现大致呈现为一种"探源"的趋势。从 20 世纪 90 年代初开始,中国哲学界已经大胆地讨论"阴阳"、"五行"、"气质"、"心性"等传统哲学观念了,尤其在"天人关系"研究方面从宗教观念切入,然后引向人生哲学。这在1991 年—1993 年间形成了小小的高潮。1993 年 10 月湖北荆门出土了"郭店竹简"后,人们对中国传统哲学中人文精神的研究开始进入了前所未有的开掘期。郭沂首先提出:早在殷、周时期,中国传统哲学就已经通过"宗教批评"的形式,开展了一次摆脱宗教传统、开创人文精神、以人文取代宗教的运动。接着,在春秋战国之际,人们又把对伦理价值的注重转向为对天道、心性等深层问题的重视。随之哲学界所开展的一系列对竹简《老子》的研究,显然已经超出了"史"的研究范围,开始了对中国传统哲学中"本体论"思想的重新探源,并揭示了汉代以前中国哲学就有"道先德后"的基本排序,说明了儒、道是相容而分序的,但绝不是相对立、相排斥的。

仅从这方面来看,"底蕴论"、"资源论"和"诠释论"都已经着手在原本之处,对中国传统哲学中的大多数基本范畴进行探源性的重新发掘了。这种探源性研究,引起了 20 世纪 90 年代中期中国哲学研究者们对伦理哲学的普遍兴趣。其中,"底蕴论"、"资源论"和"诠释论"就体现了不同的角度、目的及方法论特点。"底蕴论"提供了中国哲学理论发展的文化基石,"资源论"提供了中国哲学参加中西哲学对话的气质和实力,"诠释论"提供了适应时代对话之方法论的话语系统。"探

---

① 郑家栋:《九十年代儒学发展与研究中的几个问题》,《孔子研究》,1999年第 1 期。

源"的基本趋势有一个突出的特点,这就是:以儒、佛、道三家为代表的中国传统哲学思想,终于被拉到了所谓"存有论境域"或"向度"层面上去讨论了。这实在是哲学在深度反思之后的升华,是一种真正摆脱意识形态语境、努力促进中国哲学研究真正复苏的充分表现。

当然,19世纪90年代至20世纪初,中国哲学研究不仅渐渐地修补了研究的断层,而且明确并实践了它的基本走向,各大研究板块实际上并不是某种机械性的分割。如上所述,"底蕴论"、"资源论"和"诠释论"仅仅是根据他们的研究目的及其研究角度,做了一种"可辨性的划分"。而在现实中,各种研究派别的研究旨趣及其领域往往是交叉复合的。在"哲学的回归"这个总的"问题意识"导引下开展上述研究的同时,当代中国哲学研究还十分关注自身的"可持续发展",这也许是过去"断层"的教训所致,当然也反映了时代发展的客观要求。这个时代发展的客观要求,集中地表现为当代"人类中心主义"的日益提升或突显,并充分体现出中国传统哲学在"底蕴论"、"资源论"或"诠释论"方面所特有的精神风采。也就是说,在当代以"人类中心主义"为主流的世界哲学研究与对话的大趋势中,中国传统哲学为了能够积极担纲主流思潮或对话导向,正在迅速地夯实自己的文化性基础。

当然,当前的中国哲学理论体系及其解释系统尚不完善。所以,进一步对中国传统哲学的范畴进行系统化的诠释、整理和整体化的体系创建,就成为了当代中国哲学研究界的当务之急。

## 创造性诠释与体系化创建

20世纪90年代以来的中国传统哲学的改造与创新,是从"方法论创造性诠释学"开始的。比较有代表性的是:葛兆光"思想史的哲学描述",刘述先"历史性的解释",傅伟勋"现代化的创造诠释",张祥龙"现象学的中西对释",等等。上述一系列"方法论创造性诠释"的一个直接影响,是将中国传统哲学的创新引向了"本体论"结构和体系上的厘清。

　　然而,各种诠释方法所要进行的诠释最终都将落实在哲学的本体意义上。也就是说,本体意义随着创造性诠释方法的引入与创新而被渐渐揭示出来,中国传统哲学的理论价值与真正精神也更为鲜明。所以,"本体论创造性诠释学"将"方法论创造性诠释学"作了另一个层面的深化。这方面比较有代表性的是李泽厚从美学意识转换性创造而成的"历史本体论",表现一种传统意义上"新道德学理论";陈鼓应已经赢得国际声誉的"道家主干论",表现一种主体意识与本体意义的统一;成中英在人学层面建构的"本体论诠释学",表现一种"善之本体"与"善之认知力"的统一;唐力权源自怀特海"过程哲学"构架但又独创的"场有理论",表现一种中西结合的本体意义;陈荣捷建立在社会学基础上的"儒家人格本体论",表现一种对社会本体思想体系的重建;等等。

　　在上述两类创建过程中,必然产生一种复兴或振兴中国传统哲学的情愫。乃至另有一批当代中国哲学研究者,致力于"中国哲学主体论"方面的开拓,旨在强化在当代中西方哲学对话中中国哲学的主体意识和主导影响。这方面的代表是:杜维明建立在全球意识及中西哲学对话结构上的"哲学人类学",表现一种以儒家精神为核心的"文化中国"全球涵盖域;汤一介立足于多元文化体系共建意识的"和而不同"的理论,表现一种在中西方文化交融背景下,坚持中国哲学的主体性,强调对多元文化及哲学的融合;黄俊杰建立在人文主义立场上的"儒家人文思想"的主导地位;张立文基于综合古学与今学、道德与学统、德学与道学、中学与西学的"和合学",表现一种以中国传统思维模式对中西各类中学思想的大含摄、大融通;等等。

　　上述三大类当代中国哲学创造的基本脉络是清晰的,基本上形成了近几十年来甚至20世纪以来,中国哲学研究史上少见的群体力量推动势态。这也可以被视为对20世纪中国传统哲学研究所作出的一种历史总结。当然,这些作者是一批代表人物所形成的群体。这种积极活跃的走向,一直延续到了21世纪,并预计将会在某个适当的理论层面甚至某一个关键的理论节点上,发生由上述各类思想建构相结合而成的大融合,出现一种新的理论体系突破,形成一种 21 世纪中国哲学相对宏大而稳定的基本理论框架。当代这种百花齐放的景象,实际上是一种同方向、同潮流、同进程的历史进步。从总体上看,它不仅强化了中国哲学在中西文化碰撞及中西文化对话中真正的主体力量,而且它的内部已经发生着积极的多元对话,呈现为一种符合世界潮流的哲学研究动态。

我们所关注的是:这三条发展脉络中,它们的具体内容表达出怎么样的创建冲动和实践过程。这种考察将会对今后的中国传统哲学研究提供基本参照系,对有志继续研究的开创性研究者也将是一种具体的导向。

## 方法的借鉴与意义的更新

按照前面的分类次序,我们首先描述一下"方法论创造性诠释学"群体中代表人物的进步理念与具体理论构架或思想。

葛兆光关于"思想史的描述",实际上是一个从文化生成思想,再由思想提升哲学的最有代表性的实践过程。他是以文化学中的文学作为入口的。21 世纪初,葛兆光出版的数卷本《中国思想史》,在详尽描述中国传统思想发展历程的同时,开发出一种清晰而又连贯、宏观而能够入微的中国哲学研究视角。"思想史的描述方法"是一种对"哲学的文化性"进行"哲学的文化化"过程的积极尝试,也是对张岱年先生"从哲学走向文化"倡议的实践。他停留在文化的更高层面即思想层面观察历史、考察文化、思考哲学,思想成为了文化与哲学之间发生联想的中介或纽带。"文化的哲学"这种深刻内涵及意义,通过"思想史的描述"得到充分的体现。之所以是"史"的描述方法,主要是因为葛兆光力图揭示文化发展逻辑进程与哲学发展逻辑进程中必然的相关联系。这种研究方法在气度上是宏大的,在操作上精细的,为近百年来中国传统哲学研究方法上的大创新。① 葛兆光的眼光更多地聚焦在历史的文化层面，或者说是中国传统文化的历史进程，而不是历史的哲学层面。然而，他提供了一把新钥匙，足以开启 21 世纪中国哲学研究殿宇中的某一扇大门，其意义已足慰同仁了。

海外学者刘述先的"历史性的解释"也是一种对中国传统研究方法的开拓。刘述先是东方形上学或中国形上学的坚定主张者。他的"理一分殊"方法论特点源自对"二程理学"的研究。后来，他将"理一分殊"的诠释学意义重新作了现代解释。他认为，"理一"是一种形上学的超越，是具有本体意义的诠释根据。然而，这种超越又必须有所落实，即在世界哲学研究及体系各有其落脚点和基础面，这就构成了所谓"分殊"的具体含义。他认为，"道"是一种知识分子的终极关怀，是一种人生境界，尤其是一种东方哲学的境界。东方哲学尤其是中国传统哲学可以被称之为"境界的学说"。但是，如果仅仅从理论上谈论"道的境界"，而不从形而下层面去寻找或建立它的对应落实点，那么，"道"将会无法实践其存在意义与社会作用，至多也只能成为一些哲学研究者的"清谈"而已。之所以刘述先推崇陆九渊、王阳明胜过朱熹，其原因就在于陆、王所追求的是"格物穷理"。刘述先提出的"历史性的解释"，承袭或扬弃了"二程"及陆、王的"理一分殊"的认识论方法论。

我们注意到，刘述先的"历史性的解释"，实际上隐含着一种新方法论的开拓，它表现为："二程"的"理一分殊"原本只是一个横断面上各个不同领域的"格物"过程，而刘述先则将此"分殊"的内涵，拓展到了在时间纵向上的"分殊"——形成一种"历史性的分殊"。这种"历史性的分殊"主张时间性、时代性地"分殊格物"。也就是说，"历史性"包含着传统、近代和现代等历史发展时段，中国传统哲学之精髓可谓是"理"，但可以在上述时段上"分殊"，"分殊"的表现形式则由当时的社

---

① 参见葛兆光《中国思想史》第 3 卷中有关章节，复旦大学出版社，2003 年。

会时代发展客观条件所引导和限定。因此,刘述先的这种解释方式,使发扬或揭示中国传统哲学的现代性有了合理的逻辑关系和理论前提。当然,这种"分殊"还可以进一步体现在同一时段的不同地域文化与哲学方面,比如:"在现代时段的中西哲学分别面上,如何去重建中国传统哲学的价值论?"这是刘述先提供给当代哲学界的一个重要议题。他认为,抱残守缺已经证明不是一条可能的出路了。中国传统哲学的现代意义应当在于能够更充分地体现它的"时代忧患意识"所包含着的深刻根源性,而且,对这种"深刻根源性"必须作出"历史性的解释"。

我们再来考察傅伟勋的"现代化的创造诠释"。傅伟勋一直在深思的中国哲学建构问题,这依然是落实在了方法论上。他的一个重要议题是:"中国哲学的方法论建构如何才能接受现代美国哲学的方法论挑激?"①身处美国哲学的当代环境,傅伟勋深有感触:中国哲学方法论的建构所要对应的不仅仅是当代美国哲学,而且是当代整个西方哲学。这是当代中西文化之间文化及哲学相互对话与交流的客观要求。傅伟勋的疑问是:论述或梳理中国传统哲学思想,为何仍要使用 2 000多年来无甚变化的语言表达?为何永远脱离不了大量的引经据典?假如从这类著作中去掉经典的引据,到底剩下多少作者本人真正的观点或创见?为什么在这类著作中很少看到一种锐利的批评精神?很明显,这是一种对一大批当代中国哲学研究者依然习惯采用经学研究方法的不满。他的宗旨在于:强调对传统哲学的现代重建,从"继往开来"的角度倡议有更多的"现代化的创造的诠释"方法出现,以防止人们仍然用后人渐渐无法了解或明了的传统表达方式继续诠释中国传统哲学精神,防止终有一天中国传统哲学被世人定义为一种实在难以理解、交流与对话的"老古董"。他的立场仍是开放性的、中国本位意义的"中西互为体用论"②,反对急于对传统哲学找出实践性的结论,从

---

① 傅伟勋:《从西方哲学到禅佛教》,生活·读书·新知三联书店,2005 年,第 224 页。

② 同①,第 429 页。

而抹杀中国传统哲学中原有的、犹如西方哲学所表现的那种"哲学性"及"哲理性的普遍性"。他的哲学研究实践,仍是从比较哲学的观点去研究传统儒家形上学、伦理学和心性论的现代意义。

与葛兆光、刘述先、傅伟勋的方法论创新有所不同,张祥龙则借鉴了西方哲学中的现象学方法。虽然,他在表面上提示一种"本体意义"上的诠释学,但实际上他还是在"中西对释"的比较方法论基本框架内发展自己的思路和结论。他认为,西方哲学中的一切诠释学,其最终目的在于表达"存在"的意义,这也是中国传统哲学所缺乏而必需完善的地方。他提出,中国传统哲学一贯被西方哲学家(如德国的赫尔德等)视为"一具木乃伊",并非因为中国哲学自身的存在意义过时、陈旧,而是在于它在方法论上一贯坚持"一元论"的阵地,以至于如同黑格尔所指出的那样:所谓中国智慧(天、道、易、仁),不过是最抽象的原则,其中没有主体的自在和内在的概念规定,因而只能体现在最外在的感性之中。比如:"天是一抽象的普遍性,是自然关系与道德关系本身完全未定之总体。……(因而是)完全虚空的东西。"①

张祥龙还认为,中国人的观念方式与其思想方式之间存在某种密切的相关性,主要体现为是否能够接受西方传统形而上学中所包含的二元思路,即以形式与内容、主体与内容的分立为前提的理性观。令人十分遗憾的是,在原本的方法论上,不少中国学者仍然停留在中国哲学19世纪的水平。更令当代中国哲学研究界遗憾的是,虽然张祥龙发出了一种深刻的提醒和积极的建议,但是,却没有实际引发出某种具体形式的、能够将中国哲学"传统"与"现代"这两种形式相结合的"现象学的中西对释"方法论模式,仅仅提供了一个朝着"本体意义"的诠释学方法论的创建方向。

---

① 张祥龙:《从现象学到孔夫子》,商务印书馆,2001年,第272页。

## 本体的回归与心智的开掘

早在 20 世纪 80 年代后期,中国哲学研究者中已经不乏直接从所谓"本体意义"上去重新发掘中国传统哲学真理性的有志之士。这也是中西哲学对话与交流的积极产物。西方的"本体"词义,实际上已经经过了中国哲学的内涵重赋,而且渐渐扎下根来。在这方面李泽厚可谓是一位先驱,他的能力及其贡献,表现为他不仅仅具有本体意识,而且具有本体的"建构"实践。

李泽厚著述的《历史本体论》,其理论结构的大体轮廓是:"经验变先验、历史建理性、心理成本体"。他的第一阶段建构的方法论是"经验变先验",其仍限于道德伦理的方法论范畴。他所指的经验乃道德的历史经验,尤其指已经被提升为道德语言的某些中性分析,比如元伦理学(Meta-Ethics)或规范性(normative)的法则、范畴或主张,如快乐主义、先论证、功利主义,等等。这种提升被李泽厚称之为"理性的凝聚",即一种由理性对感性所进行的自觉的、有意识的主宰和支配所构成的个体心理特征。① 如孔子讲的"从心所欲不逾矩"。因为李泽厚认为,对于个体来说,道德常常与个体幸福(它又以快乐为根本基础)相冲突、相对抗而展现。它常常要求个体牺牲自我幸福。道德常常超乎现实功利,甚至使人选择死亡,然后去宣布理性原则(所信奉的"主义"、宗教等)对感性存在的无比优越的胜利。

李泽厚所深入思考的是:个体的这种超越个体幸福、经验、利害及要求的以"理性的凝聚"为特点的伦理意志或道德力量,到底从何而来? 目的又是什么? 这是道德问题或伦理学的关键所在。伦理学的基本课题就是"关于个体的人为什么而活着?"即使活着,又是以怎样一种超个体甚至超人群集体的根据去规范个体自觉行为准则,实现人的

---

① 李泽厚:《历史本体论》,生活·读书·新知三联书店,2002 年,第 45 页。

存在价值的。对这个问题思考，必然引发对"本体论"的探索。与此同时，它也开始步入了本体论的思维路径，而不是对方法论的建构。引人注意的是，李泽厚对伦理学本体论的探索，选择了对"历史性发掘"的基本角度。上述思考所完成的是一种所谓"心理成本体"的过程，而最重要的目的则是"历史建理性"。

所谓"历史本体论"有一条基本理路，即"心理本体论"表现为一种"宗教性道德"的存在形式，它又本源于"社会性道德"。而"社会性道德"实际上就是一种"经验变先验"，也就是说，"心理变本体"是以"经验变先验"为基础的。任何社会伦理实践最终都有必要被提升到理性的层面，形成先验的原则。在这两层变化的实践过程中，理性只有通过"历史"的扬弃才能得以实现，也就是说，"历史建理性"是一个必然又必需的过程。李泽厚认为，这种"先验"或"超验"的普遍结果，必然只是一定历史时期的客观社会性的经验的幻想和提升，如同休谟所说，道德本是为社会利益而设定的人为措施的经验产物，但"给经验以权威"，便成为了原始的神圣。①

这种先验或超验的权威性，显然受到康德"从道德形而上学到纯粹实践理性批判的转变"的启发。然而，李泽厚却在另一篇文章中写道，"由于'两个世界'的背景，康德较易使绝对伦理主义即'教性道德'自圆其说。因为'实践理性'、'自由意识'、'绝对律令'的本体世界与经验的现象世界截然两分。前者影响、决定后者，却决不能由后者提升而来。这样，伦理道德将保持其宗教性的本体崇高而不致沦为只有相对价值的时代社会功能。"②这是否与前面他本人的观点（即"先验是历史的客观社会性的幻想和提升"）相矛盾呢？

李泽厚后来又认为，人类历史本体论和中国"乐感"的儒学传统，由"一个人生"的背景，本体即在现象中，并由此现象而建立。"没有超

---

① 李泽厚：《历史本体论》，生活·读书·新知三联书店，2002年，第51页。
② 李泽厚：《己卯五说·说自然人化》，中国电影出版社，1999年，第153－155页。

越的上帝或先验的理性,有的只是这个'人类总体',它是现象又是本体。从而'绝对律令'等等作为文化心理结构,必须与特定时空条件下的经验'现象界'相联系相贯通,并由之塑造、积淀而来。这即是'人类学历史本体论'与中国传统儒学相融会而成的'自然人化'理论,它追求'极高明而道中庸'。"①李泽厚的这一创建,最后的落脚点乃在将中国传统儒学中核心的"仁"的情感注入到康德或理性绝对本体中去,从而使"先验"理性具有了经验性的操作可能。不论这一创建是否可以在经验层面操作,但它企图运用中西结合手法,以"一个人生"的个体心理背景作为经验的现象界,又将历史性的"人类总体"视为伦理本体,这的确是一种有胆有识的对中国传统哲学本体论的创新。也是对他上述矛盾认识的一种圆融。对此,郑家栋的评价是,这是一种"知行合一",即"思想与历史是统一在一起的,思想应该能够在历史的具体性体现出来,实现出来。脱离历史的思想会被认为是抽象的、不真实的。"②

与李泽厚建构中国传统伦理思想本体论所不同,陈鼓应首先立足于建构中国传统哲学这个大范畴的本体论,其次是将中国传统哲学放在主体的位置进行理论层面的深度发掘,而不是从哲学的社会基础着手。这形成了建构中国哲学本体论与提倡中国哲学主体论相结合的一个特例。陈鼓应将建构"中国哲学史本体论"的逻辑起点,选择在中国传统道家思想方面,尤其是提出"道家主干论"的主导思路。中国传统道家思想的"无为而无不为"曾经成为影响先秦治世的一种非主流思潮,当代相当数量的学者贤士心中仍然对此存有"通鉴"的怀念。③

与李泽厚和陈鼓应有所不同,成中英将本体论和方法论的两层建构相合为一,统一为所谓"本体诠释学"。他认为,"本体"是中国哲学的中心概念,本是根源,是历史性、时间性与内在性;"体"是整体,是体

① 李泽厚:《己卯五说·说自然人化》,中国电影出版社,1999 年,第 153 – 155 页。
② 郑家栋:《断裂中的传统》,中国社会科学出版社,2001 年,第 573 页。
③ 陈鼓应:《道家哲学研究》第 1 辑,上海古籍出版社,1991 年,第 121 页。

系、是空间,是外在性。本体就是真理的本源与整体,真理就是本体体现于理与价值。那么,所谓"诠释",就是对已有的文化和语言的意义系统作出的新义、新境的说明与理解,它的意义在于推陈出新。成中英将诠释分拆为"对本体之道的诠释"和"自本体的理解中进行诠释"两部分,并由此构成一个所谓的"本体诠释圆环"。① 这是一种高度形上学的理性思维产物和理论建构。在成中英看来,诠释的起点是理解,诠释是语言的"道的活动",因而可以称"本体诠释学"为"道的语言学"或"道的道说学"。显然,成中英与陈鼓应有相同或相似的见解,即把中国传统哲学中"道"这个基本范畴,理解为中国哲学存在及诠释中国哲学的本体性根据。

成中英的"本体诠释学"建构是从 1995 年正式公开的。这一年秋,他在夏威夷创建了一个"国际本体诠释学会",并提出了 6 项宗旨。总的来说,目的是将一切有关伦理、知识、美学、社会哲学、政治哲学、纯哲学等方面的当代诠释归入本体论的视角,并整合于某一大文化主流的当代哲学本体论体系之中。他提出一个基本的研究进程,即本体真实→真理→感受、体验、体会、理解→认知知识→科学知识;归结为本体论→诠释→方法学(含知识论)。然而,在他对"本体诠释学"的许多描述之中,我们不难发现:成中英所执守的基本立场,乃是对一个用以阐明或揭示真实的陈述、观念或思想的本体论体系的需求,以至于直接探究方法与理论之间最大的吻合程度。这些都是基于这样一个基本知识,即世界是一个不完全的符号。"存在"是一个诠释过程,"存在"即是诠释与被诠释,对事物的理解,就是能够述说事物的真实情况。②

成中英的整个创建结构包含了两个层面,一是所谓"综合的创造"。他解释为,"综合"就是体会及体验不同的事物与观点,以达到一个整体思考并表现一个整体的秩序;"创造"就是有意识地提出,表现为对不同事物的了解及不同观点的思维和认识进行整合。这是中国哲

---

① 成中英:《本体与诠释》,生活·读书·新知三联书店,2000 年,第 33 页。
② 同①。

学的发展途径。二是所谓"创造的综合",是指用独立的思考来解决独立的问题,理解并说明用以解释经验与认识的事实,表现为"在创造中综合"的特点。

他认为,"创造的综合"是理论认知真实的首要法门。因此,根据中国哲学今后发展途径的要求,必须坚持"综合的创造"。而根据这个理论认知的首要法门,则必须坚持"创造的综合"。所以,成中英"融创造与综合为一体",创立了所谓"本体诠释论",以促进中国哲学取得理性的语言和理性的形成为目的,去实现中国哲学的现代化和世界化。如果说当代社会学理论可谓"人学"的话,陈中英所追求的便是如何促成"形下的人学"与"形上的仁学"进行现代化的结合。

成中英的宏大构架令人兴叹,但中国哲学研究者们仍然任重而道远。在当代中国哲学研究领域还有更倾力者,力图全面地体现中西结合并且纯理性的本体理论,这就是唐力权的"场有哲学理论"。

唐力权作为当代海外中国哲学研究的领袖人物,曾担任海外国际中国哲学会主席。他的理论构建借鉴了怀特海的"过程哲学"。怀特海的"过程哲学"旨在指明一切事物存在的真实形成,是一种建设性的后现代哲学体系,它的最高概念不再是抽象的本体或实体,而是具有生成和变化特性的"过程"与"现实实体"。他认为,自然和宇宙不是由物质组成的,而是由连续不断的经验事物(现实实体)和独立存在的"永恒客体"结合而成的。这种结合就是所谓的"过程"或"关系"。① 这种对事物整体性和关联性十分协调的哲学体系对唐力权有深刻的影响。唐力权认为,"场有哲学"就是依据中国哲学精神,尤其是《周易》精神对哲学相对性原理的体系化建设。"场"就是事物的相关相对性的所在,"有"就是存在。怀特海哲学同样也是"场有"哲学,它们都可被称之为"有机哲学"。唐力权的贡献在于:将传统的本体意义拓展成为了两个根本观念,并由此构成了"场"概念。这两个根本的观念:一是从

① 唐力权:《蕴徼论》,中国社会科学出版社,2001年,第1页。

功能上被组织或建构起来的"整体";二是制约此整体而同时被其他因素制约的环境。这两个观念中的局部性构成要素特点,可以说是以"实体"和"界面"这两种性能存在于"场"中,它们"实体性地"存在于其"相对性瞬间"中,同时,它们又"界面性地"存在于其"相对性瞬时"中。唐力权的本体论创建在表述上比较晦涩。通俗地说,他所要创建的中国哲学本体论,乃是与怀特海一样的"场本体论"。而从某种根本意义上说,它与海德格尔的哲学精神契合。

唐力权本体论性质的"场有理论"的创建引起我们如下疑问:究竟他是在采用经过改造的怀特海"过程哲学"去建构一种能够重新解释中国传统哲学的本体论思想体系,还是他在重新挖掘中国传统哲学中《周易》相对主义的深刻观念去修正或完善怀特海创立的"过程哲学"呢?他也许在力图使《周易》与怀特海之间达到某种"最大有机化"。不论怎样,他都为当代中国哲学研究的创新提供了一个宝贵的视角。

应当说,对"人格"主题的重新讨论,也是当代中国哲学研究的一个重要议题,是当代中国哲学研究中人文主义复兴的主要标志之一。如果说唐力权创建"场有哲学"旨在建立一种"人道学"的话,陈荣捷立足于社会本体论基础上重建的儒家人格论,则是一种对所谓"人道学"的更加直接的切入。这种突出社会环境中人格本体意义的学术风格,影响了一代海外学人,如傅伟勋、杜维明、黄俊杰、余英时。而今,"人格论"是一种时代背景中的论题,是一种历史社会环境下的论题,是一种人文主义最根本的表述。

## 人格主体与"人学"姿态

当代中国哲学研究中,流行着一种中国哲学主体论的主导走向,无不与中国哲学中人格意义不断提升到本体意义层面相关。然而,人格毕竟是个人在社会现实实践过程中的崇高精神体现,所以,尽管人格曾经不断地被中国传统儒家提升到形上学的理性层面,但是它却不能离地飞升,而必须顶天立地。所以,近年来,中国哲学研究界层出"中国哲学主体论"，乃是以中国传统哲学中的人格精神作为中流砥柱的。可以说，中国哲学主体论的基本论域是中西哲学思想文化的当代对话。它所集中的话题是：人生价值论的现实意义、传统道学与德学的结合、儒家传统人权内涵在当代的现实意义、哲学向人类学的拓展、中国传统哲学如何以"人学"形态与当代西方哲学进行深入对话的基本范式探讨，等等。

我们认为，当代中国哲学研究群体主张中国哲学主体论的代表人物为数不少，突出者当首推杜维明。他的学术特点是从"资源论"的角度支撑中国传统哲学参与中西哲学对话的主体性。

从中国近代洋务运动开始，中西对话一直交灼于所谓"体用论"，中西两种哲学都表现出一种极端的本位论文化基本倾向，但缺乏现实的可操作性。体用论所产生的中国哲学困境，则表现为中西双方不能在一种相互平等的学术地位开展对话与交流，有一方往往被必然地、逻辑地剥夺了文化主体的选择性，另一方则大有"文化专制主义"的可能性。所以，自中国台湾著名的天主教新士林哲学研究者沈清松提出用"主体与资源"的语言取代"体用"语言之后，海外的中国哲学研究者普遍赞同这种能够适应与促进中国哲学与文化的现代化发展、表现为一种现实宽容的文化与学术的基本态度。它扬弃了东、西方对立构架下的各种抽象的"东化论"或"西化论"中本位性的文化与哲学理念。它提出：社会实践主体即活生生的具体个人就是当代文化与哲学存在及发展的主体，它们所代表的某种文化与哲学精神实际上是超越地域民族界限的，必将成为人类共同的文化资源。杜维明与傅伟勋同时以不同形式提倡的"文化中国"构想，就是这种"文化资源论"的具体实践努力。

杜维明将"主体"进一步落实到了所谓的"公众知识分子"身上。他甚至构想，公众知识分子最终能够形成一个群体，通过自我批判去发扬作为文化认同的儒家哲学思想的普遍价值。然而，由于当代知识分子已经成为了一个社会依附阶层，与魏晋以来封建"士"阶层的社会地位大有区别，他们已经失去了作为社会表率的社会地位。因此，即使是

"公众知识分子",他们的言行及理论与实践也对社会其他阶层的发展不会产生多大的实质性影响。现代社会主导的价值倾向,向来不体现知识分子的道德理想。因此,杜维明等人自恃"公众知识分子"在海外中国哲学研究的较广泛影响,全力提升当代从事中国传统哲学研究的知识分子的社会地位及其历史作用。但是,究竟能否真正成为中西文化及哲学对话的主体,充分代表中国传统文化的资源性,乃是一个大大的疑问!

应当说,以杜维明为代表的当代海外中国哲学研究群体正在从事的,并非是某种哲学体系的建构,而是一种对大文化的哲学思想模式或中西文化对话及交流范式的创建。虽然可以称之为"儒学复兴"的号角,但是它所力求凸显的东西,不在于哲学内容或理论体系本身,而在于当代哲学研究承担者的社会价值及地位方面。对这样的当代哲学研究承担者,称之为所谓"主体论者"似乎更加恰如其分。有人称其研究的内容是"哲学人类学",也未尝不可。如果说中国传统哲学本身的理论核心所表现的是一种"内圣之学"的话,那么,"主体论"所能够表现并承担开拓中国传统哲学意义的努力,则是一种继承"五四"以来儒家或新儒家实现"新外王"的社会实践。他们在哲学研究方面的贡献,也许体现为打破传统儒学所具有的"传统局限性",促进儒家思想自身的"现代"转化,以进一步适应现代社会发展和世界文化发展的理性需要。

在中西哲学对话范式的建构方面,国内的汤一介则更偏重于从中国传统哲学的理论深度提倡一种多元文化与哲学共建的"和而不同"的主体理论体系。他指出:"认同表现为与主流文化的一致和阐释,是文化在一定范围向纵深发展,是对已成模式的进一步开掘,同时表现为对异己力量的排斥和压抑,其作用在于巩固主流文化已经确立规范和界限,使之得以巩固凝聚。"①这种提法的前提是,必须明确存在着一种

① 汤一介:《古今东西之争与中国现代化的发展》,《江淮论坛》,1994 年第6 期。

有先决意义的代表时代精神或时代文化与哲学潮流的所谓"主流文化"。

中西对话与交流固然是一种认同,但是,按照上述汤一介那种对"认同"的描述,如果将西方文化或中国文化单一地确定为主流文化,同时认为世界主流文化在某一时段一般趋向于其中的某一种,那么,这种"认同"就只能是单方面的。他的考察对象,选择了"五四"运动以来以李大钊、陈独秀为代表的激进主义派;以胡适、丁文江等为代表的自由主义派;以严复、杜亚泉、梁漱溟、张君劢及《学衡》派吴宓、梅光迪、汤用彤等为代表的保守主义派等诸学派之间对"古今中西"文化关系的争论。显然,汤一介的思考已经超出了纯学理的中国传统哲学层面,而是拓展到了世界几大民族文化板块。当时,胡适、丁文江一派主张"充分西化"以达到"充分世界化",反对 1935 年萨孟斌、何劲松等 10 位教授提出的《中国本体文化建设宣言》。当时,对"本位文化"的批评,集中在指出"本位文化"只能强调民族文化的特性,而忽视了当时文化发展的时代性和世界性。"本位文化派"同样批评"全盘西化派"只重视文化发展的时代性和世界性,而忽视民族文化的特性。

1985 年起,中国大陆重现了以上述历史性争论为特点的、以讨论中国文化走向为主题的"文化热",仍然是以激进主义、自由主义和保守主义三股主流思潮形成论域。但是,这种讨论维持不长,至 1989 年即转而引发了将"文化走向讨论"拉回到以"传统哲学走向讨论"为方向的所谓"国学热"。从此,汤一介的视角从中西文化交流的宽泛角度,继而转向了比较专一的"如何创建中国的解释学"方面。他强调"中国的",基本上是持一种中国哲学思想的本位论或主体论立场。我们注意到,为了这个专题,汤一介一连提出"五论"专论文章。他认为,可以借鉴海格德尔和伽达默尔的解释学创建,前者从对方法论和认识论性质的研究转变为了对本体论的研究,后者则将前者的本体论与古典解释学相结合,形成了"哲学解释学"。20 世纪 60 年代之后,西方还出现了以法国里克尔为代表的现象学解释学和哈贝马斯的批判解释学。20 世纪 80 年代之后,以利奥塔为代表的后现代解释学日益成熟,却又同时使得"能指与所指"之间的关系模糊化。与此同时,"诠释与过度诠释"的争执又在艾柯与罗蒂、卡勒、罗斯之间展开。①

由此看来,中国哲学的解释学是不可能趋同于当代西方某一解释学流派的,因为他们之间并没有必然的文化牵系和哲学理路以及可以趋同的理论条件。因此,汤一介提出了所谓"和而不同"的这种中西哲学关系中中国哲学"主体论"的倡议及其重建。

汤一介倡建"主体论"的目的,是坚持中国传统哲学以一种哲学解释学的创新,去努力担纲中西文化及哲学对话的主体。与之相比,黄俊杰提出对"儒家人权论"的重新发现,则是在中国传统哲学内部突出儒家思想"人权学说"中人格个体的主体地位。他的研究与创新是从研究《孟子》开始的,表现为揭示古典孟子学中"人权"的理论内涵。② 他认为,孟子思想中"人权"概念的理论基础是以"天人合一论"为基础的"人权论",它主要建立在两个理论架构上:一是"自然本质论",具有"人性——宇宙论"的特质;二是"人性本质论",具有"本体——存在"的特质!③

这样一来,黄俊杰对孟子"人权"概念之理论基础的揭示,使得中国传统社会政治的人文思想重新具有了形上哲学的支撑,也就是说,中国传统社会政治的人文思想主体,并不是习惯上人们所认为的社会体制或人民群体,而是人格鲜明的具体个人。孟子认为,由于"浩然之气"的大化流行,"个人"到"社会政治"到"宇宙",呈现为一种连续展开的阶段性历程,每个阶段都是下一阶段的基础。黄俊杰认为,"个人"的充实,是"社会政治"健全的基础;而"个人"及"社会政治"福祉的提升,都有其宇宙论的根源。④ 这就是黄俊杰以"儒家人权论"形式提出的中国哲学主体论的核心内容。

---

① 汤一介:《和而不同》,辽宁人民出版社,2001年,第11页。
② 黄俊杰:《儒学与现代台湾》,中国社会科学出版社,2001年,第11页。
③ 同②,第262–264页。
④ 同②,第267页。

　　传统儒学一直是近年来中国研究界理论创新的重要的和主要的阵地,但它的局限性也是比较明显的,即实际上它还不能作为纯哲学或元哲学的体系化思想。传统儒学的源起是古代封建社会的道德伦理观念,后来发展并结合了"天"、"气"、"质","心性"、"知"、"行"等一系列哲学范畴,从而历史地形成了一个庞杂的传统文化思想的积淀产物。从某种角度上看,它的哲学性或形而上理论形式的缺乏是十分明显的,亟须在现代社会发展中得到补缺。这也是陈荣捷"儒家人格论"等建构努力的旨趣所在。与之相比,中国传统哲学中的《周易》思想、道家思想甚至移植而扎根的中国佛家思想,则相对更显示出它们深刻的哲学性,更能提供几乎成熟但有待重新发掘并完善的传统形而上哲学思维方式。在这方面,近年来,张立文基于综合道统与学统、古学与今学、德学与道学、中学与西学所创立的思维"和合学",确实表现出一种以中国传统思维方式为主体,对古今哲学、中西哲学各类哲学进行大融通、大含摄的大胆构想,引起当代中国哲学研究界的普遍关注。

　　张立文 1989 年以来提出的"和合学"①,首先是一种关于 21 世纪文化战略的构想,而并非是一种局部具体分类的某体系建构。其次,"和合学"源自对中国传统伦理学中精神价值核心的深入思考。在构想的初期,张立文认为,和合伦理是指人与自然、人与社会、人与人、人的心灵以及各文明之间不断发生冲突的道德关系和原理相和合。这一系列的和合是由这一系列"冲突"所引发的解决方案。张立文创建"和合学"的目的,是为了纠正系列"冲突"所造成的乱序、失衡、失调,因此包含着"和生、和处、和立、和达、和爱"这五大伦理内容,希望能够成为当代五大全球价值,形成 21 世纪人类重要伦理和重要价值的主体精神实体,促进中华民族的传统在率先化解人类所面临的冲突方面走向世界文化与哲学,并逐步被世界认同。

　　身为哲学研究者而非社会研究者的张立文,将原先作为文化战略

---

　　①　张立文:《关于 21 世纪文化战略的构想——和合学》,《儒学与 21 世纪——孔子 2454 儒学会议论文集》,1996 年。

构想的"和合"伦理学,提升到了一种形而上的哲学层面去讨论,并相继提出了一套比较完善的理论体系。其中,阐述了一系列"和合"意义下对众多中国传统哲学范畴进行的重新诠释。

十分明显,在他所创立的"和合学"体系中,是以中国传统哲学的基本精神作为"和合"主体的。也就是说,这一系列的诠释主体及其"能指者",乃是中国传统哲学的基本精神。他在谈到"和合学"之体时提出:"和合学"结构的进路是地、人、天或天、人、地,可以上行也可以下行。首先,"和合学"主体与核心是人,"和合学"的人学可谓为"新人学"。"和合学"中这种"以人为本"的主体规范意义,使生存世界("地")与可能世界("天")符合了人的生存需要,同时,主体之人又有赖于客体来分析意义,使哲学的符号系统具有了对象化的意义标准。其次,"地"作为生存世界,是人类生存必须生活于其中而不可逃脱的"真的世界"。再次,"天"作为可能世界,本质上是人的自由创造的表现。由此可见,"天、地、人"这"三才"分别构成了"可能、生存、意义"这3极世界,它们是相互贯通、圆融、和合的。"意义世界价值广泛和合学"、"生存世界活动变易和合学"、"可能世界逻辑建构和合学"这3层意义结构的"和合学",构成了"一而三、三而一"的"和合学"理论体系。这个"和合学"理论体系的可操作性,还分布于形上、道德、人文、工具、形下、艺术、社会、目标这8个和合层面。可以看出,张立文的"和合学"可谓当代中国哲学研究体系化建构比较完整、全面和成熟的一例。

8

「国学热」国运与文化自觉

胡发贵 *

* 胡发贵,江苏省社会科学院哲学与文化研究所研究员,所长。

历史的经验表明,一个国家,大凡社会剧烈变化时期,也多是思想激荡之际。改革开放以来,中国大陆的文化热方兴未艾,尤其是进入21世纪以来,更是涌现出一种以传承、弘扬历史文化传统为要旨的国学思潮。其兴盛壮阔之势,引得世人注目,其内涵与意义,更是众说纷纭,呈现百家争鸣之势。

## "国学热":一道引人注目的文化风景

伴随着1978年的改革开放,思想文化观念也开始寻求新的突破和变革,并很快形成了一股以反思和批判为特征的文化热。传统文化受到广泛关注,但是更多的是批判和否定的声音,历史文化传统被视为改革开放和现代化建设的精神障碍。20世纪80年代《河殇》所表现出来的对本土"黄色文明"的摈弃,对代表西方文化"蓝色文明"的拥抱,就是典型的代表。所以有学者在回顾这段历史时说,20世纪80年代看不见中国传统文化。

进入20世纪90年代后,情况出现了明显的变化。传统文化依然是个热门话题,但调门变了:越来越多的声音是要求客观的研究,而且肯定和表扬的势头日益强劲。与此几乎同时出现的是国学一词,用以突出和标示中国自己的传统、中国自己的历史文化,并将正在发生的对本国历史文化传统的追捧之势,称之为"国学热"。其间一个标志性事件是:1993年8月16日,《人民日报》大幅报道了北京大学的国学新潮,称"国学,在燕园悄然兴起",并高调而大胆推测"国学的再次兴起……将成为我国文化主旋律的重要基础"。两天后,亦即1993年8月18日,《人民日报》再次在头版以《久违了,"国学"!》为题报道了与"国学"相关的活动和消息。

到了21世纪,国学一词以及与国学相关的研究与活动,渐呈燎原之势,国学热遍神州,俨然成为时代的显学。我们生活的周遭充满了国学的氛围,这也勾勒出了我们这个时代一道亮丽的文化风景线。

以下我们就来浏览一下这道文化风景线。

　　一是儿童读经潮。儿童诵读传统经典先起于我国台湾，由牟宗三先生的弟子王财贵教授发起并推动了"少儿读经"运动，1994 年后逐渐在大陆出现。1995 年赵朴初等 9 位文化名宿提出"建立幼年古典学校的紧急呼吁"，后来由北京四海儿童经典导读中心编纂了《中华经典诵读工程丛书》。2003 年，深圳行政学院教师蒋庆也编了一套《中华文化经典基础教育诵本》。据统计，截至 2003 年底，全国有 60 多个城市、500 多万少年儿童读经，到 2004 年这一数字则高达 1 000 万，而到 2005 年，儿童读经更成了全国性的热潮。见诸报端的有：重庆市江北区喜乐溪小学开设"国学课"，《论语》、《大学》、《三字经》为必修课。河北唐山扶轮小学，2005 年 10 月起开展诵读《弟子规》活动。中国最大的经济中心上海，儿童读经也渐成时尚。上海市教委投资 1 000 万元，在 2005 年—2007 年 3 年中，每年举办传统戏曲、书画、诗文等 10 个培训项目，共办 100 个班，培训 6 000 人次学生，这项活动于 2005 年 3 月 13 日正式启动。上海市图书馆也开办了"中华传统经文小儿诵读班"，教授 7—15 岁中小学生诵读《三字经》，《百家姓》，《千字文》，上海市同济初级中学自 2005 年秋季开始，规定 6—9 年级学生，每周选修一节课，读《论语》、《孟子》、《中庸》、《大学》四书。除了公办学校之外，近年在江苏、湖南、河南、安徽、哈尔滨等地还陆续出现了一些专门教授儿童传统文化知识的私塾。如苏州的"菊斋私塾"于 2005 年 10 月 29 日开学，每周六上课半天，授课内容是经学、韵文、书画、茶道等。

　　学生们除在教室内读经外，还在室外朗读经文。2005 年 7 月 30 日，由中华文化学院、中国华文教育基金会、湖南中华文化学院、国际经典协会联办的"第二届全球中华文化经典诵读活动"，在长城八达岭举行。参加者是 1 000 多名大中小学生和幼儿园的小朋友，最小的才 3 岁，大家齐声朗读了《论语》和《大学》的节文。巧的是，在同一天，由中华书局和四海经典文化传播中心联合主办的《中华经典诵读工程丛书》首发式在国家图书馆音乐厅举行，会上由"四海经典文化传播中心"创立的童子班，也现场背诵了《论语》片断。2009 年底，由教育部语言文字应用管理司、中央文明办调研组共同主办的"中华诵·2009 经典诵读大赛"颁奖晚会在北京举行。

在"小朋友,跟我读"的口号下,如今在中国台湾、香港以及大陆,已经至少有 500 万儿童参与了经典诵读活动。

二是高调祭孔。孔子是中国传统文化的象征,对孔子的态度可以说也就代表了对传统文化的立场。早在 1984 年,孔子家乡山东曲阜就开始祭孔了。起初是在民间进行的,从 2004 年开始,祭孔变成政府主办;到 2005 年,不仅中国政府,联合国也举办了祭孔活动。这一年的 9 月 28 日,为纪念孔子诞辰 2 556 周年,联合国教科文组织主办了"2005 年全球联合祭孔"活动,我国香港、台北和韩国、日本、德国、美国等地同祭,中央电视台新闻频道直播了 6 个小时。除祭祀孔子外,甘肃从 1988 年就开始公祭伏羲,后来甘肃省政府决定自 2005 年起,每年 7 月 3 日举行公祭伏羲仪式。2005 年 9 月湖南则举行了公祭舜帝大典。这一年陕西公祭黄帝的大典更是举世瞩目。近年来除了祭祀孔子外,有关孔子的电影也热映,孔子的标准像也揭幕了,这也是"国学热"中的一个颇具意味的文化现象。

三是《甲申文化宣言》发表。由许嘉璐、季羡林、杨振宁、任继愈、王蒙等 5 位文化名人发起,中华民族文化促进会主办的"2004 文化高峰论坛",2004 年 9 月 3—5 日在北京举行,会议主题为"全球化与中国文化",会议通过《甲申文化宣言》。这是学界有关中国文化的第三个宣言,此前已有两个,其一是 1936 年王新命等 10 位教授发起的《中国本位的文化建设宣言》,其二是 1958 年牟宗三等学者发起的《为中国文化敬告世界人士宣言》。《甲申文化宣言》其主旨是肯定中国传统文化的现代意义和价值,"主张每个国家、民族都有权利和义务保存和发展自己的传统文化"。这一"宣言"在学界引起了不小的震动和争议,它被视为文化保守主义的号角,也是 2004 年"国学热"的标志性事件。

四是"国学院"应运而生。近年来高等院校和科研院所也劲刮国学风,纷纷设立与传统文化有关的教学和研究机构。如中国人民大学宣布成立"国学院",北京大学"乾元国学教室"开班,中国社会科学院成立"儒教研究中心",安徽大学组建了"中国传统文化研究院",湖南大学建成"岳麓书院国学研究基地"，四川师范大学设立"国学讲坛"。近年来武汉大学、中山大学、复旦大学、清华大学等著名学府，都纷纷成立了国学(儒学)研究院和研究所。另外还有一些民间社团性的国学研究机构，如南京大学的"江苏宏德文化出版基金会"，"南京大学国学社"，北京大学的"一耽学堂"(它是由北大、清华、人大、中央民族大学的博士、硕士和本科生于2000年12月创立的，到2005年，它举办的学术报告会听众累计已达30多万人次)。2005年11月24日，北京还出现了一家"中国国学俱乐部"。2005年12月3日，国际儒学联合会与北京中圣国脉管理咨询有限公司联合主办"企业国学堂"，每月办一次，每次2天，学习《周易》、《论语》、《大学》、《孟子》、《中庸》等经典。

五是商界精英热衷国学。近年来商界人士也青睐起传统文化，"儒商"成热议话题。2005年11月底开班的北京大学哲学系"乾元国学教室"，学期一年，所授课目是《四书》、《道德经》、《庄子》、《周易》、《史学》，学员都是商界成功人士。虽然一年学费高达24 000元人民币，仍有40位来报名，有的老板甚至坐飞机来上课，这一时还成为社会热议的话题。2005年12月3日，国际儒学联合会与北京中圣国脉管理咨询有限公司联合主办的"企业国学堂"，学员也多是企业界人士。

六是蒋庆先生的"龙场讲道"。蒋先生为深圳行政学院的老师，热衷于传统文化。为实现自己宣传、弘扬国学的愿望，他于2001年提前退休，并在贵阳龙场当年王阳明悟道处建"阳明精舍"，讲习儒学，编纂儿童读经的读本。2004年7月，他还邀请了数十位文化名流来"阳明精舍"聚谈"儒学的当代命运"。

以上的概述，难免挂一漏万。但仅从这些场景中也不难想象近年来"国学热"的斑斓与缤纷。

## "国学热"新趋势

有学者以为20世纪90年代是"国学热"的第一波；进入新世纪则开启了第二波"国学热"。确实，综观这20余年来"国学热"的兴起和发展,其间悄然出现了一些新的变化和迹象。

一是"国学热"逐渐向社会各个阶层扩散,国学日益平民化。2006年新年伊始,福建泉州府文庙准备了15 000枚红鸡蛋,每个开学前来祭孔子的学者即发2个。社会上出现了"论语保安"、"国学辣妹",还有"国学小博客"、"高考骈体古文"以及"京剧进课堂"等新现象。"国学"与人们的日常生活也越来越密切。如2010年2月5日,共青团北京市委联合百余家媒体和单位发出了"学国学,做文明有礼的北京人"的倡议书,号召北京市民在新春佳节到来之际,大力弘扬中华优秀传统文化,把社会主义核心价值体系融入传统节日活动之中,让国学文化走进我们的生活,做文明有礼的北京人。国学平民化的另一个表征就是读经的社会化。起初是专家读经,如今是儿童、大学生、社会人士都读经,甚至商人也加入了这一行列。据报道:2010年7月7日,朔州市举行大型公益晨诵国学经典活动;2010年7月17日,乌鲁木齐市图书馆开办暑期免费国学班。在这里应特别指出的是,儿童读经还表明国学得到了更为广泛的社会理解和支持,显示了学校老师和家长的双重认可以及社会的肯定。近年来,国学还向社会上一些特殊领域延伸,国学甚至走进了监狱。上海市为探讨矫治罪犯的新方式,在2009年开展了为罪犯讲解《论语》、《三字经》、《弟子规》等活动,受到普遍欢迎。

二是"国学热"不只是"大众娱乐"的表面热闹,还有踏实的学术支撑和文化积累。在"国学热"中出现了一些专业性的刊物,如《国学研究》、《国学学刊》、《原道》等。还有更多的杂志开辟了国学专栏,山东大学主办的《文史哲》就有"国学研究"栏。在理论的探讨上,王富仁先生在《社会科学战线》(2005年1—3期)发表了10余万字的长文"新国学论纲",深入讨论了"新国学"的内涵与外延。据不完全统计,目前已出版国学著作数千种,截至2006年发表的有关国学论文高达6 868篇。在文献出版上,有《中华国粹传承与创新工程启动》,有《中华经典诵读工程丛书》,丛书包括《论语》、《孟子》、《礼记》、《大学》、《中庸》、《孝经》、《周易》、《道德经》、《三字经》、《弟子规》、《声律启蒙》等。重庆出版社推出了《读点经典》系列,销量达到800万册。"国学热"中学术明星于丹的《于丹〈论语〉心得》销量也十分可观。

三是国学概念的检讨与反思。在"国学热"蔓延的热潮中,起初很多人并未留意国学何指、何意,只是在一种似乎默契、约定俗成与共识的语境下理解与讲说国学。随着"国学热"的不断升温,对国学意义的讨论也更深入,到底什么是国学这一问题,受到越来越多的关注,其内涵与外延开始进入学术视域。

有批评者指出:国学是个模糊的、似是而非的概念,它缺乏严谨和精确的学科范围和内容,随意性较大。如中华书局 2009 年出版的《当代汉语词典》对国学的定义是:"我国传统文化,包括哲学、历史学、考古学、文学、语言学、中医养生学等"。按照这个定义,国学的边界就难以捉摸了,似乎整个中国古代文化都是国学了。也有学者认为,传统中国文化已有相应的研究学科与领域了,也没必要另立一门国学。学界虽然有些不同的声音,但越来越多的学者开始研究国学概念的界定,而且认为这是一个颇有意义的课题。

那么,到底什么是国学呢?

从历史渊源上说,国学一词,早在先秦时代就有了。如《周礼》中有"乐师掌国学之政",《礼记》中也有"古之教者,家有塾,党有庠,术有序,国有学。"不过这里的"国学"指的是学校,是国家设在京城的最高学府。在其后的很长历史时期里,"国学"都是此意。到了清末,随着西方文化的不断大量涌入,中西文化的碰撞日趋强烈,一些学者为区别两种文化,将西方来的文化称为"泰西之学"或"西学",而将本土文化称为"中学"。又由于国势日危,西方列强的强势入侵,学者们深感古老的中国及其文化面临着巨大的危机,如何面对及化解这一历史危机,当时有学者提出了"中学为体,西学为用"的口号,希望既保持中国传统文化,又吸收西方文化的优点和长处。另一些学者则在国势的不振中,开始深深忧虑中国文化的命运,因为历史的经验表明,若亡人之国,必先亡人文化。于是晚清的一些学者纷纷著文大力宣扬传统文化,并声称传统文化是我们的"国粹"或"国故",是中国之为中国的灵魂所在,也是中华文明的命脉所系。① 正是在这种历史背景中,梁启超1902年创办了《国学报》,章太炎1906年组建了"章氏国学讲习所"。国学一词出现并渐渐流行开来。② 辛亥革命以后,国学一词更趋流行,到了20世纪二三十年代,全国有国学研究机构10多家,国学刊物三四十种,清华大学更是办起了著名的"国学研究院",胡适还创办了《国学季刊》。

新中国成立后,国学研究渐趋沉寂,国学一词也难见其踪影了。今天伴随着"国学热"兴起,国学几成显学,国学到底何指,自然成为一个颇受关注的问题,也是一个有待讨论的疑难问题。

从风貌上看,国学大致有4个特征。其一是"古学"和"中学",亦即它是中国古代的学术文化,是中国所固有的文明成就。其二是广博的通达性。中国古代的学问,重视究天人之际,通古今之变;重视整体的把握,全局的考量,嘉赏所谓通才而不是偏才。所以古代的大学者常常是百科全书似的全才,上通天文,下通地理,中通人文。中国古代的学问有着明显的"通学"色彩,学者也是"通人"。其三是整体性。中国古代的学问突出各领域之间的互相联系与互相渗透,倡导跨领域、跨专业的研究和探讨,以至到今天还有文史哲不分家之说。其四是重视基础功夫,也就是包括文字学、训诂学、音韵学等在内的"小学"功底。

从外延上看,国学是中国古代文化的总称。③ 在文献上主要包括

①　如章太炎说:"夫国学者,国家所以成立之源泉也。吾闻处竞争之世,待恃国学固不足以立国矣,而吾未闻国学不兴而国能自立者也。"(《国学讲习会序》,1906年)

②　学界有人认为,中国近代所使用的"国学"一词转引自日本。日本明治维新时奉行"脱亚入欧"的国策,热衷西方文化,使日本一些学者担心本国文化的式微,因此大力鼓吹日本固有的文化,称之为"国学"。

③　胡适是这样界定"国学"的:"国学在我们眼里,只是国故学的缩写。中国的一切过去的文化历史,都是我们的国故。研究这一切过去的历史文化的学问,就是国故学,省称国学。"(《研究国故的方法》,1921年)马一浮先生则认为:"今人以吾国固有的学术名为国学。"(《泰和会语》)

经、史、子、集 4 部分；在学术类型上则以儒家为主，又兼容道家、墨家、法家、佛教诸家。从内涵上讲，国学的要旨是中国传统学术文化，它是中华民族的根本之学或者是血脉之学，故又有"国粹"或"国故"之称。其间又包含这样 3 个层次：一种知识体系、一种思维智慧，一种安身立命、为人处世的价值观。

国学是历史的产物，它一直存在着，而且"润物细无声"。耐人寻味的是，新中国建立后很长一段时间里，我们谈得更多的是传统文化，而不是国学。更耐人寻味的是，19 世纪末 20 世纪初，在国家危亡、困顿之际，国学浮现，百余年后，国家崛起、民族振兴之时，国学再一次如春潮泛起。

四是"国学热"远届海外。近年来国学不仅在国内热，海外也有所反映。其表现之一是祭孔的全球化。2005 年的祭孔就呈现出全球化的新趋势，它由联合国教科文组织主办，名称也为"2005 年全球联合祭孔"，在韩国、日本、德国、美国等地与内地同步举行了祭孔仪式。之二是孔子学院的国际化。全球第一所孔子学院 2004 年在韩国首尔成立了，2005 年纽约孔子学院也宣告落成，如今加拿大也建立了孔子学院。到 2010 年，全球的孔子学院和孔子学堂达到 500 余所。另外，中国国际广播电台在 2007 年—2009 年间，在海外建立了 12 家"广播孔子课堂"。之三是联合国设立了面向全球的"联合国教科文组织孔子扫盲奖"，由中国政府出资。联合国教科文组织 2005 年 11 月 30 日在北京宣布：从 2006 年起，以孔子名字命名的"联合国教科文组织孔子扫盲奖"，专门奖励在全民教育领域取得突出成就的政府机构、非政府组织和有突出贡献的个人。2010 年 9 月 6—10 日，联合国教科文组织还在法国巴黎举办了"孔子文化周"，进行孔子文化展览等宣扬中国传统文化的一系列活动。另外，我国已向外出口了大量与孔子文化相关的图书，但国外学汉语的需求多种多样，个性化的教材仍然缺乏。

五是自觉反思与总结"国学热"。为及时地总结国学研究的经验、交流国学研究的成果，近年来出现了一些将"国学热"作为一个文化现象进行总结的出版物，如《年度国学》。《年度国学》由中国人民大学国学院和光明日报《国学》版联合主编,由首都师范大学出版社出版发行。其主要内容是国内"国学机构工作报告"、"国学年度大事记"等,全面反映了国学年度发展的总体状态及国内与国学有关的各种动态。《年度国学》自2006年出版以来,每年1册。这类出版物的问世,表明"国学热"已非自发的一种学术思潮,而是渐渐地过渡到自觉的理性观察和思考。

六是"国学热"向内陆地区发展。"国学热"起于东部发达地区,国学研究院也是先设立于北京大学、清华大学等全国重点大学。不过随着"国学热"的发展,中西部欠发达地区也渐次掀起"国学热";另外一些非全国重点大学、一些地区性的高校也办起了国学院,如2010年4月江西南昌大学成立了国学研究院。这表明"国学热"由经济和文化发达地区向欠发达地区的蔓延。

七是"国学"研究的制度化诉求。这主要体现在大学里对国学的身份认知和地位安排上。较早成立国学研究院的中国人民大学,在2009年底就开始谋划给"国学上户口",即让国学研究和国学教育就像其他学科一样获得制度化的合法身份,正式进入国民教育的体制框架之内,获得政府承认,有一个确定的专业定位。这一意向得到了目前办有国学研究院的大学的积极响应,数位大学校长在《光明日报》上就这一问题表达了坚定争取的态度。①

与"户口"相关的还有学科设置的问题。有不少学者认为应将国学列为一级学科,以与其他传统和新设的学科取得平等的地位,以利国学研究和教育的可持续发展,以利于国学本身的系统、深入和专门的教学和探讨。有关学科的讨论余波未平,已有开办国学院的学校推出了国学课程和学时,如南昌大学就创制了国学试验班本科的"通识教育课程"②。

---

① 《光明日报》,2009年12月21日。
② 《光明日报》,2010年5月24日。

| 课程名称 | 学分 | 总学时 | 授课学时 | 周学时/开课学期 |
|---|---|---|---|---|
| 国学通论 | 2 | 32 | 32 | 2/1 |
| 论语 | 2 | 32 | 32 | 2/1 |
| 大学·中庸 | 2 | 32 | 32 | 2/1 |
| 孟子 | 2 | 32 | 32 | 2/2 |
| 说文解字注 | 3 | 48 | 48 | 3/5 |
| 广韵学 | 3 | 48 | 48 | 3/6 |
| 圣经(英文版) | 2 | 32 | 32 | 2/1 |
| 形而上学 | 2 | 32 | 32 | 2/5 |
| 哲学概念 | 4 | 64 | 64 | 2/2-3 |
| 国际汉学 | 3 | 48 | 48 | 3/7 |
| 天文历法 | 2 | 32 | 32 | 2/6 |
| 左传 | 3 | 48 | 48 | 2/6 |
| 毛诗正义 | 3 | 48 | 48 | 3/5 |
| 合计 | 33 | 528 | 528 | |

国学发展的新趋势,让人感到国学离我们越来越近。如此看来,"国学热"是一定会结出硕果的。

有学者怀疑"国学热"的真实性,以为目前这种热只是"假热",现行的教育体制决定了传统经典不会受到重视,人们对传统经典仍很陌生,对传统也缺乏足够的敬意。虽然目前国学在民间和知识界受到了广泛地欢迎,但本质上国学仍处于"边缘"状态。在目前国学甚热的背景下,这些学者的忧虑和批评,提醒我们要更为理性和冷静地看待"国学热",寻找和建立传承与发展传统文化的更为合理与有效的机制,使"国学热"免于昙花一现,真正成为我们生活中常青的文化风景线。

### 国学是如何热起来的

我们在国学的热潮中不知不觉度过了20余年。有人慨叹"国学怎么就会热起来? 真是不可思议。"现象背后总是有其或近或远、或深或浅的种种原因。事实上对"国学热"的成因,学术界已有繁复的解读。有学者认为,"国学热"直接的原因,一是来自老百姓需要的推动,二是海外学者的渲染。还有学者认为,"国学热"完全是人为炒作而成的,是那些冒充国学大师的人为了自己的利益而故意推波助澜的结果。学术界对国学热成因的很多分析都是从当代中国政治、经济和文化等角度来切入的。

其一是中国经济的发展与国家的日益强大,增强了民族自豪感与文化自信心。

改革开放 30 多年来,中国的经济迅猛发展,据报载,2010 上半年中国的 GDP 已超越日本而跃居世界第二。中国经济的强劲发展,使美国的主流媒体预测到中国将很快成为超级大国。2009 年 12 月 15 日,《福布斯》杂志网站发表了一篇题为《中国已成超级大国》的文章。该文称美国多达 44% 的人认为世界第一经济强国是中国,只有 27% 的人认为是美国。有美国学者断定:中国将很快赶超美国。2010 年 7 月 6 日美国《基督教科学箴言报》上刊登了一篇题为《何时将变得比我们强大?》的文章,该文中提到:2008 年,中国超越德国成为世界第三大经济体。2009 年,中国超越德国成为世界头号出口国,又超过美国成为最大汽车市场。2010 年中国将超过日本成为世界第二大经济体。该文预测到 2020 年中国将成为第一大经济体,到 2024 年时中国经济将超过美国。

中国短短 30 多年就取得如此巨大的成就,赢得了全世界的称赞和敬佩,世界舆论中充斥着诸如"中国是世界经济领袖"、"二十一世纪的希望在亚洲"、"中国拯救世界"、"中—美共治世界",甚至还有人创造了"G2","CHIMERICA"(中美国)等词。随着中国在世界上影响力的日益增强,中国文化也受到追捧。近年参加中国汉语水平考试的考生每年以 30% 的速度增加,至 2005 年底,有来自 120 多个国家和地区的 50 多万人次参考,37 个国家设有考点。一些外国大学,如英国布赖顿学院,规定从 2006 年 9 月起汉语成为该校学生的必修课,全校学生都要上。在 2005 年加拿大大选年,当年 12 月加拿大全国性大报《渥太华公民报》先后发表 3 篇长文，研讨孔子"以德治国"思想对加拿大政治的现实意义。2009 年 11 月，美国总统奥巴马访问中国时表示，美国近年将向中国派遣 10 万留学生。目前汉语已成为美国大学的主修专业。另一个颇具象征意义的文化活动是 2010 年 12 月 10 日第五届孔子学院大会在中国开幕，来自六大洲的数百位孔子学院院长在京聚会研讨。

这些信息显然都表明，中国经济的发展使中国文化的地位空前提高，中国文化与经济一样受到高度关注。世界上一些关注人类未来与命运的学者，甚至还发出了"拯救人类需要中国文化"的声音。英国著名历史学家汤因比先生，在晚年提出中国的和谐文化是人类未来的希望所在。他说："世界现在最需要的是中国文明的精髓——和谐。如果中国不能取代西方成为人类的主导，那么整个人类的前途是可悲的。"1988 年在巴黎召开的"面向 21 世纪"第一届诺贝尔奖获得者国际大会上，瑞典科学家汉内斯·阿尔文则强调当今的人类要虚心向孔子学习，"人类要生存下去，就必须回到公元前六世纪之前，去汲取孔子的智慧。"澳大利亚学者李瑞智、黎华伦在其《儒学的复兴》一书中，认为中国的哲学思想有可能替代西方文化，成为人类"地球村"未来的中心。

伴随中国发展和强大而来的赞许以及对中国文化的倾慕，毫无疑问会大大增强国人的民族自信心和自豪感，让让人对中国的历史和文化，由过去的怀疑、厌恶、责怪、抛弃而转为赞赏、认同与珍惜。有学者认为"国学热"表明"国民希望以属于自己的文化资源来谋取自己独特的存在尊严和文化竞争力"，这是非常有道理的。从此意义上说，"国学热"不啻是一面多棱镜，它折射出中国的经济建设成就，折射出国人的民族自豪感和自信心。

其二"国学热"是"全球化"时代民族身份认同的需要。

当今交通和通讯技术的进步，使各国人民的往来和文化交流不再成为障碍。在"全球化"的大趋势下，各个国家和民族都处于世界性的密切联系之中。"全球化"也可以说是一个由"熟人世界"向"陌生世界"迈进的历史过程，不同的国家和民族需要彼此认知和相互了解。

不同文化的全球性的相遇,创造了一个文化多元的时代,在此多元文化的交流背景下,"我是谁"的国别识记和文化区分,成为民族身份认同的一个十分重要的问题。"全球化"本是一个由异趋同的过程,但同时也凸显了各民族的文化差异性和独特性,正所谓越是民族的,则越是世界的。换句话说,在全球化时代,我们需要加强自我认知与自我了解,重温自己的民族传统文化。

众所周知,从1840年到新中国成立前,近代中国长期受帝国主义的欺凌。落后与挨打,使得我们对自己的传统文化不够自信,甚至有一种妄自菲薄的文化虚无感。这一意识在今天是否已消失殆尽这很难说,因此加强对自己传统文化的了解,树立对自己文化的敬畏与信心,是国人迫切需要的。还值得注意的是,改革开放以来,西方文化大量涌入,国人尤其是年轻人对之趋之若鹜,近年来的洋节(如圣诞节、感恩节、情人节等)的热闹就是一个很好的例证。对此不少有识之士忧心忡忡,呼吁要固守本土文化,强化文化身份和民族意识,政府有关部门也下发了《关于运用传统节日,弘扬民族文化的优秀传统的意见》。因此,也可以说,"国学热"既是对近年来日益强劲的"西学东渐"的高调反弹,也体现了一种对民族文化认同的自觉努力。总而言之,"国学热"也是"全球化"时代国家和民族认同的文化表现。

其三是政府坚定而强大的支持。

国学之所以如此迅速的热起来,与官方的大力支持也是密切相关的。这种支持首先表现在政治上,执政党高度重视我们的历史传统文化的意义与价值。党的十七大就提出,要弘扬传统文化,建设中华民族共有的精神家园。胡锦涛总书记在党的十七大报告中强调要"加强对各民族文化的挖掘和保护,重视文物和非物质文化遗产保护。"温家宝总理也指出:"非物质文化遗产是民族文化的精华,是民族智慧的象征,是民族精神的结晶。"其次是运用国家力量,在国内外大力宣扬中华传统文化。如在国内高规格祭孔,以及祭祀黄帝、炎帝等中华民族的先祖;在海外办"孔子学院",在友好国家办"中国文化周",批准大学设立国学研究院等。在国际组织任职的中国高级官员也公开赞扬中国传统文化的价值,如中国常驻联合国日内瓦办事处代表何亚非先生就公开表示,对中国人来说,亚洲价值观或者说儒家思想,同人权标准同等重要。这是迄今为止中国官员首次在国际场合表达类似观点,这也从一个侧面显示了中国政府对自己历史传统文化的喜爱与弘扬。① 这种政治上对传统文化的高调肯定和赞扬,为今天传承和弘扬历史文化的政治正确性和合理性奠定了坚实的基础,也提供了强劲的推动力量。事实上改革开放后,随着建设有中国特色的社会主义伟大事业的顺利推进,政府更注重以中国的理论和思想来办中国的事情,如建设"小康社会"和构建"和谐社会"。再次,在具体政策上,党和政府也十分重视优秀文化传统的继承和弘扬。如前述的由中国政府出资设立、联合国教科文组织颁发的"联合国教科文组织孔子扫盲奖"。2005年初,国务院发布了《关于加强我国非物质文化遗产保护工作意见》,并决定从2006年起,每年6月的第二个星期六为"中国文化遗产日"。2005年底,中宣部、中央文明办、教育部、民政部和文化部,联合发出了《关于运用传统节日,弘扬民族文化的优秀传统的意见》,强调传统节日凝集着中华民族的民族精神和民族情感,承载着中华民族的文化血脉和思想精华,是维系国家统一、民族团结和社会和谐的精神纽带,是社会主义文化的资源。2007年,政府又颁布了"国家法定节假日制度调整方案",法定假日在春节外又增设了清明、端午、中秋。政府的这类具体安排,无疑会强化人民对传统文化的亲近感和认同感,而这种亲切感和认同感则是国学流行于民间的基础。

其四是提升国民素质需要的拉动。

国学的流行,也是培育国民素质的需要。一方面我们的物质生活在不断的改善,但我们的周围令人不安的事情层出不穷,如假冒伪劣成风、贪污横行、拜金拜物几成主流。另一方面,经济决定论和极端功利主义盛行,人们的精神生活贫乏,享乐主义泛滥。我们的文化面临着低

① 新华网,2010年3月18日。

俗、媚俗、恶俗这"三俗"的侵袭，我们的文化不仅缺乏人文精神的光彩，也缺乏道德的深度与高度，那么如何来抑制这种社会性的"不德"？如何来丰富我们的精神生活，如何来建设我们的道德文明？毫无疑问，我们应该加强传统文化的宣传与教育。这是因为我们的文化是一种伦理型的文化，历来重视个人品格的陶冶，道德境界的提升，以及社会风气的培养，如"仁者爱人"、"浩然正气"、"礼义廉耻"等，几千年来传承不息。先人为我们积累的浩瀚的文献与宝贵的经验，成为了我们修养身性、建设精神家园不可多得的文化资源。

除了社会道德问题外，今天国人的人文素养也令人担忧。过去我们过度从意识形态的角度解读传统文化，常斥之为封建主义大毒草，因而有"破四旧"之运动；而对现代化的崇拜也在一定程度上遮蔽了历史文化的价值，影响了人们正确的理解与认知我们的历史与文化，造成了人们对历史经典和传统文化的隔膜与生疏。而如今盛行的应试教育，更加重了社会对人文素养的轻视。受"升学率"影响，学校育人的功能一度被严重弱化，反倒更像是灌输知识的工厂，学生的德性不再受关注。缺乏深厚文化素养，是很难提升国民素质的。因此，为了培育国民的涵养和情操，造就高素质的国民，让国民接受经典文化的洗礼与滋润是必不可少的。现在，那么多孩子读《三字经》等传统蒙学读物，国学书籍如此热销，国学讲座四处开花，正生动说明了"国学热"也是源自国人自我更新的一种现实文化需要。

其五是对文化自虐和文化虚无主义的反弹。

"国学热"在某种意义上也是一种"文化矫枉"和"纠偏"，即对过去漠视，甚至蔑视传统文化之种种论调的反弹。翻开中国近代史，由于中国极贫极弱，受尽列强欺凌，人们在寻求国家富强的道路时，"全盘西化"被一度奉为圭臬，而自己的历史和传统文化则遭到贬低与忽视，甚至被认为是国家落后的祸根。学界曾主张摒弃"国粹"，并倡导"全盘西化"。新中国成立后文化大革命再一次强烈冲击了传统文化，视传统文化为必须上破除的"四旧"，为必须被扫除的"封建余孽"。20世纪七八十年代，出于对现代化的尊崇以及实现现代化的迫切希望，我们的传统文化又被妖魔化为国家现代化的一大障碍，视传统文化为中国走向复兴和富强的大敌，于是中国社会再一次盛行起"西学"，再一次对传统文化进行了尖锐而严厉的批判。电视政论片《河殇》就是这种西化观念的典型代表，它视本土的"黄色文明"为保守与落后的象征，更是造成中国落后的重要内在原因。另外，它大赞西方文化，喻之为有无限生命力的"蓝色文明"，这种"蓝色文明"不仅代表了人类的未来，更是中国建设现代化国家的希望所在。当时，社会上弥漫着一种"要与传统彻底决裂"的氛围，反传统的思潮呈压倒之势，民族传统文化成了受嘲弄、被抛弃的对象。这实质上表现了一种文化自卑心理，也反映出一种文化自虐和文化虚无主义。这种"全盘西化"的文化心理，客观上严重地打压了传统文化，使其不断受排挤而边缘化。所以有学者说，20 世纪 80 年代看不见中国文化。

不过，改革开放 30 多年中国的迅速发展有力地证明中国共产党、中国政府和社会主义制度的成功，也更为深刻地说明中国传统文化的生命力。100 余年以来，久受压抑、久遭误解、久被羞辱的传统文化，终于可以扬眉吐气了，其价值和意义终于凸显，其话语权终于展现了。近年来，弘扬中华传统文化的呼声很高，这说明人们在文化问题上愈来愈珍惜传统文化。我们中国有着悠久的历史、良好的传统和丰富的思想文化遗产，我们不可能割断与过去的联系，因为我们今天仍用祖先创造的语言来思考、来表达、来交流，我们今天仍然在过着与先人同样的许多节日，先人创造的文化融入了我们的血液，它塑造了"中国人"之为"中国人"的特质。可以说，近年来的"国学热"，其实也是一种文化的释放，一种文化的宣泄。

其六是巨大的经济利益刺激了"国学热"的升温。

反思"国学热"，不能不提到其中的一个很现实也很重要的原因，那就是"国学热"创造了巨大的商机和利益。全国各个大学的国学院都在办各种形式的以教授传统文化知识与修身理论的国学班，像华南师范大学、北京大学、清华大学、复旦大学、浙江大学等均开设了与国学有关的课程班，而其学生主要是各类企业家。如北京大学开设了管理哲学董事长研修班、百家讲坛董事长高级研修班、国学智慧总裁高级研修班、乾元国学教室等多个国学类课程班。这类班学费昂贵,一年制课程,一般在 2 万元至 5 万元;清华大学孙子兵法与领导者系统战略思维高级研修课程班,一年的学费就高达 5 万元。2010 年 7 月 9 日开课的北京大学管理哲学与企业文化董事长班,收费则为 3.98 万元。收费虽高昂,但求学者却甚众。北京大学此类班自 2002 年开办以来,原则上每年办一期,每期 60 人,但因招生火爆,也增加了招收期数。因费用高昂,所以这类班又被有些媒体称为"时髦的奢侈品"。不过换个角度来观察,媒体所言的"奢侈",也正说明"国学热"中的巨大经济利益。有人认为文化被铜臭气所笼罩了,不满一些人利用国学来敛财,担心国学能否健康地持续发展下去。这些担心虽然不无道理,但我们以为商界人士自觉主动地为学国学付大笔学费,这客观上也使国学教研活动获得了丰厚的物质基础和经济支撑,吸引了更多的学者弘扬国学。另外,国学班的火爆还会在社会上形成一种示范效用,从而使更多的人关注国学、学习国学。

"国学热"也使各种有关传统文化的读物热销,一定程度上繁荣了图书市场和文化市场。前面说过,仅重庆出版社推出的《读点经典》系列,销量就非常可观,当然这也就意味着巨大的经济效益。可见,"国学热"所带来的国学图书出版潮,不仅繁荣了文化市场,丰富了人们的精神文化生活,而且它本身所带来的近期和远期的经济效益,反过来又会为学者编纂国学书刊、为出版社努力出版国学书刊,创造了一种强大而现实的力量。

"国学热"不是猛然从天上掉下来的,它与当代中国的迅速发展密切相关。"国学热"不是哪个人、哪个群体心血来潮所推动的;也不是某个单一原因形成的,它是复杂的当代中国社会运动的结果,折射出当代中国的精神成长,也倾诉了当代中国人民的心声。

## "国学热"中的争议

对不断升温的"国学热",社会和学界一直有不同的看法,有持怀疑、批判的否定态度的,也有持肯定态度的。"国学热"刚开始那几年,持否定态度的人很多,既有国内的学者,也有身在海外的华人精英。不过,随着"国学热"的势头越来越强劲,完全批判的声音虽然有些弱化,但质疑的声音仍然不绝如缕。有人从意识形态的角度,怀疑和担心"国学热"会冲击马克思主义的指导地位;有人从现代性的视野,指责"国学热"是在开历史的倒车;有人从文化的发展与传承角度,批评"国学热"是在非理性地美化传统,把腐朽当神奇。

有人并不完全支持"国学热",但持坐观其成的态度,称之为持中温和派。这派对"国学热"不作完全的正面肯定和负面否定的判断,而是抱着一种同情理解的宽容态度,将"国学热"视作一种新的文化现象,承认它的出现有其现实的合理性,并有推动传统文化研究、民族文化积累和传承的积极作用。目前更为强势的声音是支持"国学热"的。本章前面介绍过,从官方到民间,从学界到普通大众,国学都受到热情追捧,人们充分肯定传统文化的价值与意义,肯定阅读经典有着文化重塑的深远影响。在"国学热"中尤其儒学和儒家文化得到了大力宣扬。

毋庸置疑的是,对"国学热"的争议是一直存在的,尤其是在以下问题的认知上。

其一,"国学热"是否有碍主流意识形态。有些学者不无忧虑地指出,"国学热"客观上有争夺中国当代意识形态上话语权的趋势,会影响马克思主义的主导地位;对儒学的过度褒奖,鼓吹"儒教立国","儒化共产党","儒化社会",并再度神圣化孔子等,都显示了迷信儒家的倾向,这些学者提出要警惕儒学成为"不容碰撞"的意识形态。20世纪90年代初,国学刚热之时,就有学者指出"国学热"可能潜含着对马克思主义的排斥和冲击,并提醒世人"不排除有人企图以

'国学'这一可疑的概念,来达到摒除社会主义新文化于中国文化之外的目的。"①

不过也有更多的学者认为"国学热"不仅不与马克思主义相冲突,相反是有助益和补充作用的,而且它也是实现和推动马克思主义中国化、大众化的一个有效的途径。在新的时代,不少学者认为,马克思主义与中国具体国情相结合,其间就包含着与中国文化的一种融合,中国的现实不是抽象的,而是具体和实在的,在这种具体和实在性中,当然就有中国文化的因素。因此,在当代中国谈发展马克思主义,不能不考虑中国的国情和中国的文化传统,马克思主义中国化也自然是在中国的文化背景下进行的。

"国学热"中确实有一种声音,这种声音不仅欲使国学成为主流话语,而且还要成为国家意志,使儒教成为当代中国的"国教",宣传一种"政治儒学"或"意识形态儒学"。不过这只是"国学热"中的一种声音,这种声音虽值得注意和讨论,但并不能以此来全盘否定"国学热"的文化意义,更不应过度解读其政治图谋,对其作过分意识形态化的理解,上纲上线地进行政治批判。理论的正确性关键是要看实践检验,所谓"来自西方的秋波,使穷于经济和政治落后的国粹论者找到了精神自慰的方法所在"云云,显然是过度解读了"国学热",也近乎历史上的"诛心"苛责。

其二,"国学热"是否有利于与现代化。批评者认为"国学热"宣扬一种向后看的文化精神,迷恋传统,迷信过去,寻求陈旧的资源,而且是中国近代史已经证明失败的文化,是不能将中国引向现代化的。有学者认为传统文化是"王权主义",其精神与法治、民主精神是格格不入的,我们今天仍需反封建、反专制、反愚昧,仍要发扬"五四"精神,宣扬民主与法制。因此,在当代中国宣扬国学,有悖历史发展的潮流,更有尖锐的评论指责这是封建思想的复活,国人应予高度的

---

① 罗卜:《国粹·复古·文化——评一种值得注意的思想倾向》,《哲学研究》,1994年第6期。

警觉，以免断送中国现代化的伟大前程。当然，支持"国学热"的人并不这样看，而是认为传统并不必然是现代化的障碍。从经验事实看，同样处于儒家文化影响下的日本与韩国，并未丢掉自己的传统文化，但同时也成功地实现了现代化，成功地迈入了发达国家行列。从传统文化的功能与作用看，弘扬国学有助于增强民族的文化认同，提升民族自豪感与自信心，促进社会和谐，增强国家的软实力和核心竞争力，是有益于国家建设和发展的。从文化的资源意义来分析，传统文化是宝藏，它所积累和沉淀的先人的智慧和经验，构成了今人的精神家园，它的意义和价值，有待我们去认知、去发掘、去利用。没有传统文化的滋润，现代人就有沦为"精神乞丐"的危机。因此，今天宣扬国学，不仅不会阻碍我们的现代化建设，相反会提供极为有益而长效的文化支持。

其三，"国学热"是否有利于思想启蒙。有批评者认为"国学热"不是在宣扬精神的启蒙而是思想的蒙昧，是新时期"蒙昧主义"的一种表现，更有甚者抨击"国学热"是"愚民运动"。其理由是作为封建时代的意识形态，以儒家为代表的国学，有很多内涵是落后腐朽的，突出的如"君为臣纲、父为子纲、夫为妻纲"的"三纲"思想，就是宣扬一种盲从与专制。又如《三字经》，其内容固然有合理的地方，但基调是强调顺从，倡导克己自抑、低眉顺眼、逆来顺受，而排斥创造与自由精神。他们认为"国学热"会阻碍中国走向现代化这一伟大历史任务的实现。肯定"国学热"的学者则强调，国学并非全是主张蒙昧与屈从的，也具有批判精神和个性独立意识，这在儒家、道家和墨家思想中尤其明显，这些珍贵的历史文化遗产，在今天不仅不是我们进行思想反思和探索的障碍，相反是重要的精神激励力量。另外，中国传统文化注重人性的纯化与提升，重视人生境界的追求，这在物质主义盛行的市场背景下，为我们突破物欲迷障、追求精神的解放与升华提供了一种文化资源，能让我们的心灵摆脱物欲的桎梏，让我们的人生目标更崇高。因此，国学不是麻醉剂，而是觉醒和奋进的一种动力。

其四，"国学热"是否意味着一种落后文化。批评者认为国学产生于以小农经济为经济基础、以皇权专制为社会背景的封建时代,因而从本质上看,国学是古代社会的产物,而文化的时代性决定了国学是种历史陈迹,它是落后的,"复古不能拯今",当代中国的发展,不能指望传统文化提供灵丹妙药,当代社会主义核心价值不可能来自于国学,而必须从当代社会实践中形成和提炼,欲靠国学来平治天下,振兴中华,那只能是一种妄想。支持"国学热"的人,不同意这种以历史阶段的先后来界定文化优劣的观点,认为这是一种机械的线性历史观,武断地否定了传统文化的价值。"国学热"的支持者认为国学虽是古代社会的产物,但这并不代表它必然是落后与保守的,因为文化中总存有某种超越的东西,它不因时代的更替而影响其永恒的意义,如孔子的"忠恕"之道,在今天仍被誉为黄金准则。因此党的十七大仍提出将中华优秀传统文化作为建设社会主义精神家园的重要思想资源。

其五,"国学热"是否会促生狭隘民族主义。批评者抱怨,"国学热"中表现出一种狭隘的儒学复兴思潮,甚至将儒学尊奉为"不容一丝碰撞"的意识形态,对不同的意见或批评,则施以甚为激烈的声讨。这种"儒学原教旨主义"过分美化传统,流露出天朝上国以及唯我独优的大汉族主义,有学者指斥这是"国学热"所滋生的狭隘民族主义,不利于我们的改革开放,也有悖于全球化的时代大潮。"国学热"的支持者们认为这种担心是杞人忧天。他们认为"国学热"所带动的是对自己民族历史与文化的再一次认知和阅读,可以激发出国人的民族自豪感与自信心。对自己民族文化与历史的热爱,并非就是狭隘民族主义,也并不意味拒绝学习其他优秀的文化。当前的"国学热"也是对过去传统文化久受压抑和轻视的一种矫枉,其间难免会渗透出一种欢欣,我们对此不应予以过度解读。

其六,"国学热"是否妨害青少年。批评者指出:"'国学热'中的读经潮,会加重应试教育体制下本已负担沉重的学生的压力,占用他们的时间与精力;古代经典文字深奥,中小学生很难读懂读通;读经也不利于青少年培养健全的现代人格,也学不到什么有用的技能。"故对于各地不断涌起的诵经现象,他们不无嘲讽地说:"不如用此时间来学外语更管用。"不过,此起彼伏的国学少儿班读经热潮,事实上压倒了批判的声音。"国学热"的支持者们认为,少儿读经可以使他们从小受到良好的经典熏陶,有利于提升孩子的素质和教养,这在目前片面追求升学率的情况下,有更现实的意义。

一场勃然而兴的文化思潮,必然会引起诸多争议。因为一切都是这样迅速、这样繁杂、这样多义,甚至还来不及厘清国学的边界与意义,它就热遍了大江南北。其中悬留的问题太多,人持一义、自说自话的随意性也很强,鼓动"国学热"的动机也很复杂,彼此之间发生碰撞与争议在所难免。有关"国学热"的争论,虽然远未达到"百家争鸣"的程度,但也深刻地说明了当代中国思想文化环境的民主性与进步性。面对"国学热"大潮,不随大流,不跟风,而是进行冷静与理性的思考,这是民族的成熟与进步。有关"国学热"的争议还说明,在如何理解与开掘我们的历史文化资源以及传统如何与现代相衔接等问题上,全社会尚未达成共识。由于中国近现代历史的曲折和复杂性,传统文化不仅仅是个学术问题,同时还伴生着沉痛的民族与国家记忆,因此国人对之也尤其关注。

由上分析可知由"国学热"滋生的争论,自在情理之中。

## "国学热"的文化意义

"国学热"无疑是一种文化现象,有学者认为它是"文化保守主义"。我们认为,这一现象在展示对传统文化眷念、青睐的同时,也深深透现出一种强烈的文化自信与自觉。

首先,从文化的态度上,"国学热"显现出了一种文化自信,显示出我们现已彻底摆脱了过去的文化自卑和文化自虐心理。近代,国人对传统文化是完全否定的,认为传统文化是与现代社会的价值诉求相对立的,是应被抛弃的对象,这种文化自卑心理暴露无遗。今天"国学热"则展现出另一种完全不同的传统文化观:它从"同情的理解"立场出发,对先人创造、传承的文化和价值理想,持一种欣赏与敬畏的态度,平和而冷静地将传统文化看成是祖先生存经验的总结和智慧的结晶，认为传统文化是一种可贵的精神资源而不是历史糟粕。彻底告别20世纪情绪化的文化认知态度，转而理智、客观、平实地看待我们的传统文化，说明我们的文化观有了历史性的进步。

其次，在文化的价值判断上，过去遭到否定的传统文化，今天的"国学热"给予了充分的肯定。文化虚无主义在文化观上主要持"古—今"两分法，肯定现在而否定过去，将传统文化简单归结为过去的文化，而且是属于"黑暗的过去"——封建专制文化，它与现代文明是格格不入的，是根本对立的，是实现现代化的一大障碍，必须予以彻底清除。与这种传统虚无主义的文化观不同，今天人们已不再唯以时间的今和古来评论文化的价值，不再视传统文化为历史的文物，也不再认为它与现代化是格格不入的，相反认为它是推动现代化的重要动力。传统文化的思想意义和精神价值得到充分肯定。

了解传统文化，认同传统文化，尊重传统文化，这既是一种文化的自信，也是一种超越传统虚无主义的文化自觉。哈耶克先生认为，"在某些方面，传统比人类的理性更为优越"，传统是"人类大部分知识之源"。① 从此意义上讲，"国学热"是有其学理依据的，换言之，"国学热"所表现出的文化自信与自觉，是有其逻辑合理性的。

其三，"国学热"的出现，给中国本土文化的发展创造了历史性的契机。"国学热"不仅在客观上推进了传统文化的研究，而且还唤起了全社会的文化热情。不论是在精英层面，还是在大众阶层，人们对自己的传统文化，既有很深的眷念，也抱有很大的希望，希望在未来的发展中，传统文化和祖国一起走向辉煌。正是基于这一心态，眼下无论是政府还是民间，都在着力弘扬传统文化。在肯定传统文化的举措和声音中，传统文化的意义无疑会更深入人心，国学也将获得更为广泛和深入的发展，日益成为"显学"。

---

① ［英］哈耶克：《不幸的观念》，刘戟锋，等译，东方出版社，1991年，第105页。

　　盛世"稽古右文"的局面所展现的国学的大好发展趋势，为中国文化的建设和发展提供了最为广泛而深厚的社会基础，也为这一文化的发展创造了千载难逢的绝好时机，可以预测，伴随着国家的日益昌盛，"国学热"会持续，中国文化也会踏上自己新的锦绣前程。

# 后 记

"文化"是我们这个时代的显词。盛世右文,变革多思。激荡的思潮,纷涌的新说,几令人目不暇接,也激人抚膺感怀。同仁聚谈之际,常生共鸣,终于难以自抑,遂合写一本专论,对各自倾心的话题,以不同的角度来审视我们这个时代斑斓的文化现象,解读流行的文化符号,梳理不同的文化心声。以期我们的研究能成为了解当代中国文化全图的一个小小图标。

本书是所内同仁一次自由而自愿的集体努力,本质上是民间的自发的学术活动。幸运的是,我们的努力得到了我院老院长宋林飞教授的大力支持,更令我们喜出望外的是,作为一位著名的社会学家,他也一直在关注当代中国文化的发展,并曾在上海作过一场专门的关于文化的演讲。这次,他慷慨地将这篇精彩的演讲稿加入了本书。

还要感谢我们的老所长卞敏先生。他虽然调离了,但一直关心本所的学术活动,此次他不顾繁重的研究任务,挤出时间撰著了对《百家讲坛》的文化评论。

由于各位作者专业和学术背景的不同,叙述方式难以统一,文风也有差异;另外,由于我们的水平有限,所论的问题又纷繁复杂,真所谓绠短汲深,故诚恳希望读者朋友批评指正。

江苏省社会科学院哲学与文化研究所

胡发贵

2010 年 12 月 8 日